NOMOSREFERENDARIAT

Dr. Matthias Weidemann, Richter am Landgericht
Fabian Scherf, Richter am Oberlandesgericht

Die Revision
im Strafrecht

2. Auflage

Die Deutsche Nationalbibliothek verzeichnet diese Publikation in
der Deutschen Nationalbibliografie; detaillierte bibliografische
Daten sind im Internet über http://dnb.d-nb.de abrufbar.

ISBN 978-3-8329-7544-9

2. Auflage 2012

Vorwort

Wir freuen uns, dass die 1. Auflage unseres Buches so positiv aufgenommen wurde.

Ganz herzlich möchten wir für diese freundliche Resonanz sowie wichtige Hinweise und Anregungen danken.

Die Entwicklung der Rechtsprechung sowie einige gesetzliche Änderungen erfordern nun eine Neuauflage.

Für die 2. Auflage haben wir den Stoff durchgehend aktualisiert und überarbeitet. Dabei haben wir insbesondere die neue Rechtsprechung zu der gesetzlich geregelten Verständigung im Strafverfahren, die neue Kronzeugenregelung und das 2. Opferrechtsreformgesetz berücksichtigt. Relevante Neuerungen sind bis zum 31. März 2012 einbezogen worden.

Für Lob und Kritik, sachdienliche Anregungen und Hinweise sind wir auch weiterhin dankbar.

Viel Erfolg bei der Prüfung!

Mainz, im April 2012

RLG Dr. Matthias Weidemann   ROLG Fabian Scherf

Vorwort zur 1. Auflage

Das vorliegende Buch ist aus schriftlichen Unterlagen durchgeführter Arbeitsgemeinschaften zur strafprozessualen Revision hervorgegangen. Wir haben dabei unsere Erfahrungen als Arbeitsgemeinschaftsleiter und Prüfer im juristischen Staatsexamen einfließen lassen. Die eingefügten Lern- und Klausurtipps, die integrierten Übersichten wie auch die Übungsfälle können als Lernmethoden für eine erfolgreiche Examensvorbereitung genutzt werden. Die im Anhang befindlichen Definitionen und Checklisten ermöglichen zudem eine schnelle Wiederholung vor einer Prüfung. Unser Ziel ist und bleibt es, den in der Ausbildung befindlichen Rechtsreferendarinnen und Rechtsreferendaren eine aktuelle und strukturierte Grundlage für das Erlernen der revisionsrechtlich relevanten Aufgabenstellungen an die Hand zu geben. Relevante Neuerungen sind bis zum 1.5.2010 berücksichtigt worden.

An dieser Stelle danken wir ausdrücklich all denjenigen, die uns mit Rat und Tat unterstützt haben. Für sachdienliche Anregungen sind wir dankbar.

Wir wünschen ein erfolgreiches Examen!

Mainz, im Juni 2010

RAG Dr. Matthias Weidemann   ROLG Fabian Scherf

Inhalt

Abkürzungsverzeichnis

aA	anderer Ansicht
aaO	am angegebenen Ort
abl.	ablehnend
Abs.	Absatz
Abschn.	Abschnitt
abw.	abweichend
aE	am Ende
a.F.	alte Fassung
AG	Amtsgericht
allg.	allgemein
Alt.	Alternative
aM	anderer Meinung
Angekl.	Angeklagter
Anh.	Anhang
Anm.	Anmerkung
Art.	Artikel
Aufl.	Auflage
ausdr.	Ausdrücklich
ausf.	Ausführlich
Az	Aktenzeichen
BA	Blutalkohol (zitiert nach Jahr und Seite)
BayObLG	Bayerisches Oberstes Landgericht
BayVBl	Bayerische Verwaltungsblätter
Bd.	Band
BeckRS	Beck-Rechtsprechung, Online Datenbank des Verlags C.H. Beck (zitiert nach Jahr und Nummer)
Begr.	Begründung
Beschl.	Beschluss
bestr.	Bestritten
Beulke	Beulke, Strafprozessrecht, 11. Auflage, 2010
BGBl.	Bundesgesetzblatt
BGH	Bundesgerichtshof
BGHR	BGH-Rechtsprechung in Strafsachen (zitiert nach Paragraf und Stichwort)
BGHSt	Entscheidungen des Bundesgerichtshofs in Strafsachen (zitiert nach Band und Seite)
BRAO	Bundesrechtsanwaltsordnung
bspw	beispielsweise
BtMG	Betäubungsmittelgesetz
BT-Drs.	Bundestagsdrucksache (Wahlperiode/Nummer)
BverfGE	Entscheidungen des Bundesverfassungsgerichts (zitiert nach Band und Seite)
bzgl	bezüglich
BZRG	Bundeszentralregistergesetz
bzw	beziehungsweise
ca.	circa
Dahs/Dahs	Dahs/Dahs, Die Revision im Strafprozess, 7. Auflage, 2008
DAR	Deutsches Auto-Recht (zitiert nach Jahr und Seite)
ders.	derselbe
dh	das heißt
EGMR	Europäischer Gerichtshof für Menschenrechte
EGStPO	Einführungsgesetz zur Strafprozessordnung
Eisenberg	Eisenberg, Beweisrecht der StPO, 7. Auflage, 2011
EMRK	Europäische Menschenrechtskonvention
Entspr.	entsprechend
etc.	et cetera

EuGH	Europäischer Gerichtshof
evtl	eventuell
f, ff	Folgende
Fischer	Strafgesetzbuch und Nebengesetze (59. Auflage, 2012, zitiert nach Paragraf und Randnummer)
Fn	Fußnote
gem.	gemäß
GG	Grundgesetz
ggf	gegebenenfalls
grds.	grundsätzlich
GmS-OGB	Gemeinsamer Senat der obersten Gerichtshöfe des Bundes
GSSt	Großer Senat für Strafsachen
GVG	Gerichtsverfassungsgesetz
HK-GS	Handkommentar Gesamtes Strafrecht, StGB, StPO, Nebengesetze, herausgegeben von Dölling, Duttge, Rössner (2. Auflage 2011, zitiert nach Bearbeiter, Paragraf und Randnummer)
hL	herrschende Lehre
hM	herrschende Meinung
hRspr	herrschende Rechtsprechung
Hs.	Halbsatz
idF	in der Fassung
idR	in der Regel
insb.	insbesondere
iSd	im Sinne des/der
iSe	im Sinne eines/einer
iSv	im Sinne von
iÜ	im Übrigen
ivF	im vorliegenden Fall
ivm	in Verbindung mit
JA	Juristische Arbeitsblätter (zitiert nach Jahr und Seite)
JBlRh-Pflz	Justizblatt Rheinland-Pfalz (zitiert nach Jahr und Seite)
JGG	Jugendgerichtsgesetz
JR	Juristische Rundschau (zitiert nach Jahr und Seite)
JuS	Juristische Schulung (zitiert nach Jahr und Seite)
Justiz	Die Justiz – Amtsblatt des Justizministeriums Baden-Württemberg (zitiert nach Jahr und Seite)
JZ	Juristenzeitung (zitiert nach Jahr und Seite)
KG	Kammergericht Berlin
KK	Karlsruher Kommentar zur Strafprozessordnung (6. Auflage, 2008; zitiert nach Bearbeiter, Paragraf und Randnummer)
Kindhäuser	Strafprozessrecht, 2. Auflage, 2010
krit.	kritisch
LG	Landgericht
lit.	littera
Lit.	Literatur
LR	Löwe/Rosenberg, Die Strafprozessordnung und das Gerichtsverfassungsgesetz, Großkommentar, (25. Auflage, 1997 ff, zitiert nach Bearbeiter, Paragraf und Randnummer)
LS	Leitsatz
m.Anm.	mit Anmerkung
MDR	Monatsschrift für Deutsches Recht (zitiert nach Jahr und Seite)
Meyer-Goßner	Strafprozessordnung (54. Auflage, zitiert nach Paragraf und Randnummer)

MRK	Europäische Konvention zum Schutze der Menschenrechte und Grundfreiheiten
mwN	mit weiteren Nachweisen
n.F.	neue Fassung
NJOZ	Neue Juristische Online-Zeitschrift (zitiert nach Jahr und Seite)
NJW	Neue Juristische Wochenschrift (zitiert nach Jahr und Seite)
NJW-Spezial	Neue Juristische Wochenschrift Spezial (zitiert nach Jahr und Seite)
Nr.	Nummer
NRÜ	Nomos Rechtsprechungsübersicht (zitiert nach Jahr und Seite)
NStZ	Neue Zeitschrift für Strafrecht (zitiert nach Jahr und Seite)
NStZ-RR	NStZ-Rechtsprechungs-Report (zitiert nach Jahr und Seite)
NZV	Neue Zeitschrift für Verkehrsrecht (zitiert nach Jahr und Seite)
o.a.	oben angegeben, angeführt
o.Ä.	oder Ähnliches
o.g.	oben genannt
OLG	Oberlandesgericht
OWi	Ordnungswidrigkeit
RA	Rechtsanwalt
RG	Reichsgericht
RGSt	Entscheidungssammlung des Reichsgerichts in Strafsachen (zitiert nach Band und Seite)
RiStBV	Richtlinien für das Straf- und Bußgeldverfahren
Rn	Randnummer
Roxin	Roxin/Kern/Schünemann, Strafverfahrensrecht, 27. Auflage, 2012
RPflG	Rechtspflegergesetz
RPflEntlG	Rechtspflegeentlastungsgesetz
Rspr	Rechtsprechung
s.	siehe
S.	Satz
s.a.	siehe auch
s.o.	siehe oben
sog.	sogenannt
s.u.	siehe unten
StA	Staatsanwaltschaft
StGB	Strafgesetzbuch
StPO	Strafprozessordnung
str.	streitig
StraFo	Strafverteidiger-Forum (zitiert nach Jahr und Seite)
StRR	Strafrechtsreport (zitiert nach Jahr und Seite)
StV	Strafverteidiger, Juristische Fachzeitschrift (zitiert nach Jahr und Seite)
tvA	teilweise vertretene Auffassung
u.a.	unter anderem
u.Ä.	und Ähnliche/s
umstr.	umstritten
unstr.	unstreitig
Urt.	Urteil
usw	und so weiter
uU	unter Umständen
v.	von/vom
v.a.	vor allem

vgl	vergleiche
VRR	Verkehrsrechtsreport (zitiert nach Jahr und Seite)
wistra	Zeitschrift für Wirtschaft, Steuer, Strafrecht (zitiert nach Jahr und Seite)
WÜK	Wiener Konsularrechtsübereinkommen
zB	zum Beispiel
ZfS	Zeitschrift für Schadensrecht (zitiert nach Jahr und Seite)
ZPO	Zivilprozessordnung
ZRP	Zeitschrift für Rechtspolitik (zitiert nach Jahr und Seite)
zust.	zustimmend

§ 1 Einleitung

Das Strafprozessrecht kennt als Rechtsmittel gegen Strafurteile die „Berufung" und die   1
„Revision". Die Berufung ist gegen amtsgerichtliche Strafurteile möglich und führt zu
einer völligen Neuverhandlung der Sache vor einer (kleinen) Strafkammer des Landgerichts. Die Revision kann gegen alle Strafurteile eingelegt werden. Die „reguläre" Revision nach § 333 StPO ist gegen alle Strafurteile des Landgerichts (1. Instanz und Berufungsinstanz) und des Oberlandesgerichts möglich. Über § 335 StPO können im Wege
der Sprungrevision auch die amtsgerichtlichen Urteile überprüft werden.

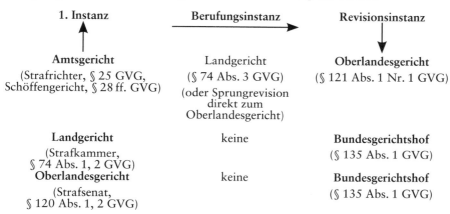

1. Instanz	Berufungsinstanz	Revisionsinstanz
Amtsgericht (Strafrichter, § 25 GVG, Schöffengericht, § 28 ff. GVG)	Landgericht (§ 74 Abs. 3 GVG) (oder Sprungrevision direkt zum Oberlandesgericht)	**Oberlandesgericht** (§ 121 Abs. 1 Nr. 1 GVG)
Landgericht (Strafkammer, § 74 Abs. 1, 2 GVG)	keine	**Bundesgerichtshof** (§ 135 Abs. 1 GVG)
Oberlandesgericht (Strafsenat, § 120 Abs. 1, 2 GVG)	keine	**Bundesgerichtshof** (§ 135 Abs. 1 GVG)

Die Revision ist keine neue Tatsacheninstanz. Es erfolgt somit keine Beweisaufnahme,
um erneut den Sachverhalt oder die Schuldfrage zu klären. Vielmehr erfolgt in der Revision eine rechtliche Kontrolle des angefochtenen Urteils. In diesem Sinne regelt § 337
StPO: „Die Revision kann nur darauf gestützt werden, dass das Urteil auf einer Verletzung des Gesetzes beruhe." Auf solche Rechtsfehler ist das erstinstanzliche Urteil im
Rahmen der Revision zu untersuchen.

Im Assessorexamen gehört die strafprozessuale Revision regelmäßig zum Pflichtfachstoff. Als Aufgabenstellung begegnet dem/der Bearbeiter/in[1] regelmäßig die Fertigung
eines Gutachtens zu den Erfolgsaussichten des Rechtsmittels aus Sicht der Verteidigung
oder der Staatsanwaltschaft. In manchen Klausuren wird zudem die Formulierung eines
Antrages an das Revisionsgericht oder sogar die Fertigung einer Revisionsbegründungsschrift verlangt. Selten hat der Bearbeiter die Erfolgsaussichten einer eingelegten und
bereits begründeten Revision zu prüfen, weil damit eine eigene Fehlersuche des Kandi-
daten überflüssig wird. Es empfiehlt sich deshalb, zunächst den Bearbeitervermerk und
erst dann, bei Kenntnis der Aufgabenstellung, den Aktenauszug zu lesen.

Die nachfolgende Darstellung ist an dem gängigsten Klausurtyp orientiert (Gutachten zu   2
den Erfolgsaussichten einer Revision) und behandelt mögliche Problemstellungen entsprechend dem jeweiligen Prüfungspunkt in einer Klausur.

---

1 Soweit im Folgenden nicht beide Geschlechter in die Darstellung einbezogen werden, soll damit keine Benach-
teiligung des nicht erwähnten Geschlechts bezweckt werden. Hintergrund sind vielmehr darstellungsspezifi-
sche Aspekte.

§ 2 Zulässigkeit der Revision

I. Allgemeines

3 Im Regelfall ist die gutachtliche Prüfung in einer Examensklausur mit der Zulässigkeit der Revision zu beginnen. Hierfür empfiehlt es sich, folgende Punkte anzusprechen:

Prüfungsschema „Zulässigkeit der Revision"

- Statthaftigkeit
- Rechtsmittelberechtigung
- Beschwer
- Revisionseinlegung, § 341 StPO
- Revisionsbegründung, § 345 StPO
- Keine Rechtsmittelrücknahme / kein Rechtsmittelverzicht

4 **Klausurtipp:** Die vorgenannten Punkte sollten Sie nur dann ausführlich behandeln, wenn sich erörterungswürdige Aspekte ergeben. Es sollte keinesfalls „Wissen abgeladen" werden. Das „Aufblähen" einer Zulässigkeitsprüfung kostet Zeit, offenbart eine wenig gelungene „Schwerpunktsetzung" und bringt keine zusätzlichen Bewertungspunkte.

II. Statthaftigkeit

5 Das Rechtsmittel der Revision muss gegen das Urteil an sich prozessual vorgesehen sein. Für Urteile der Strafkammern, Schwurgerichte und erstinstanzliche Urteile der Oberlandesgerichte folgt dies aus § 333 StPO. Werden amtsgerichtliche Urteile angefochten, also Urteile des Strafrichters oder des Schöffengerichts, so ergibt sich die Statthaftigkeit aus §§ 335 Abs. 1, 312 StPO (sog. **Sprungrevision**).

Klausurtipp: In einer Klausur sind regelmäßig amts- oder landgerichtliche Urteile zu überprüfen. Die Sprungrevision sollte als solche bezeichnet und die vorgenannten Paragrafen aufgeführt werden.

6 Legen **mehrere Verfahrensbeteiligte unterschiedliche Rechtsmittel** (bspw StA Berufung und Angeklagter Revision) ein, so ist § 335 Abs. 3 StPO zu beachten. Danach geht die Berufung vor, es sei denn, die Berufung wird zurückgenommen oder als unzulässig verworfen.[2]

Lerntipp: Das Stichwort „Osterregel" kann als Merkhilfe für § 335 Abs. 3 StPO dienen. Bei Rücknahme oder Verwerfung der Berufung „lebt" die Revision wieder auf.

7 **BEACHTE:** In manchen Klausuren geht in diesen Fällen ein Verwerfungsurteil des Landgerichts nach § 329 Abs. 1 StPO voraus. Mit dem „Aufleben" der Revision wird das Landgericht jedoch sachlich unzuständig. Dieser Umstand ist dann in der Begründetheit als von Amts wegen zu berücksichtigende Verfahrensvoraussetzung zu erörtern.

8 Ein prüfungsrelevantes Standardproblem stellt die Frage dar, ob eine **Sprungrevision** gegen ein amtsgerichtliches Urteil **statthaft** sein kann, wenn eine stattdessen **eingelegte Berufung annahmebedürftig** wäre.

---

2 OLG Köln NStZ-RR 2008, 207, 208; OLG Bamberg NStZ 2006, 591.

BEISPIEL: Das AG hat den Angeklagten wegen Beleidigung zu einer Geldstrafe von 15 Tagessätzen zu je 10,- € verurteilt.   9

Nach einer tvA ist eine sofortige Sprungrevision in solchen Fällen nicht möglich. Es muss   10
danach zunächst Berufung eingelegt werden, die angenommen werden muss. Als Argument wird ausgeführt, dass es sonst der Rechtsmittelgegner in der Hand hätte, durch Einlegung der Berufung eine annahmefreie Sprungrevision zu einer annahmepflichtigen Berufung zu machen.[3]

Nach der überwiegenden Rspr und der hL ist die Sprungrevision sofort möglich.[4] Diese   11
Auffassung ist vorzugswürdig, zumal sie auf mehrere Argumente gestützt werden kann. Dafür spricht zunächst die Entstehungsgeschichte. § 313 StPO ist durch das RPflEntlG 1993 eingeführt worden. Aus der Gesetzesgeschichte ergibt sich die Zielsetzung, dass lediglich die Berufung und nicht die Revision eingeschränkt werden sollte. Auch bedeutet der Begriff „zulässig" iSd § 335 Abs. 1 StPO nicht die Erfüllung spezieller Zulässigkeitsvoraussetzungen sondern lediglich eine „Statthaftigkeit" iSe allgemeinen Anfechtbarkeit. Im Übrigen käme es sonst zu Wertungswidersprüchen in der Behandlung von Berufung und Revision: das Revisionsgericht könnte die Zulässigkeit mit dem Argument bejahen, die – gar nicht eingelegte – Berufung wäre anzunehmen gewesen, weil sie nicht offensichtlich unbegründet iSd § 313 Abs. 2 StPO ist, dann aber die Revision als (offensichtlich) unbegründet verwerfen.

Unstatthaft ist die Revision bei einer Entscheidung über die Einziehung im Nachverfahren gemäß § 441 Abs. 3 S. 2 StPO. Dieser Regelung kommt allerdings keine Klausurrelevanz zu. Die Statthaftigkeit kann auch gemäß § 55 Abs. 2 JGG ausgeschlossen sein.   12
Dem nach Jugendrecht Verurteilten steht danach entweder die Berufung oder die Revision zu. Auch diese Regelung hat kaum Relevanz für Klausuren des Pflichtfachbereichs.

III. Rechtsmittelbefugnis

An dieser Stelle wird geklärt, ob der Verfahrensbeteiligte, der das Urteil angreifen will,   13
zur Anfechtung berechtigt ist:

- der Angeklagte (§ 296 StPO),
- der Verteidiger des Angeklagten für diesen (§ 297 StPO),[5]
- der gesetzliche Vertreter des Angeklagten (§ 298 Abs. 1 StPO),
- die Staatsanwaltschaft (§ 296 Abs. 1 und Abs. 2 StPO),
- der Nebenkläger (§§ 401 Abs. 1, 395 Abs. 4 StPO),
- der Erziehungsberechtigte bei Jugendlichen (§ 67 Abs. 3 JGG).

> **Klausurtipp:** Da sich die Rechtsmittelbefugnis regelmäßig aus einer gesetzlichen Vorschrift ergibt, sollte sie in einer Klausur nur kurz unter Bezugnahme auf die Norm erwähnt werden.

FORMULIERUNGSBEISPIEL: *Die Rechtsmittelbefugnis des Verteidigers folgt aus § 297 StPO.*   14

Ebenfalls rechtsmittelbefugt, für eine Examensklausur aber von geringer Bedeutung, sind   15
der Privatkläger (§ 390 Abs. 1 StPO), der Einziehungsbeteiligte (§ 437 Abs. 1 iVm § 433

---

3 Meyer-Goßner § 335 Rn 21; Kindhäuser § 31 Rn 4.
4 BGHSt 40, 395, 397; OLG Koblenz NStZ-RR 2012, 21; OLG Schleswig VRR 2008, 150; OLG Frankfurt NStZ-RR 2003, 53; HK-GS/Maiwald § 335 Rn 2; LR-Hanack § 335 Rn 1a; KK-Kuckein § 335 Rn 16.
5 BGH NStZ-RR 2002, 12.

Abs. 1 iVm § 296 Abs. 1 StPO) und sonstige Nebenbeteiligte (vgl §§ 440 Abs. 3, 442 Abs. 1, 444 Abs. 2 S. 2 StPO).

IV. Beschwer

16   Der Revisionsführer ist beschwert, wenn er durch das Urteil in seinen rechtlichen Interessen unmittelbar beeinträchtigt ist.[6] Die Beschwer muss sich dabei aus dem Tenor des Urteils ergeben.

17   Der **Angeklagte** ist bei jeder nachteiligen Entscheidung beschwert, nicht jedoch bei einem Freispruch.[7] Die Gründe des freisprechenden Urteils sind hierfür unerheblich. Problematisch kann das Merkmal der Beschwer dann sein, wenn das Verfahren durch Urteil (bspw wegen eines Verfahrenshindernisses) eingestellt wurde (§ 260 Abs. 3 StPO). Hier ist zunächst danach zu differenzieren, ob das Verfahrenshindernis beseitigt werden kann oder nicht. Bei einer endgültigen Einstellung, bspw weil die Taten verjährt sind, liegt keine Beschwer vor.[8] Kann das Verfahrenshindernis behoben werden, bspw beim Fehlen eines Eröffnungsbeschlusses, so ist der Angeklagte beschwert, weil er mit Erhebung einer neuen Anklage rechnen muss. Der Angeklagte ist darüber hinaus beschwert, wenn trotz Einstellung des Verfahrens nach der Verfahrenslage ein Anspruch auf Freisprechung besteht. Er kann dann gegen das Einstellungsurteil Berufung oder Revision mit dem Ziel der Freisprechung einlegen.[9]

18   Die **Staatsanwaltschaft** nimmt im Strafverfahren allgemeine Aufgaben der staatlichen Rechtspflege wahr.[10] Sie ist deshalb bei jedweder Verletzung formellen oder materiellen Strafrechts beschwert und berechtigt nach pflichtgemäßem Ermessen Entscheidungen anzufechten. Die Einlegung kann dabei zulasten wie auch zugunsten des Angeklagten erfolgen (§ 296 Abs. 1, Abs. 2 StPO). Legt die Staatsanwaltschaft zugunsten des Angeklagten Revision ein, weil dieser benachteiligt worden ist, so ist dies deutlich zum Ausdruck zu bringen (vgl RiStBV Nr. 147 Abs. 3).

19   Der **Nebenkläger** ist beschwert, wenn er durch die Entscheidung in seiner Stellung als Nebenkläger beeinträchtigt worden ist.[11] Er kann das Urteil aber nicht mit dem Ziel anfechten, dass eine andere Rechtsfolge der Tat verhängt wird (§ 400 Abs. 1 S. 1 StPO).

20   **Beispiel:** Der Nebenkläger empfindet die verhängte Strafe als zu niedrig und begehrt eine höhere Strafe.

21   Klausurtipp: Erstrebt der Nebenkläger eine Verurteilung wegen schwerer Körperverletzung gemäß § 226 Abs. 1 StGB und damit wegen einer Qualifikation anstatt einer einfachen vorsätzlichen Körperverletzung gemäß § 223 Abs. 1 StGB, so ist die erforderliche Beschwer gegeben. Bei Anwendung einer Qualifikationsnorm ist das Anfechtungsrecht des Nebenklägers grds. nicht beschränkt.[12]

---

6   Meyer-Goßner § 296 Rn 9; HK-GS/Momsen § 296 Rn 4.
7   OLG Frankfurt NStZ-RR 2010, 345. Dies gilt allerdings nicht, wenn mit dem Freispruch gleichzeitig die Anordnung einer Maßregel wie bspw der Unterbringung in einem psychiatrischen Krankenhaus nach § 63 StGB erfolgt.
8   BGH NStZ 2011, 418; BGH NJW 2007, 3010, 3011.
9   BGH NStZ 2011, 418; Meyer-Goßner vor § 296 Rn 14 und § 260 Rn 44-46; HK-GS/Momsen § 296 Rn 11.
10   BGH NJW 2007, 3010, 3011; Meyer-Goßner vor § 296 Rn 16;.
11   BGH Beschl. v. 12.1.2011 – Az 1 StR 634/10 = BeckRS 2011, 02207; Meyer-Goßner § 400 Rn 1.
12   BGH Beschl. v. 22.9.2010 – Az 2 StR 429/10 = BeckRS 2010, 24447; HK-GS/Rössner § 400 Rn 2.

V. Revisionseinlegung, § 341 StPO

1. Bezeichnung des Rechtsmittels

Bei der Revisionseinlegung handelt es sich um eine Erklärung, aus der sich der Anfechtungswille im Gegensatz zu bloßen Unmutsbekundungen ergibt.[13] Sie ist weder vor Erlass des angefochtenen Urteils noch bedingt möglich. Eine irrtümliche Falschbezeichnung ist unschädlich (§ 300 StPO).

BEISPIEL: Der Angeklagte legt gegen das Urteil des Landgerichts „Einspruch" oder „Beschwerde" ein. Da gegen das Urteil nur die Revision eröffnet ist, ist die Falschbezeichnung unschädlich.

In Klausuren taucht regelmäßig das Problem auf, dass entweder durch den Angeklagten oder durch dessen Verteidiger lediglich „Rechtsmittel" eingelegt wird. Diese Fälle der sog. **unbestimmten Rechtsmitteleinlegung** kommen bei amtsgerichtlichen Urteilen (Strafrichter / Schöffengericht) in Frage, weil hiergegen sowohl die Berufung als auch die Revision gewählt werden kann. Eine solche unbestimmte Anfechtung des Urteils, bei der sich der Beschwerdeführer die Wahl zwischen Berufung und Revision zunächst offenlässt, ist nach der Rspr in Erweiterung des § 335 StPO zulässig, weil der Beschwerdeführer die Entscheidung über das geeignete Rechtsmittel erst nach Kenntnis der schriftlichen Urteilsgründe treffen kann.[14] Die Erklärung, welches Rechtsmittel gewählt wird, muss bis zum **Ablauf der Revisionsbegründungsfrist** abgegeben werden. Wird **keine Wahl getroffen** oder geht die Erklärung nicht rechtzeitig bei dem zuständigen Gericht ein, so wird das Rechtsmittel als Berufung durchgeführt.[15] Dies gilt auch bei der **Abgabe einer nicht eindeutigen Erklärung. Widersprechen sich die Rechtsmittelerklärungen** von mehreren Verteidigern, so ist entsprechend § 297 StPO der Wille des Angeklagten zu ermitteln.[16] Im Zweifel ist das eingelegte Rechtsmittel als Berufung anzusehen und als solches zu behandeln, jedenfalls solange sich der Angeklagte nicht eindeutig und verbindlich für die Wahl der Revision entscheidet.

Aus § 335 Abs. 1, Abs. 3 StPO wird zudem hergeleitet, dass der Rechtsmittelführer von der Berufung zur Revision und umgekehrt übergehen kann (**Rechtsmittelwechsel**), wenn das Urteil alternativ mit beiden Rechtsmitteln anfechtbar ist. Die Erklärung, das Rechtsmittel zu wechseln, muss ebenfalls innerhalb der Revisionsbegründungsfrist (§ 345 Abs. 1 StPO) gegenüber dem Gericht erfolgen, dessen Urteil angefochten wird (§ 341 Abs. 1 StPO).[17] Hat ein Wechsel stattgefunden, so ist ein nochmaliger Wechsel nicht möglich.

> **Klausurtipp:** Ergibt sich aus dem Aktenauszug, dass zum Zeitpunkt der Bearbeitung lediglich „Rechtsmittel" eingelegt oder das Rechtsmittel gewechselt wurde, empfiehlt es sich, an dieser Stelle auf diese Problematik erschöpfend einzugehen. Beim „unbenannten Rechtsmittel" ist zudem festzuhalten, dass das Rechtsmittel bis zum Ablauf der Revisionsbegründungsfrist als Revision zu bezeichnen ist.

---

13 Meyer-Goßner § 341 Rn 1.
14 OLG Brandenburg Beschl. v. 24.2.2009 – Az 1 Ws 13/09 = BeckRS 2009, 08453; Meyer-Goßner § 335 Rn 2; HK-GS/Maiwald § 335 Rn 3.
15 BGHSt 33, 183, 189; OLG Oldenburg NStZ 2012, 54; OLG Dresden wistra 2005, 318; Meyer-Goßner § 335 Rn 4; HK-GS/Maiwald § 335 Rn 6; Kindhäuser § 31 Rn 7.
16 OLG Nürnberg Beschl. v. 27.4.2010 – Az 1 St OLG Ss 39/10; OLG Hamm NStZ 2006, 184.
17 BGH NStZ 2004, 220; OLG Köln NStZ-RR 2011, 283; OLG München NStZ-RR 2010, 245.

2. Form der Revisionseinlegung

26   § 341 Abs. 1 StPO sieht vor, dass die Revision schriftlich oder zu Protokoll der Geschäftsstelle eingelegt werden kann. Da kein Anwaltszwang besteht, ist eine formlose **schriftliche Erklärung** des Angeklagten ausreichend. Bei Einlegung durch den Verteidiger muss dieser jedoch bevollmächtigt sein.[18] Dies gilt auch für jeden anderen, der von dem Angeklagten mit der Einlegung betraut wird.[19] Die Einlegung per Telefax oder Telegramm ist möglich und wahrt die Schriftform, nicht dagegen eine telefonische Einlegung.[20] Eine eingescannte Unterschrift reicht dabei aus.[21]

27   Die in § 341 Abs. 1 StPO für die Einlegung der Revision gebotene Schriftform verlangt im Gegensatz zu § 345 Abs. 2 StPO **nicht unbedingt eine Unterschrift.** Es genügt vielmehr zur Wahrung der Schriftform, dass aus dem Schriftstück in einer jeden Zweifel ausschließenden Weise ersichtlich ist, von wem die Erklärung herrührt.[22]

> **Klausurtipp:** Klausurträchtig sind Fälle, in denen der Einlegungsschriftsatz durch den Verteidiger nicht unterschrieben wurde, der Schriftsatz aber den gedruckten Briefkopf, das Diktatzeichen des Verteidigers, das Aktenzeichen des Verfahrens und als Schlussformel den gedruckten Namen des Verteidigers enthält. Hier kann insb. zu einem Entwurf abzugrenzen sein. Aus den jeweiligen Umständen, wie auch bspw einer ergänzenden anwaltlichen Versicherung, kann die Wahrung der Schriftform und die Ernsthaftigkeit der Erklärung entnommen werden.[23]

28   Für **Inhaftierte** ist die Regelung in § 299 Abs. 1, Abs. 2 StPO zu beachten.

29   Die Revision kann auch **zu Protokoll der Geschäftsstelle** eingelegt werden. Der zuständige Urkundsbeamte hat über den Vorgang ein förmliches Protokoll zu fertigen, das aus sich heraus verständlich sein muss.[24] Hat ein **unzuständiger Beamter** die Erklärung aufgenommen, so ist diese unwirksam, kann aber bei Unterschrift durch den Erklärenden als dessen eigene schriftliche Erklärung gewertet werden.[25]

> **Klausurtipp:** Eine beliebte Klausurvariante bildet die Konstellation, in der der Angeklagte im Anschluss an die Urteilsverkündung in Anwesenheit des Gerichts „Revision" zu Protokoll erklärt. Zwar entspricht dies nicht der Würde des Gerichts und kann verweigert werden, zumal der Rechtspfleger als Urkundsbeamter der Geschäftsstelle gemäß § 24 Abs. 1 Nr. 1 b) RPflG zur Protokollierung berufen ist. Wird dies gleichwohl protokolliert, so ersetzt das richterliche Protokoll, weil in seiner Bewertung über der Niederschrift der Geschäftsstelle stehend, die Protokollierung durch die Geschäftsstelle und stellt eine wirksame Einlegung dar.[26]

30   § 41a StPO sieht die Möglichkeit der **Einreichung eines elektronischen Dokuments** mit elektronischer Signatur nach dem SignaturG vor. Dabei muss das Dokument zur Bearbeitung durch Gericht und Staatsanwaltschaft geeignet sein. Nach § 41a Abs. 2 StPO

---

18 BGH NStZ 2001, 52.
19 Wird ein Minderjähriger bevollmächtigt, das Rechtsmittel einzulegen, so kommt es auf dessen **Verhandlungsfähigkeit** und nicht auf dessen Geschäftsfähigkeit an, vgl Meyer-Goßner Einl Rn 134.
20 Meyer-Goßner § 341 Rn 7; aA zur Berufung LG Münster NStZ 2005, 472.
21 GmS-OGB NJW 2000, 2340.
22 BGH NStZ 2002, 558; OLG München NJW 2008, 1331; OLG Nürnberg NStZ-RR 2008, 316.
23 OLG München NJW 2008, 1331.
24 Meyer-Goßner Einl Rn 131ff.
25 Meyer-Goßner Einl Rn 133; § 341 Rn 7.
26 BGHSt 31, 109; Meyer-Goßner Einl Rn 137; § 341 Rn 7; vgl auch § 8 Abs. 1 RPflG.

können Einzelheiten in einer entsprechenden LandesVO geregelt werden, wovon bspw Bremen, Sachsen-Anhalt und Hessen Gebrauch gemacht haben.[27]

3. Adressat, § 341 StPO

Die Erklärung, Revision einlegen zu wollen, ist bei dem Gericht, dessen Urteil angefochten wird (judex a quo), anzubringen (§ 341 Abs. 1 StPO). Die Rechtsmittelfrist wird nach hM gewahrt, wenn die Rechtsmittelschrift am letzten Tag der Frist bis 24 Uhr in ein Postfach einsortiert wird, das das Gericht unterhält, bei dem das Rechtsmittel einzulegen ist.[28] 31

BEACHTE: Wird das Rechtsmittel per Telefax eingelegt, so vermag der Sendebericht allein den ordnungsgemäßen Eingang eines Faxschreibens bei Gericht nicht zu beweisen.[29] Lässt sich nicht feststellen, ob die Rechtsmittelschrift überhaupt bei Gericht eingegangen ist, geht dies zulasten des Rechtsmittelführers. Es kommt dann aber eine Wiedereinsetzung in den vorigen Stand von Amts wegen in Betracht. 32

Prüfungsrelevant sind v.a. Fälle, in denen die Einlegungsschrift **bei dem falschen Gericht** eingereicht wurde. Das Gericht, an das ein fristgebundenes Rechtsmittel fälschlicherweise übersandt wurde, ist nicht verpflichtet, das Rechtsmittelschreiben unter Anwendung von Eilmaßnahmen an das zuständige Gericht zu übersenden. Es ist lediglich die Weiterleitung im normalen Geschäftsgang erforderlich. Das gilt selbst dann, wenn sich der Eingabe neben dem korrekten Adressaten sogleich entnehmen lässt, dass Fristversäumnis droht.[30] 33

> **Klausurtipp:** Wird das Schriftstück, mit der die Einlegung der Revision erklärt wird, bei dem falschen Gericht eingereicht (bspw beim Oberlandesgericht nach vorangegangenem amtsgerichtlichen Urteil), so ist für die Fristwahrung entscheidend, dass es dem zuständigen Gericht noch innerhalb der Frist zugeht.[31] Geht der fristgebundene Schriftsatz so rechtzeitig bei dem falschen Gericht ein, dass eine fristgerechte Weiterleitung an das zuständige Gericht im ordentlichen Geschäftsgang zu erwarten ist, so wirkt sich ein etwaiges Verschulden des Angeklagten oder seines Bevollmächtigten an einer Fristversäumung nicht aus.[32] Es kommt dann eine Wiedereinsetzung in den vorigen Stand von Amts wegen in Frage. Bei Eingang des Schreibens am letzten Tag der Frist ist dies aber regelmäßig nicht der Fall.

4. Revisionseinlegungsfrist, § 341 Abs. 1, Abs. 2 StPO

Ist der Angeklagte bei Urteilsverkündung anwesend, so beginnt die Frist zur Einlegung mit Verkündung des Urteils, § 341 Abs. 1 StPO. Fehlt der Angeklagte, weil er sich bspw vor Urteilsverkündung eigenmächtig entfernt hat, so beginnt die Frist ab Zustellung des Urteils. Die Zustellung richtet sich nach § 37 Abs. 1 StPO iVm §§ 166 ff ZPO und muss wirksam sein. Erfolgt die Zustellung an den Verteidiger, so muss dieser ermächtigt sein, Zustellungen in Empfang zu nehmen, § 145a Abs. 1 StPO.[33] Bei wirksamen Mehrfach- 34

---

27 Im Internet abrufbar unter: www.egvp.de.
28 OLG Frankfurt NStZ-RR 2007, 206; str, vgl bspw Meyer-Goßner vor § 42 Rn 13.
29 KG NStZ-RR 2007, 24.
30 OLG Köln Beschl. v. 29.10.2010 – Az 2 Ws 683/10; OLG Hamm NStZ-RR 2008, 283.
31 Meyer-Goßner vor § 42 Rn 16; HK-GS/Bosbach § 43 Rn 8.
32 BVerfG NJW 1995, 3174; OLG Naumburg NStZ-RR 2001, 272 f.
33 BGH NStZ-RR 2003, 205; OLG Stuttgart NStZ-RR 2002, 369.

zustellungen (bspw an Angeklagten und Verteidiger) richtet sich die Berechnung der Frist nach der zuletzt bewirkten Zustellung, § 37 Abs. 2 StPO.

35   Kann sich der Angeklagte durch einen schriftlich bevollmächtigten Verteidiger vertreten lassen, beginnt die Frist mit Verkündung des Urteils. Nach § 341 Abs. 2 StPO ist dies in den Fällen der §§ 234 StPO (allgemeine Regelung zur Vertretung im der Hauptverhandlung), 387 Abs. 1 StPO (Vertretung in der Hauptverhandlung im Privatklageverfahren), 411 Abs. 2 StPO (Vertretung in der Hauptverhandlung im Strafbefehlsverfahren nach Einspruch) und 434 Abs. 1 StPO (Vertretung im Einziehungsverfahren) der Fall.

> **Klausurtipp:** Ist der Angeklagte bei Urteilsverkündung ab- und ein Verteidiger anwesend, empfiehlt es sich zunächst zu prüfen, ob kein Fall vorliegt, in dem der Angeklagte sich vertreten lassen kann. Erst bei mangelnder Vertretungsmöglichkeit ist auf den Fristbeginn ab Zustellung einzugehen. Verhandelt das Gericht unbefugt in Abwesenheit des Angeklagten und verkündet das Urteil, so beginnt die Frist ab Zustellung. Die Revision kann in diesem Zusammenhang bereits eingelegt werden, wenn das Urteil noch nicht zugestellt ist.[34]

36   Die Fristberechnung der einwöchigen Einlegungsfrist richtet sich nach § 43 Abs. 1 StPO. Zu beachten ist dabei, dass der Anfangstag nicht einbezogen wird.[35]
Beispiel: Die Verkündung/Zustellung des Urteils fällt auf Mittwoch, den 14.3.2012. Fristablauf ist damit Mittwoch, der 21.3.2012, 24 Uhr.

37   Fällt die Frist auf einen Sonn- oder Feiertag bzw auf einen Samstag, so endet sie mit Ablauf des nächsten Werktages, § 43 Abs. 2 StPO. Dieser Umstand sollte in einer Klausur auch deutlich gemacht werden. Um die Nachvollziehbarkeit zu gewährleisten, wird im Bearbeitervermerk von Assessorexamensklausuren regelmäßig ein Kalender mit abgedruckt.

38   Die Frist ist nur gewahrt, wenn die Revisionseinlegungsschrift rechtzeitig bei Gericht ein- bzw diesem zugeht. Eine schriftliche Erklärung ist zugegangen, sobald sie in verkehrsüblicher Weise in die tatsächliche Verfügungsgewalt des Empfängers gelangt ist und für den Empfänger unter gewöhnlichen Verhältnissen die Möglichkeit besteht, davon Kenntnis zu nehmen. Das ist bspw bei einem Einwurf in den Briefkasten regelmäßig der Fall. Bei einem besonders für fristgebundene Schriftsätze vorgesehenen Gerichtsbriefkasten ist der Zeitpunkt des Einwurfes als Zeitpunkt des Zugangs zu werten. Auf die Tatsache, ob der Schriftsatz danach zu den Akten gelangt, kommt es nicht an. § 341 Abs. 1 StPO stellt nur auf den Eingang bei dem Gericht ab und nicht auf den bei der zuständigen Abteilung.[36] Der Verteidiger muss in problematischen Fällen die Handlung, die zum rechtzeitigen Zugang geführt hat, genau darlegen und ggf. an Eides statt versichern.

39   Wird die Einlegungsfrist unverschuldet versäumt, so kommt Wiedereinsetzung in den vorigen Stand nach den Grundsätzen der §§ 44 ff StPO in Betracht (vgl dazu unten Rn 70 ff).

40   **Beachte:** Ist zweifelhaft, ob das Rechtsmittel des Angeklagten fristgemäß eingelegt wurde, so ist zugunsten des Angeklagten zu entscheiden.[37] Hiervon ist die Konstellation zu unter-

---

34   Meyer-Goßner § 341 Rn 11; HK-GS/Maiwald § 341 Rn 4.
35   Meyer-Goßner § 43 Rn 1; HK-GS/Bosbach § 43 Rn 13.
36   BGH NStZ-RR 2012, 118.
37   Meyer-Goßner § 261 Rn 35.

scheiden, in der zweifelhaft ist, ob die Erklärung, Rechtsmittel einlegen zu wollen, überhaupt bei Gericht eingegangen ist. In diesem Fall ist das Rechtsmittel als unzulässig zu behandeln.[38]

VI. Revisionsbegründung, § 345 StPO

1. Bezeichnung des Rechtsmittels

Bis zum Ablauf der Revisionsbegründungsfrist (vgl Rn 51) ist das unbenannte Rechtsmittel zu bezeichnen bzw ein Rechtsmittelwechsel möglich (vgl Rn 24 f). Dies kann im Rahmen des Begründungsschriftsatzes geschehen.   41

FORMULIERUNGSBEISPIEL: *„Das am 16.3.2012 eingelegte Rechtsmittel gegen das Urteil des*   42 *Amtsgerichts vom 14.3.2012 soll als Revision durchgeführt werden und wird wie folgt begründet."*

2. Form der Revisionsbegründung, § 345 Abs. 2 StPO

Im Gegensatz zur Berufung (§ 317 StPO) muss die Revision begründet werden (§ 345   43 Abs. 1, 346 Abs. 1 StPO). Legt der Angeklagte oder dessen Verteidiger Revision ein, so ist diese nach § 345 Abs. 2 StPO schriftlich **und** mittels einer von dem Verteidiger oder einem Rechtsanwalt unterzeichneten Schrift zu begründen.

Der Verteidiger oder Rechtsanwalt muss dabei die **volle Verantwortung für den Inhalt**   44 der Schrift übernehmen. Dies ist nicht der Fall, wenn der Verteidiger unsinnigen oder grob laienhaften Vortrag eines rechtsunkundigen Angeklagten lediglich unterschrieben hat,[39] hineinkopierte Ausführungen grobe formale und inhaltliche Mängel aufweisen [40] oder die Formulierungen in der Revisionsbegründungsschrift darauf hindeuten, dass der Verteidiger sich von deren Inhalt distanziert.[41] Inhaltlich muss die Revisionsbegründung den zur Beurteilung der Zulässigkeit erforderlichen Sachverhalt eigenständig und vollständig vortragen. Eine Bezugnahme auf die Schriftsätze anderer Verfahrensbeteiligter oder Aktenbestandteile reicht nicht aus.[42]

Der Umstand, dass die Revisionsbegründung nicht vom bestellten Verteidiger unterzeichnet ist, macht die Erklärung nicht unwirksam, wenn davon auszugehen ist, dass der   45 unterzeichnende Rechtsanwalt als **allgemeiner Vertreter** des Verteidigers gemäß § 53 Abs. 2 BRAO handelt.[43] Bevollmächtigt ein Pflichtverteidiger einen Sozius zum Zwecke der Unterschrift einer Revisionsbegründungsschrift, so entspricht diese nicht der Form des § 345 Abs. 2 StPO, weil der Pflichtverteidiger seine Befugnisse auf den Sozius nicht wirksam übertragen kann.[44] Es müssen Anhaltspunkte dafür vorhanden sein, dass der Sozius als allgemeiner Vertreter iSd § 53 Abs. 2 BRAO tätig wird.

Die anwaltliche Revisionsbegründung muss **unterschrieben** sein. Sie muss dabei mit einem Namenszug unterzeichnet sein, der wenigstens andeutungsweise Buchstaben erken-   46 nen lässt und einen individuellen und einmaligen Charakter aufweist, der die Identität des Unterschreibenden ausreichend kennzeichnet und die Nachahmung durch einen beliebigen Dritten erschwert. Diesen Anforderungen genügt eine von unten links nach oben

---

38 BGH NStZ 1999, 372; Meyer-Goßner § 261 Rn 35.
39 BGH NStZ-RR 2006, 84; NStZ 1984, 563.
40 BGH NStZ 2000, 211.
41 BGH NStZ 2004, 166; HK-GS/Maiwald § 345 Rn 7.
42 BGH NStZ 2007, 166.
43 BGH NStZ-RR 2002,12.
44 BGH Beschl. v. 8.12.2011 – 4 StR 430/11 = BeckRS 2012, 00746; BGH NStZ 2003, 615; OLG Hamm NStZ-RR 2009, 381.

rechts verlaufende, wellenförmige Linie, an deren oberen Ende sich ein Punkt befindet, nicht.[45]

47 Gemäß § 345 Abs. 2 StPO kann die Begründung der Revision auch **zu Protokoll der Geschäftsstelle** erfolgen. Zuständig ist ausschließlich die Geschäftsstelle des Gerichts, dessen Urteil angefochten wird.[46] Die Aufgaben des die Revisionsbegründung aufnehmenden Rechtspflegers beschränken sich dabei nicht nur auf eine formelle Beurkundung des vom Angeklagten Vorgebrachten.[47] Vielmehr hat er sich an der Anfertigung der Revisionsbegründung gestaltend zu beteiligen und die Verantwortung für ihren Inhalt zu übernehmen. Das Fehlen der Unterschrift des Angeklagten unter die zu Protokoll der Geschäftsstelle erklärte Revisionsbegründung berührt die Wirksamkeit der Protokollierung nicht.[48] Dies gilt auch dann, wenn sich der Angeklagte zwar ausdrücklich geweigert hat, das Protokoll zu unterzeichnen, aber aufgrund der Umstände des Einzelfalls kein Zweifel daran besteht, dass die Rechtsmittelerklärung seinem Willen entspricht.[49]

48 Für die Revisionsbegründung der **Staatsanwaltschaft** ist einfache Schriftform nebst Unterschrift ausreichend.[50]

49 Für den seltenen Fall einer Revision des **Nebenklägers** gilt § 390 Abs. 2 StPO analog.[51] Es bedarf dabei grds. der Mitteilung, dass das Urteil mit dem Ziel einer Änderung des Schuldspruchs hinsichtlich einer zum Anschluss als Nebenkläger berechtigten Gesetzesverletzung angefochten wird.[52]

3. Adressat, § 345 Abs. 1 StPO

50 Die Revisionsbegründungsschrift ist – wie die Einlegung – bei dem Gericht, dessen Urteil angefochten wird (judex a quo), anzubringen (§ 345 Abs. 1 StPO). Auch hier ist es ausreichend, wenn die Begründungsschrift am letzten Tag der Frist bis 24 Uhr in das Gerichtspostfach des Gerichts eingelegt wird (vgl Rn 31).

4. Revisionsbegründungsfrist, § 345 Abs. 1 StPO

51 Die Revisionsbegründungsfrist knüpft grds. an die Einlegungsfrist an und beträgt einen Monat nach Ablauf der Einlegungsfrist, § 345 Abs. 1 S. 1 StPO. Aus der Formulierung des § 345 Abs. 1 S. 2 StPO ergibt sich zudem, dass das Urteil bis zum Ablauf der Einlegungsfrist zugestellt worden sein muss. Dieser Fall ist in Klausuren wie auch in der Praxis selten.

52 **BEISPIEL:** Das Urteil wurde am Montag, den 12.3.2012, in Anwesenheit des Angeklagten verkündet. Die Einlegungsfrist läuft gemäß § 43 Abs. 1 StPO am Montag, den 19.3.2012, ab. Wurde das schriftliche Urteil bis zum Ablauf des 19.3.2012 zugestellt, so schließt sich die Revisionsbegründungsfrist an. Sie beginnt nach § 42 StPO am 21.3.2010 (nicht am 20.3.!) und endet am 20.4.2012.

53 Regelmäßig erfolgt die Zustellung des schriftlichen Urteils allerdings nach Ablauf der Einlegungsfrist. Maßgebend für die Fristberechnung ist dann der Zeitpunkt der Urteils-

---

45 OLG Nürnberg NStZ-RR 2007, 151.
46 OLG Brandenburg NStZ 2010, 413.
47 BVerfG NJOZ 2007, 4397.
48 OLG Karlsruhe NStZ-RR 2007, 23.
49 OLG Karlsruhe aaO.
50 Meyer-Goßner § 345 Rn 23; vgl auch Nr. 149 RiStBV.
51 OLG Hamm StraFo 2007, 467.
52 BGH NStZ-RR 2009, 57.

zustellung, § 345 Abs. 1 S. 2 StPO. Wurde das Urteil bspw am Donnerstag, den 5.4.2012 in Anwesenheit des Angeklagten verkündet, so läuft die Einlegungsfrist gemäß § 43 Abs. 1 StPO am Donnerstag, den 12.4.2012 ab. Wird das schriftliche Urteil sodann am 26.4.2012 zugestellt, so endet die Revisionsbegründungsfrist grds. am 26.5.2012. Da es sich hierbei aber um einen Samstag (Sonnabend) handelt, endet die Frist gemäß § 43 Abs. 2 StPO am Montag, den 28.5.2012.

> **Klausurtipp:** Da in einer Klausur zum Zeitpunkt der Gutachtenerstattung die Revisionsbegründungsfrist regelmäßig noch nicht abgelaufen ist, sollten Sie die Frist kurz darstellen. Zur Vereinfachung empfiehlt es sich, einen Zeitstrahl mit den verschiedenen Daten zu erstellen, die entweder aus dem Bearbeitervermerk selbst oder aus abgedruckten Eingangsstempeln /-vermerken entnommen werden können. Auch wird sich idR im Bearbeitervermerk ein abgedruckter Kalender wiederfinden, um die Berechnung zu erleichtern. Flüchtigkeitsfehler (Fristende bspw am 31.11.!) sind zu vermeiden, weil sie gleich zu Beginn einen unsouveränen Eindruck vermitteln.

Richtet sich die Revisionsbegründungsfrist nach der Zustellung des Urteils (§ 345 Abs. 1 S. 2 StPO), so ist eine weitere Voraussetzung, dass die **Zustellung wirksam erfolgt** ist.   54

Maßgebend sind gemäß § 37 Abs. 1 StPO grds. die Vorschriften der §§ 166 ff ZPO. Klausurrelevanz haben bei **Zustellungen an den Angeklagten** insb. die Ersatzzustellung in der Wohnung, in Geschäftsräumen und Einrichtungen (§ 178 ZPO), die Ersatzzustellung durch Einlegen in den Briefkasten (§ 180 ZPO) und die Ersatzzustellung durch Niederlegung (§ 181 ZPO).[53] Bei einer Zustellung durch Übergabe ist zu beachten, dass sich die Beweiskraft einer ordnungsgemäß ausgefüllten und vom Zusteller unterzeichneten Zustellungsurkunde darauf erstreckt, dass die Postsendung dem Adressaten übergeben wurde.[54] Durch eine Berichtigung, die in Form eines in unmittelbarem zeitlichen Zusammenhang mit der Zustellung vom Postzusteller gefertigten und von ihm unterzeichneten Randvermerks erfolgt, wird die Beweiskraft der Urkunde nicht beeinträchtigt.   55

Wird an den **Verteidiger** zugestellt, so ist gemäß § 145a Abs. 1 StPO erforderlich, dass sich dessen (Zustellungs-)Vollmacht bei den Akten befindet. Da gesetzlich eine schriftliche Bevollmächtigung nicht vorgesehen ist, kommt § 145a Abs. 1 StPO auch zur Anwendung, wenn die Vollmacht in der Hauptverhandlung mündlich erteilt und im Sitzungsprotokoll beurkundet wird.[55] Diese Aspekte werden insb. dann bedeutsam, wenn der gewählte Verteidiger vor der Hauptverhandlung das Mandat niederlegt, in der Hauptverhandlung aber gleichwohl als Verteidiger auftritt. Die ursprünglich erteilte Vollmacht ist dann nämlich erloschen.[56] Wird an den Verteidiger mittels Empfangsbekenntnis zugestellt (§ 37 Abs. 1 StPO iVm § 174 ZPO), so ist die Unterzeichnung notwendig, wobei für einen Pflichtverteidiger nicht ein anderes Mitglied einer Sozietät unterzeichnen kann.[57]   56

> **Klausurtipp:** Wird gegen Empfangsbekenntnis zugestellt (§ 174 ZPO), so muss dieses die persönliche Entgegennahme durch einen Adressaten, der durch seine berufliche Stellung

---

53 Vgl dazu Meyer-Goßner § 37 Rn 6 ff; HK-GS/Bosbach § 37 Rn ff; Kuhn JA 2011, 217 ff.
54 OLG Frankfurt NStZ-RR 2011, 147.
55 Meyer-Goßner § 145a Rn 9; HK-GS/Weiler § 145a Rn 2.
56 OLG Stuttgart NStZ-RR 2002, 369.
57 Meyer-Goßner § 37 Rn 19.

iSv § 174 Abs. 1 ZPO qualifiziert ist, erkennen lassen. Ein Assessor kann hierbei nicht zur Entgegennahme ermächtigt werden, weil „Assessor" keine berufliche Qualifikation iSd § 174 Abs. 1 ZPO darstellt.[58]

57 Ein klausurmäßiges Standardproblem im Rahmen der Wirksamkeit der Zustellung bildet ein **Verstoß gegen § 273 Abs. 4 StPO**. Nach § 273 Abs. 4 StPO darf das Urteil nicht zugestellt werden, bevor das Protokoll fertiggestellt ist. Wird dagegen verstoßen, so ist die zunächst erfolgte Zustellung unwirksam und setzt die Revisionsbegründungsfrist nicht in Lauf. Vielmehr beginnt die Frist erst mit einer neuen Zustellung.[59] Zur Fertigstellung des Protokolls gehört insb. die Unterschrift des Richters unter das Protokoll. Das Unterschreiben von Anlagen allein genügt nicht.

> **Klausurtipp:** Ein Verstoß gegen § 275 Abs. 2 StPO (fehlende Urteilsunterschrift) begründet iVm § 338 Nr. 7 StPO einen Verfahrensfehler, hindert aber nicht die Wirksamkeit der Zustellung des Urteils.[60] Das gilt auch für den Fall, dass in der Urteilsausfertigung eine Seite fehlt.[61]

58 Sind **wirksame Mehrfachzustellungen** erfolgt, so greift die Regelung des § 37 Abs. 2 StPO ein, weshalb die letzte Zustellung zur Fristberechnung heranzuziehen ist.

59 Wird die Begründungsfrist **unverschuldet versäumt**, so kommt **Wiedereinsetzung** in den vorigen Stand nach den Grundsätzen der §§ 44 ff StPO in Betracht (vgl dazu Rn 70 ff).

VII. Rechtsmittelrücknahme/Rechtsmittelverzicht

1. Allgemeines

60 Der Zulässigkeit der Revision kann eine wirksame **Rücknahme- oder Verzichtserklärung** entgegenstehen. Anknüpfungspunkt bildet § 302 StPO, der eine allgemeine, aber letztlich unvollständige Regelung enthält. Rechtsmittelverzicht und -rücknahme stellen Prozesserklärungen dar. Sie sind deshalb grds. bedingungsfeindlich, unwiderruflich und nicht anfechtbar.[62] Beide Erklärungen sind in der Form abzugeben, die für die Rechtsmitteleinlegung gilt, und werden wirksam, sobald sie gegenüber dem mit der Sache befassten Gericht (judex a quo) abgegeben werden.[63] Eine Unwirksamkeit der Erklärung kommt bei Täuschung, Drohung oder Irreführung des Rechtsmittelberechtigten in Frage (vgl Rn 67).

61 Für die Zurücknahme eines Rechtsmittels **durch den Verteidiger** gilt § 302 Abs. 2 StPO unmittelbar und für den Verzicht § 302 Abs. 2 StPO analog. Der Verteidiger muss ermächtigt sein.[64] Wird eine Rücknahmeerklärung durch den Verteidiger ohne Ermächtigung des Angeklagten abgegeben, so ist diese unwirksam. Eine rückwirkende Genehmigung der abgegebenen Erklärung ist nicht ausreichend.[65] Eine Form ist für die Ermächtigung nicht vorgeschrieben. Ein zustimmendes Nicken des Angeklagten zu dem von seinem Verteidiger zu Protokoll erklärten Rechtsmittelverzicht kann den Anforderungen

---

58 OLG Stuttgart NJW 2010, 2532.
59 BGH NStZ-RR 2002, 12; Meyer-Goßner § 273 Rn 34; HK-GS/Brehmeier-Metz § 273 Rn 3.
60 BGH NStZ 2001, 219.
61 BGH NStZ 2007, 53.
62 BGH NStZ 2009, 51; OLG Hamm NStZ-RR 2010, 215.
63 Meyer-Goßner § 302 Rn 8, 14; HK-GS/Momsen § 302 Rn 8.
64 BGH Beschl. v. 28.10.2010 – Az 4 StR 388/10; BGH NStZ-RR 2006, 146; 2005, 211, 212; OLG Stuttgart Justiz 2011, 104; OLG Koblenz NStZ-RR 2001, 247.
65 OLG Zweibrücken NStZ-RR 2010, 251.

an eine ausdrückliche Ermächtigung iSd § 302 Abs. 2 StPO genügen. Die Ermächtigung kann auch mündlich erteilt und durch anwaltliche Erklärung nachgewiesen werden.[66] Das Schweigen des Angeklagten auf ein Anschreiben des Verteidigers, sich binnen einer bestimmten Frist zu äußern, anderenfalls die Rücknahme erklärt werde, reicht jedoch nicht aus.[67] Der Widerruf der Ermächtigung ist jederzeit zulässig. Er ist formlos möglich und muss nicht ausdrücklich erklärt werden. Der Widerruf wird schon dann wirksam, wenn ihn der Angeklagte mündlich oder fernmündlich dem Gericht oder seinem Verteidiger gegenüber erklärt. Er führt jedoch nur dann zur Unwirksamkeit der Rücknahme- oder Verzichtserklärung, wenn er gegenüber dem Gericht oder dem Verteidiger erklärt worden ist, bevor die Rücknahme- oder Verzichtserklärung bei dem Gericht eingegangen ist.[68]

> **Klausurtipp:** Da der Schwerpunkt einer revisionsrechtlichen Klausur regelmäßig in der Prüfung der Begründetheit liegt, wird – klausurtaktisch gesehen – bei Vorliegen einer Rücknahme- oder Verzichtserklärung regelmäßig von deren Unwirksamkeit ausgegangen werden können. In einem solchen Fall ist auf das Protokoll der Hauptverhandlung bzw eine Erklärung des Verteidigers zu achten, woraus sich Unwirksamkeitsgründe ergeben können. Sollte sich tatsächlich eine Unzulässigkeit der Revision ergeben, ist mittels Hilfsgutachtens weiter zu prüfen.

2. Rechtsmittelrücknahme

Für die Rechtsmittelrücknahme sind die in den Regelungen der §§ 302 Abs. 1 S. 2 und 303 StPO enthaltenen **Zustimmungserfordernisse** zu beachten. § 303 S. 1 StPO sieht als allgemeine Regelung vor, dass die Rücknahme eines Rechtsmittels nach Beginn einer mündlichen Verhandlung darüber nicht ohne Zustimmung des Gegners erfolgen kann. Eine Ausnahme bildet insoweit der Nebenkläger, der bei Rücknahme eines Rechtsmittels des Angeklagten nicht zustimmen muss. § 302 Abs. 1 S. 2 StPO ergänzt diese Grundsätze und bestimmt, dass ein von der Staatsanwaltschaft zugunsten des Angeklagten eingelegtes Rechtsmittel nicht ohne dessen Zustimmung zurückgenommen werden kann. 62

Allgemein gilt, dass eine wirksam abgegebene Rücknahmeerklärung den Verzicht auf die Wiederholung des Rechtsmittels enthält. Die eigenverantwortliche Revisionsrücknahme eines verhandlungsfähigen Angeklagten ist wirksam, selbst wenn der Verteidiger das von ihm zugunsten des Angeklagten eingelegte Rechtsmittel unter Verweis auf dessen vermutlich fehlende Beurteilungskraft durchgeführt wissen will.[69] Dies gilt auch dann, wenn dem Angeklagten im Zeitpunkt der Abgabe seiner Erklärung außerhalb der Hauptverhandlung ein Verteidiger nicht beigeordnet war, obwohl die Voraussetzungen einer notwendigen Verteidigung vorgelegen haben könnten.[70] 63

> **Klausurtipp:** Die Erklärung über die Rücknahme eines Rechtsmittels ist unwirksam, wenn noch vor Eingang der Rücknahmeerklärung ein Widerruf dieser Erklärung bei Gericht eingeht.[71]

---

66 BGH NStZ-RR 2010, 55; NStZ 2005, 47; NStZ 2004, 55.
67 OLG Oldenburg StraFo 2010, 347.
68 BGH NStZ-RR 2007, 151.
69 BGH NStZ-RR 2007, 210.
70 OLG Koblenz NStZ 2007, 55.
71 OLG Hamm wistra 2008, 78.

3. Rechtsmittelverzicht

64   Der Rechtsmittelverzicht wird regelmäßig unmittelbar **im Anschluss an die Verkündung des Urteils** erklärt. Er umfasst auch den Verzicht auf das Recht, gegen die Kosten- und Auslagenentscheidung sofortige Beschwerde nach § 464 Abs. 3 StPO einzulegen.[72]

65   Die Erklärung muss **wirksam**, d.h. der Angeklagte bei Abgabe der Erklärung verhandlungsfähig sein. Fehlende Sprachkenntnisse des Angeklagten können im Einzelfall die Wirksamkeit eines von ihm abgegebenen Rechtsmittelverzichts in Frage stellen. Keinen Einfluss auf die Wirksamkeit der Verzichtserklärung hat der Umstand, dass eine Rechtsmittelbelehrung nicht erfolgt ist.[73] Wird eine mündliche Rechtsmittelbelehrung erteilt, so ist eine ergänzende schriftliche Belehrung grds. nicht erforderlich. Nur soweit Anhaltspunkte für ein mangelndes Verständnis in der Person des Angeklagten vorhanden sind, gebietet es die Fürsorgepflicht, zusätzlich zur mündlichen Belehrung ein Merkblatt auszuhändigen.[74]

66   Die **Unwirksamkeit** der Verzichtserklärung kommt in Frage, wenn der in der Hauptverhandlung tätige und nach § 140 Abs. 1 Nr. 1 StPO erforderliche Verteidiger wegen bestandskräftigen Widerrufs seiner Zulassung nicht auftreten durfte.[75] Anderes kann gelten, wenn der Verzicht auf einer autonomen, vom Scheinverteidiger nicht beeinflussbaren Entschließung des Angeklagten beruhte. Bei Verstreichenlassen der Revisionseinlegungsfrist ist dem Angeklagten jedenfalls Wiedereinsetzung zu gewähren. Vergleichbares gilt, wenn im Fall notwendiger Verteidigung ein Verteidiger in der Hauptverhandlung nicht mitgewirkt hat. Der von einem Angeklagten unmittelbar nach der Urteilsverkündung erklärte Rechtsmittelverzicht ist als unwirksam anzusehen, wenn sich der Angeklagte nicht mit einem Verteidiger beraten konnte, der ihn vor übereilten Entscheidungen hätte abhalten können.[76] Wird der Angeklagte von zwei Wahlverteidigern verteidigt, kann ein nach Urteilsverkündung erklärter Rechtsmittelverzicht unwirksam sein, wenn das Gericht es unterlassen hat, einen der beiden Wahlverteidiger zu laden, weil der Angeklagte Anspruch darauf hat, sich mit beiden Wahlverteidigern vor Erklärung des Rechtsmittelverzichts zu beraten.[77]

67   Der Rechtsmittelverzicht eines Angeklagten ist unwirksam, wenn er aufgrund **Täuschung, Drohung** oder auch einer **irrtümlich objektiv unrichtigen Erklärung oder Auskunft des Gerichts** zustande gekommen ist. Dies kommt bspw in Betracht, wenn der Rechtsmittelverzicht nur deshalb erklärt wird, weil für den Fall des Unterbleibens eines Rechtsmittelverzichts der Erlass eines Sicherungshaftbefehls angedroht, vom Staatsanwalt der Antrag auf Aufhebung der Außervollzugsetzung des Haftbefehls in Aussicht gestellt oder vom Tatrichter konkludent in Aussicht gestellt wird, der Angeklagte werde bei nicht erklärtem Rechtsmittelverzicht sofort in Haft genommen.[78] Demgegenüber kann aus enttäuschten Erwartungen des Angeklagten, ohne dass eine unzulässige Willensbeeinflussung durch Gericht oder Staatsanwaltschaft vorliegt, die Unwirksamkeit des Rechtsmittelverzichts nicht hergeleitet werden. Auch ist ein Motivirrtum des Angeklagten ohne Einfluss auf die Wirksamkeit eines Rechtsmittelverzichts.[79]

---

72 KG NStZ-RR 2007, 55.
73 BGH NStZ 2006, 352; NStZ-RR 2003, 54.
74 BVerfG NStZ 2007, 416.
75 BGH NStZ 2002, 379.
76 KG NStZ-RR 2007, 209.
77 BGH NStZ 2005, 114.
78 BGH NStZ 2005, 279; NStZ 2004, 509; OLG Jena NStZ 2003, 616.
79 BGH NStZ 2005, 582; NStZ-RR 2002, 114.

> **Klausurtipp:** Klausurträchtig sind insb. irrtümliche Fehlinformationen durch das Gericht oder den Vertreter der Staatsanwaltschaft zu rechtlichen Auswirkungen des Urteils, bspw auf den beamtenrechtlichen Status des Angeklagten, eine zu erwartende Abschiebung oder den Voraussetzungen eines Widerrufs der Strafaussetzung zur Bewährung in anderer Sache. Eine Klausurvariante bildet dabei die Inzidentprüfung der Wirksamkeit des Rechtsmittelverzichts im Rahmen der Voraussetzungen der Wiedereinsetzung in den vorigen Stand (vgl unten Übungsfall 3, Rn 85).

Erfolgt die Verzichtserklärung erst zu einem **späteren Zeitpunkt als direkt nach der Ur-**   68
teilsverkündung und geht sie gleichzeitig mit einer Anfechtungserklärung bei Gericht ein, so ist der Verzicht unbeachtlich. Dies gilt auch, wenn nicht aufgeklärt werden kann, welche der beiden Erklärungen eher bei Gericht eingegangen ist.[80] Bei Verzicht des Angeklagten und Anfechtungserklärung des Verteidigers, geht der Wille des Angeklagten vor.[81]

Besonderheiten ergeben sich für eine Verfahrensbeendigung mittels **Verständigung nach**   69
§ 257c StPO. Für solche Fälle sieht § 302 Abs. 1 S. 2 StPO nunmehr ausdrücklich vor, dass ein Rechtsmittelverzicht ausgeschlossen ist. Beruft sich ein Angeklagter auf die Unwirksamkeit eines von ihm erklärten Rechtsmittelverzichts wegen einer vorausgegangenen Verständigung und schweigt das Protokoll dazu, so muss er, um eine Überprüfung im Freibeweisverfahren durch das Revisionsgericht zu ermöglichen, im einzelnen darlegen, in welchem Verfahrensstadium, in welcher Form und mit welchem Inhalt die von ihm behauptete Verständigung zustande gekommen ist.[82]

VIII. Wiedereinsetzung in den vorigen Stand

Gegen die Versäumung einer gesetzlichen oder richterlichen Frist kann nach §§ 44 bis 47   70
StPO Wiedereinsetzung in den vorigen Stand beansprucht werden, wenn der Säumige ohne Verschulden an der Einhaltung der Frist verhindert war. Für das Revisionsrecht sind hierbei die Fristen der §§ 341, 345 StPO bedeutsam.

Für eine Klausur empfiehlt sich folgendes **Prüfungsschema:**   71

I.   **Zulässigkeit des Antrages**
   - a)   Antrag – ausnahmsweise von Amts wegen, § 45 Abs. 2 S. 3 StPO
   - b)   Schriftlich oder zu Protokoll der Geschäftsstelle
   - c)   Adressat: grds. Gericht, bei dem die Frist nachzuholen gewesen wäre
   - d)   Antragsfrist: 1 Woche
   - e)   Glaubhaftmachung der Tatsachen gem. § 45 Abs. 2 StPO
   - f)   Fristgerechte Nachholung der versäumten Handlung unter Mitteilung des Zeitpunkts des Wegfalls des Hindernisses

II.   **Begründetheit des Antrages**
   - a)   Versäumung einer Frist gem. § 44 StPO
   - b)   Fristversäumung ohne Verschulden gem. § 44 StPO

---

80   Meyer-Goßner § 302 Rn 15.
81   OLG Karlsruhe NStZ-RR 2004, 271.
82   BGH NStZ 2011, 232.

1. Zulässigkeitsvoraussetzungen eines Wiedereinsetzungsantrages

72   a) Es muss ein **Wiedereinsetzungsantrag** gestellt werden, der allerdings nicht an eine bestimmte Form gebunden ist, weshalb einfache Schriftform genügt. Der Antrag kann auch zu Protokoll der Geschäftsstelle gestellt werden. Wird die versäumte Handlung durch den Beschwerdeführer nachgeholt, so kann über den Antrag nach § 45 Abs. 2 S. 3 StPO von Amts wegen entschieden werden. Der Antrag ist grds. bei dem Gericht zu stellen, bei dem die Frist wahrzunehmen gewesen wäre. Es ist aber auch möglich, den Antrag bei dem Gericht zu stellen, das gemäß § 46 StPO über den Wiedereinsetzungsantrag entscheidet, § 45 Abs. 1 S. 2 StPO.[83]

73   b) Sämtliche Voraussetzungen der Wiedereinsetzung sind **glaubhaft** zu machen, § 45 Abs. 2 StPO. Die geltend gemachten Versäumnisgründe müssen nicht notwendig zur vollen Überzeugung des Gerichtes feststehen, wohl aber in einem zur Entscheidung hinreichenden Maß wahrscheinlich gemacht sein.[84] Eidesstattliche Versicherungen des Angeklagten genügen grds. nicht. Sie haben lediglich den Wert einer eigenen schlichten Erklärung, weil der Angeklagte im Strafverfahren kein Beweismittel ist.[85] Wird durch den Angeklagten geltend gemacht, dass sein Verteidiger ausdrücklich mit der Einlegung eines Rechtsmittels beauftragt wurde, muss vorgetragen werden, dass der (säumige) Verteidiger die Einlegung auch zugesagt hat.[86]

74   c) Die versäumte Handlung muss **innerhalb einer Woche** nach Wegfall des Hindernisses unter Mitteilung des Zeitpunkts des Wegfalls des Hindernisses nachgeholt werden.[87] Das Hindernis fällt idR weg, wenn der Säumige Kenntnis von seiner Säumnis hat. Auch diese Frist kann schuldlos versäumt werden.

2. Begründetheit des Wiedereinsetzungsantrages

75   a) Es muss zunächst geprüft werden, ob überhaupt ein **Fall der Fristversäumung** vorliegt. Beginnt keine Frist zu laufen, so kann auch nichts versäumt werden. Eine Frist versäumt iSd § 44 StPO, wer sie einhalten wollte, aber nicht eingehalten hat.[88] Wer von einem befristeten Rechtsbehelf bewusst keinen Gebrauch gemacht hat, war nicht an der Einlegung „gehindert".[89] Keinen Fall der Verhinderung stellt auch die zu späte Kenntnisnahme des Angeklagten oder seines Verteidigers von einer gesetzlichen Bestimmung oder die Unkenntnis höchstrichterlicher Rechtsprechung dar.[90]

> **Klausurtipp:** Als Klausurvariante wird der Fall gebildet, dass der Angeklagte auf Rechtsmittel verzichtet, nach Ablauf der Einlegungsfrist aber dann doch Rechtsmittel einlegt. In einem solchen Fall sind im Rahmen der Einlegungsfrist die Voraussetzungen einer Wiedereinsetzung in den vorigen Stand zu prüfen. Bei dem Prüfungspunkt „Versäumung einer Frist" ist dann auf den Rechtsmittelverzicht im Rahmen einer Inzidentprüfung einzugehen. Regelmäßig dürfte der Rechtsmittelverzicht unwirksam sein, weshalb von einer Fristversäumung, die unverschuldet eingetreten ist, ausgegangen werden kann.

83   Meyer-Goßner § 45 Rn 4.
84   KG NJOZ 2011, 1498; OLG Jena NStZ-RR 2006, 345.
85   Meyer-Goßner § 45 Rn 8, 9.
86   BGH Beschl. v. 19.10.2010 – Az 1 StR 510/10 = BeckRS 2010, 27957; NStZ-RR 2009, 375.
87   BGH Beschl. v. 8.12.2011 – Az 4 StR 430/11 = BeckRS 2012, 00746.
88   Meyer-Goßner § 44 Rn 5.
89   BGH NStZ 2001, 160.
90   BGH NStZ-RR 2010, 244.

b) Der Antragsteller muss **ohne Verschulden** an der Einhaltung der Frist gehindert ge 76
wesen sein. Hat der Säumige trotz ihm zuzumutender und in vernünftiger Weise zu erwarteter Sorgfalt die Frist versäumt, so fehlt das Verschulden. Das Verschulden des
Verteidigers (oder Kanzleipersonals) wird dem Angeklagten im Strafverfahren regelmä
ßig nicht zugerechnet, falls ihn kein Mitverschulden trifft.[91] Beauftragt der Angeklagte
aber einen Dritten (der nicht Verteidiger ist – bspw Bewährungshelfer) mit der Einlegung
eines fristgebundenen Rechtsmittels, so hat er die Einhaltung der Rechtsmitteleinlegungsfrist zu überwachen. Anderenfalls ist die verspätete Rechtsmitteleinlegung grds.
nicht unverschuldet iSd § 44 Abs. 1 StPO.[92]

Wiedereinsetzung wird nach der Rspr grds. nicht gewährt bei **Falschadressierung des** 77
Gerichts durch den Rechtsmittelberechtigten. Ein etwaiges Verschulden des Angeklagten
oder seines Bevollmächtigten an der Fristversäumung wirkt sich aber dann nicht aus,
wenn der fristgebundene Schriftsatz so rechtzeitig beim falschen Adressaten eingeht, dass
eine fristgerechte Weiterleitung an das zuständige Gericht im ordentlichen Geschäftsgang
zu erwarten ist (vgl Rn 33). Gibt demgegenüber ein **Gefangener** ein Rechtsmittel erst am
letzten Tag der Rechtsmittelfrist in einem verschlossenen Umschlag zur Post und geht
das Rechtsmittel verspätet bei Gericht ein, ist die Fristversäumnis verschuldet und damit
eine Wiedereinsetzung in den vorigen Stand ausgeschlossen.[93] Zudem darf ein Gefangener nicht darauf vertrauen, dass in der Haftanstalt an jedem Tag ein Urkundsbeamter
zur Verfügung steht, um rechtzeitig ein Rechtsmittel einlegen zu können. Gibt er erst am
Tag vor Fristablauf einen Vormelder zur Vorführung zu dem Urkundsbeamten ab, hat
er es zu vertreten, wenn die Frist versäumt wird.[94]

Klausurtipp: In Klausuren werden regelmäßig Postlaufzeiten problematisiert. Hierfür gilt,
dass Verzögerungen in der Briefbeförderung dem Säumigen regelmäßig nicht zuzurechnen
sind.[95] Verzögerungen durch Sonn- und Feiertage müssen aber einkalkuliert werden. Ansonsten darf nach herrschender Rechtsprechung regelmäßig auf die übliche Postlaufzeit
von einem Tag vertraut werden.[96] Dies gilt auch für ein Einwurf-Einschreiben,[97] während
für einen Einschreibebrief mit zwei Werktagen zu rechnen ist.[98] Von mangelndem Verschulden ist auszugehen, wenn der Zugang eines Einschreibens wegen des frühen Gerichtsschlusses um 12.00 Uhr nicht mehr fristgerecht bestätigt werden kann.[99]

Ist dem Verteidiger trotz Nachfrage innerhalb der Revisionsbegründungsfrist nicht die 78
(erforderliche) Einsicht in das Protokoll der Hauptverhandlung ermöglicht worden, so
kommt eine Wiedereinsetzung zur **Nachholung einer nicht gemäß § 344 Abs. 2 S. 2 StPO**
formgerecht begründeten Verfahrensrüge zwecks Wahrung des rechtlichen Gehörs
(Art. 103 Abs. 1 GG) in Betracht.[100]

Ein zur Wiedereinsetzung in den vorigen Stand führender **Fehler der Justiz** kann auch im 79
Rahmen der Protokollierung eines Revisionsantrags durch den Rechtspfleger vorkom

---

91 OLG Köln, Beschl. v. 12.1.2012 – Az 2 Ws 21/12 = BeckRS 2012, 07645.
92 OLG Hamm NStZ-RR 2009, 242.
93 BGH NStZ 2006, 54.
94 BGH NStZ-RR 2011, 100 Nr. 13; KG NStZ-RR 2009, 19.
95 BVerfG NJW 1992, 1952; OLG Hamm StRR 2010, 282.
96 OLG Hamm NJW 2009, 2230, 2231; Meyer-Goßner § 44 Rn 16; aA OLG Stuttgart NStZ-RR 2010, 15, 16: 2 Tage
   bei Briefsendungen außerhalb des Ortsbestellverkehrs analog § 270 S. 2 ZPO.
97 OLG Hamm NJW 2009, 2230, 2231.
98 OLG Frankfurt NStZ-RR 2011, 116.
99 OLG Oldenburg ZfS 2011, 471.
100 BGH NStZ 2009, 173.

men.[101] Allerdings verleiht der Umstand, dass bei der Formulierung der Revisionsbegründung zur Unterstützung des Angeklagten sachkundiges Justizpersonal mitgewirkt hat, dem Angeklagten keinen Anspruch auf Fehlerfreiheit von dessen Dienstleistung. Erweisen sich einige der vom Rechtspfleger protokollierten Verfahrensrügen als unzulässig, begründet dies keinen Anspruch des Angeklagten auf Wiedereinsetzung in den vorigen Stand zur Nachholung der Rügen.[102] Auch kann nicht von einem Verschulden des Rechtspflegers ausgegangen werden, wenn der Angeklagte diesem besonders umfangreiche Unterlagen vorlegt und die Prüfung nicht innerhalb der Revisionsbegründungsfrist beendet werden kann. Das Recht des Revisionsführers, die Revision zu Protokoll der Geschäftsstelle zu begründen, besteht nur innerhalb der normalen Dienstzeiten.[103] Dabei kann nicht erwartet werden, dass sich der Rechtspfleger während der gesamten Zeit nur mit einer Sache befasst. Wird die Revisionsbegründung infolge einer falschen richterlichen Auskunft zu Protokoll eines unzuständigen Gerichts abgegeben, so ist mangels Verschulden von Amts wegen Wiedereinsetzung zu gewähren.[104]

80   War einer gerichtlichen Entscheidung keine Rechtsmittelbelehrung beigefügt, so wird nach § 44 S. 2 StPO gesetzlich vermutet, dass ein Wiedereinsetzungsgrund vorliegt. Allerdings hebt § 44 S. 2 StPO nur das Erfordernis des fehlenden Verschuldens des Betroffenen auf, nicht aber das eines ursächlichen Zusammenhangs zwischen Belehrungsmangel und Fristversäumung.[105] Zur ordnungsgemäßen Begründung des Wiedereinsetzungsgesuchs gehört daher die Darlegung, die Rechtsmittelfrist nicht gekannt zu haben. Die Anforderungen an diesen Vortrag dürfen aber nicht überspannt werden. Es ist ausreichend, dass sich aus dem Gesamtzusammenhang des Vorbringens ergibt, dass der Betroffene sich zwar der Fristbindung des Rechtsmittels bewusst war, die genaue Dauer der Frist aber nicht kannte. Die qualifizierte Belehrung nach einer Verständigung (§ 35a S. 3 StPO) wird nicht von dem Vermutungstatbestand des § 44 S. StPO erfasst.[106]

IX. Übungsfälle

81   ▶ **Übungsfall 1:**[107] Das AG verurteilte den anwesenden Angekl. wegen Beleidigung zu einer Geldstrafe von 15 Tagessätzen zu je 10,- €. Gegen dieses Urteil legte der Angekl. form- und fristgerecht Revision ein. Am 7.5.2012 wurde das Urteil an den Angekl. förmlich zugestellt, am 10.5.2012 wurde das Hauptverhandlungsprotokoll fertiggestellt. Die formgemäße Revisionsbegründung des Verteidigers des Angekl. wurde beim AG am 11.6.2012 angebracht. Zulässigkeit der Revision? ◀

82   ▶ **Lösung: Zulässigkeit der Revision**

I.   Statthaftigkeit grds. (+), § 335 Abs. 1, 312 StPO (Sprungrevision)
      Problem: eine etwaige Berufung wäre annahmebedürftig, § 313 Abs. 1 StPO

      tvA: Sprungrevision unzulässig

      hM: Sprungrevision zulässig (vgl Rn 8 ff)

II.   Rechtmittelbefugnis (+), § 296 Abs. 1 StPO

---

101   BVerfG NJOZ 2007, 4397.
102   BGH NJW 2008, 3368.
103   BGH NStZ-RR 2009, 347.
104   OLG Oldenburg NStZ 2012, 51.
105   OLG Köln, Beschl. v. 6.12.2010 – Az 2 Ws 790/10 = BeckRS 2011, 01282; OLG Frankfurt NStZ-RR 2007, 206;
      Meyer-Goßner § 44 Rn 22; HK-GS/Bosbach § 44 Rn 22.
106   BGH NStZ-RR 2010, 244.
107   Nach BGH NStZ-RR 2002, 12.

III. Beschwer (+), da Verurteilung

IV. Form- und fristgerechte Einlegung (+)

V. Form- und fristgerechte Revisionsbegründung, § 345 StPO

    1. Urteil wurde am 7.5.2012 an den Angekl. zugestellt.

    2. Begründungsschriftsatz des Angekl. am 11.6.2012 bei Gericht eingegangen.

    3. aber: Urteil vor fertiggestelltem Protokoll zugestellt. Verstoß gegen § 273 Abs. 4 StPO (+). Die Zustellung des Urteils ist unwirksam (vgl Rn 57). Eine Verfristung liegt nicht vor.

VI. Kein Rechtsmittelverzicht/keine Rechtsmittelrücknahme

Ergebnis: Die Revision ist zulässig. ◄

▶ **ÜBUNGSFALL 2:**[108] Gegen das am 20.4.2012 in Anwesenheit des Angekl. verkündete Urteil der großen Strafkammer des LG hat dieser am 23.4.2012 Revision eingelegt. Der Schriftsatz ist am 21.4.2012 verfasst worden und trägt den Briefkopf und das Diktatzeichen von Rechtsanwalt Dr. W. in M., der den Angekl. auch in der Hauptverhandlung vertreten hatte, sowie das Aktenzeichen. Er ist jedoch nicht unterschrieben. Am 4.5.2012 wurde das Urteil dem Verteidiger zugestellt. Die Revisionsbegründung wurde am 4.6.2012 beim LG mit einem vom Verteidiger unterzeichneten Schriftsatz angebracht. In dem Schriftsatz heißt es, es werde „auftragsgemäß" die Verletzung materiellen Rechts gerügt. Im Anschluss daran folgt ausschließlich eine Wiedergabe der vom Angekl. stammenden Ausführungen, die offensichtlich in das Schriftstück „hineinkopiert" worden waren. Eigene Ausführungen des Verteidigers sind nicht vorhanden. Zulässigkeit der Revision? ◄

▶ **LÖSUNG: Zulässigkeit der Revision**

I. Statthaftigkeit (+), § 333 StPO

II. Rechtmittelbefugnis (+), § 297 StPO

III. Beschwer (+), da Verurteilung

IV. Fristgerechte Einlegung, § 341 Abs. 1 StPO durch RA am 23.4.2012 grds. (+).
Problem: Formgerechte Einlegung

    1. Zur Wahrung der Schriftform genügt, dass aus dem Schriftstück in einer jeden Zweifel ausschließenden Weise ersichtlich ist, von wem die Erklärung herrührt.

    2. IvF (+). Der Schriftsatz lässt aufgrund der Angabe des Aktenzeichens, des Briefkopfs und des Diktatzeichens „Dr.W" neben der Datumsangabe zweifelsfrei den Urheber erkennen. Es kommt hinzu, dass der Schriftsatz schon am 21.4.2012 verfasst wurde, nachdem die Hauptverhandlung am Vortag in Gegenwart von Rechtsanwalt Dr.W. als Verteidiger stattgefunden hatte.

    3. Anhaltspunkte dafür, dass es sich lediglich um einen Entwurf handelt liegen nicht vor. Ordnungsgemäße Einlegung (+)

V. Fristgerechte Begründung, § 345 Abs. 1 StPO am 4.6.2012 (+).
Problem: Formgerechte Begründung, § 345 Abs. 2 StPO

Die Revisionsbegründung muss in einer von einem Verteidiger unterzeichneten Schrift erfolgen, an der dieser zumindest gestaltend mitzuwirken hat (vgl Rn 44). IvF Zweifel an Übernahme der Verantwortung (+). Die Wiedergabe der vom Angekl. stammenden Ausführungen, die offensichtlich lediglich in das Dokument „hineinko-

---

108 Nach OLG Rostock NStZ-RR 2009, 381 und OLG München NJW 2008, 1331.

piert" worden waren, lassen den Schluss zu, dass sich der Verteidiger vom Inhalt des Schriftsatzes distanziert, da eigene Ausführungen des Verteidigers fehlen. Die Revisionsbegründung ist unwirksam.

Ergebnis: Die Revision ist nicht zulässig. ◄

85   ▶ **Übungsfall 3:**[109] Gegen das in seiner Anwesenheit am 29.3.2012 verkündete Urteil des LG hat der Angekl. mit einem am 26.4.2012 eingegangenen Schreiben vom 17.4.2012 Revision eingelegt. Ferner hat er beantragt, ihm wegen Versäumung der Frist zur Einlegung der Revision Wiedereinsetzung in den vorigen Stand zu gewähren. Zur Begründung hat er vorgetragen, sein Pflichtverteidiger habe ihm bei einem Gespräch am Tag vor Ablauf der Frist erklärt, die Einlegung des Rechtsmittels sei „unsinnig". Weiter hat der Angekl. ausgeführt: „Damals vertraute ich ihm und ließ mich von ihm überreden, nicht in Revision zu gehen." Nunmehr sei er jedoch der Meinung, dass Revisionsgründe vorlägen. Zulässigkeit der Revision? ◄

86   ▶ **Lösung:** Zulässigkeit der Revision

I.   Statthaftigkeit, § 333 StPO (+)

II.   Rechtsmittelbefugnis gem. § 296 Abs. 1 StPO (+)

III. Beschwer des Angekl. durch Verurteilung (+)

IV.   **Problem:** Einlegungsfrist gem. § 341 Abs. 1 StPO.

    1.   Nach den Daten abgelaufen

    2.   Voraussetzungen für eine Wiedereinsetzung gem. §§ 44 bis 47 StPO

       a)   Zulässigkeit:

         (1)   Antrag und Glaubhaftmachung der Tatsachen gem. § 45 StPO (+)

         (2)   Schriftlich oder zu Protokoll der Geschäftsstelle (+)

         (3)   Richtiger Adressat (+)

         (4)   Fristgerechte Nachholung der versäumten Handlung unter Mitteilung des Zeitpunkts des Wegfalls Hindernisses (+)

       b)   Begründetheit:
       Problem: Fristversäumung ohne Verschulden gem. § 44 StPO

IvF (-), da bewusst von der laufenden Frist kein Gebrauch gemacht wurde. Ein Fall der Fristversäumung liegt nur dann vor, wenn der Rechtsmittelführer die Frist einhalten wollte, aber nicht eingehalten hat (vgl Rn 67). Dies war hier jedoch nicht der Fall.

Ergebnis: Die Revision ist nicht zulässig. ◄

---

109   Nach BGH NStZ 2005, 582 und NStZ 2001, 160.

§ 3 Begründetheit der Revision

I. Allgemeines

Prüfungsschema „Begründetheit der Revision":

1. Von Amts wegen zu berücksichtigende Verfahrensvoraussetzungen
2. Verfahrensrügen
   a) Absolute Revisionsgründe
   b) Relative Revisionsgründe
3. Sachrüge

Die Revision ist begründet, wenn eine (von Amts wegen zu prüfende) Verfahrensvoraussetzung fehlt.

Die Revision ist auch dann erfolgreich, wenn das Urteil nach § 337 StPO auf einer Gesetzesverletzung beruht. Diese kann sich als Verfahrensfehler darstellen und dann als absoluter oder relativer Revisionsgrund zur Aufhebung des Urteils führen; oder es liegt eine sachlichrechtliche, also materielle Verletzung des Gesetzes vor, die über die Sachrüge zur Begründetheit der Revision führen kann.

II. Von Amts wegen zu berücksichtigende Verfahrensvoraussetzungen

Das Vorliegen der Verfahrensvoraussetzungen bzw das Bestehen eines Verfahrenshindernisses prüft das Revisionsgericht von Amts wegen, also auch ohne entsprechende Rüge,[110] es sei denn, mit der Revision soll gerade das Vorliegen eines Verfahrenshindernisses gerügt werden. Gelangt das Revisionsgericht bei seiner Prüfung zu dem Ergebnis, dass eine Verfahrensvoraussetzung fehlt, so kommt eine Einstellung durch Beschluss nach § 349 Abs. 4 StPO oder durch Urteil nach §§ 349 Abs. 5 iVm 353, 354 StPO in Betracht. Mit der Einstellung ist jedoch kein Strafklageverbrauch verbunden. Bleibt nach Ausschöpfung aller Erkenntnismöglichkeiten zweifelhaft, ob ein Prozesshindernis vorliegt, so ist wie folgt zu differenzieren: ein Verfahrenshindernis besteht immer schon dann, wenn es möglicherweise vorliegt. Bloß theoretische, nur denkgesetzlich mögliche Zweifel reichen dabei nicht aus. Vielmehr müssen sich die Zweifel aus konkreten tatsächlichen Umständen ergeben und nach Ausschöpfung aller Erkenntnismöglichkeiten unüberwindbar sein.[111]

> **Klausurtipp:** Mittlerweile ist es üblich, im Rahmen der Begründetheit die Prüfung mit den von Amts wegen zu berücksichtigenden Verfahrensvoraussetzungen zu beginnen. Diese sollten jedoch nur angesprochen werden, wenn sie problematisch sind. Ansonsten genügt die kurze Feststellung, dass das Fehlen der von Amts wegen zu berücksichtigenden Verfahrensvoraussetzungen bzw das Vorliegen von Verfahrenshindernissen nicht feststellbar ist.

1. Sachliche Zuständigkeit

Unter sachlicher Zuständigkeit ist die Verteilung der Strafsachen nach Art und Schwere unter den erstinstanzlichen, unterschiedlich besetzten Gerichten verschiedener Ordnung zu verstehen.[112] Der Begriff der sachlichen Zuständigkeit umfasst regelmäßig das Gericht als Ganzes. Einzelne Abteilungen werden nur erfasst, soweit ihnen eine verschieden hohe

---

110 KK/Kuckein § 337 Rn 25; HK-GS/Dölling Vorbemerkungen zu § 1 Rn 43.
111 BGH NStZ 2010, 160.
112 Meyer-Goßner vor § 1 Rn 2.

Rechtsfolgengewalt zukommt.[113] Für Klausuren ist dies insb. für das Verhältnis des Strafrichters zum Schöffengericht bedeutsam.

91   **BEACHTE:** Die sachliche Zuständigkeit ist von der funktionellen Zuständigkeit zu unterscheiden. Hierunter fallen alle Zuständigkeitsregelungen, die nicht bereits von der örtlichen oder sachlichen Zuständigkeit erfasst werden, insb. die Übertragung von Aufgaben auf den Vorsitzenden eines Kollegialgerichts und den Rechtspfleger,[114] aber auch die Zuständigkeiten von Strafkammern bei einem Landgericht zueinander (vgl Rn 202).

92   Die sachliche Zuständigkeit der **Amtsgerichte** ist in den §§ 24–28 GVG geregelt. Nach der grds. Vorgabe des § 24 GVG sind die Amtsgerichte für Strafsachen zuständig, bei denen die zu erwartende Freiheitsstrafe vier Jahre nicht übersteigt und weder eine Unterbringung in einem psychiatrischen Krankenhaus (§ 63 StGB) noch eine Sicherungsverwahrung (§ 66 StGB) in Betracht kommt. Zudem kann die Staatsanwaltschaft wegen besonderer Schutzbedürftigkeit von Zeugen, des besonderen Umfangs oder der besonderen Bedeutung des Falles Anklage beim Landgericht erheben (§ 24 Abs. 1 Nr. 3 GVG).[115] Der Strafrichter (§ 25 GVG) und das Schöffengericht (§ 28 GVG) bilden dabei Gerichte verschiedener Ordnungen zueinander. Der Strafrichter darf nach § 25 GVG nur über Vergehen entscheiden, denen eine Straferwartung von grds. nicht mehr als zwei Jahren Freiheitsstrafe zu Grunde liegt. In den übrigen Fällen, insb. bei Verbrechen, ist das Schöffengericht zuständig (§ 28 GVG).

93   Die sachliche Zuständigkeit der **Landgerichte** folgt aus den §§ 73–74d, 74f GVG. Für Klausuren sind insb. § 74 Abs. 1, Abs. 2 GVG von Bedeutung.

94   Wird durch das erstinstanzliche Gericht die sachliche Unzuständigkeit festgestellt, so kommt eine Verweisung bzw Abgabe an ein anderes Gericht nach folgenden Regelungen in Betracht:

- im **Eröffnungsverfahren** ist nach § 209 Abs. 1, Abs. 2 StPO die Verweisung zu einem Gericht niederer Ordnung und die dortige Eröffnung („nach unten") wie auch die Vorlage an das Gericht höherer Ordnung („nach oben") möglich;

- im **Hauptverfahren** untersagt § 269 StPO grds. die Abgabe an ein Gericht niederer Ordnung („nach unten");

- **vor der Hauptverhandlung** kann nach § 225a Abs. 1 StPO nur an ein Gericht höherer Ordnung („nach oben") abgegeben werden;

- **nach Beginn der Hauptverhandlung** kann nur noch an ein Gericht höherer Ordnung („nach oben") verwiesen werden (§ 270 Abs 1 StPO).

Für eine revisionsrechtliche Überprüfung ergeben sich daraus insb. für Klausuren folgende Konsequenzen:

95   Wird beim Strafrichter Anklage erhoben, so ist diesem nach den vorstehenden Regelungen grds. zu jedem Verfahrenszeitpunkt die Möglichkeit eröffnet, das Verfahren dem höherrangigen Gericht zwecks Übernahme vorzulegen. Dies hat v.a. für die Fälle Bedeutung, in denen sich die rechtliche Qualität der Tat von einem Vergehen zu einem Verbrechen hin ändert. Eine Ausnahme besteht für solche Fälle, in denen der Strafrichter nachträglich feststellt, dass für Vergehen eine Freiheitsstrafe von über 2 Jahren verhängt werden wird (sog. **nachträgliche Zuständigkeitsverschiebung**). Eine Vorlage an das hö-

---

113   BGHSt 26, 191, 197.
114   Meyer-Goßner vor § 1 Rn 8.
115   OLG Karlsruhe NStZ 2011, 479.

herrangige Gericht ist nicht möglich, weil die Rechtsfolgekompetenz des Strafrichters genau so weit geht wie diejenige des Schöffengerichts.[116] Eine Verweisung scheidet deshalb aus.

Wird Anklage beim Schöffengericht erhoben, so ist eine Verweisung an ein niederrangiges Gericht lediglich im Eröffnungsverfahren möglich, iÜ versagt § 269 StPO ein solches Vorgehen. Entscheidet das Schöffengericht trotz sachlicher Unzuständigkeit und wird dem Angeklagten dadurch ohne sachlichen Grund (willkürlich) der gesetzliche Richter entzogen, so ist dieser Fehler nach hM von Amts wegen zu beachten.[117] Entsprechendes gilt für eine Anklage zum Landgericht anstatt zum Amtsgericht.[118]   96

Zur Verdeutlichung können nachfolgende **Klausurbeispiele** dienen:

BEISPIEL 1: Es wurde eine versuchte räuberische Erpressung zum Strafrichter angeklagt, das Hauptverfahren eröffnet und in der Sache verhandelt. Verurteilt wurde der Angeklagte aber wegen versuchter Nötigung in Tateinheit mit Körperverletzung. In dieser Konstellation war herauszuarbeiten, dass die sachliche Zuständigkeit des Tatrichters aufgrund der tatsächlichen Feststellungen im Urteil nach objektiven Gesichtspunkten zu bestimmen ist.[119] Bei zutreffender rechtlicher Bewertung der Urteilsfeststellungen ist entscheidend, ob der Richter bei Erlass des Urteils zuständig war. Diese Voraussetzungen waren erfüllt, weil der Strafrichter für die Aburteilung der Vergehen sachlich zuständig war.   97

BEISPIEL 2: Es wurde wegen zweier Vergehen Anklage zum Schöffengericht erhoben. Eine höhere Freiheitsstrafe als zwei Jahre war offensichtlich nicht zu erwarten und damit ein sachlicher Grund für die Anklage zum Schöffengericht nicht erkennbar. Das Schöffengericht verurteilte den Angeklagten nach durchgeführter Hauptverhandlung zu einer Gesamtfreiheitsstrafe von fünf Monaten. Hier war zu erkennen, dass dem Schöffengericht wegen § 269 StPO eine Abgabe an das niederrangige Gericht – den Strafrichter – nicht mehr möglich war. Das Schöffengericht war unzuständig, ein sachlicher Grund für eine Entscheidung durch das Schöffengericht nicht gegeben. Es war nach hM von sachlicher Unzuständigkeit als von Amts wegen zu prüfender Verfahrensvoraussetzung auszugehen.   98

BEISPIEL 3: Gegen das Urteil des Amtsgerichts wurde von Seiten des Angeklagten form- und fristgerecht Revision eingelegt und diese auch begründet. Die StA legte zu Ungunsten des Angeklagten Berufung ein. Im Hauptverhandlungstermin vor der Berufungskammer erschien der ordnungsgemäß geladene Angeklagte nicht, aber dessen Pflichtverteidiger. Die StA nahm ihre Berufung daraufhin unter Zustimmung des Pflichtverteidigers des Angeklagten zurück. Die Berufungskammer verwarf anschließend die „Berufung des Angeklagten" nach § 329 Abs. 1 StPO, weil dieser unentschuldigt nicht erschienen sei. In diesem Fall war auf die Regelung des § 335 Abs. 3 StPO einzugehen.[120] Dabei war zu verdeutlichen, dass nach der wirksamen Berufungsrücknahme durch die StA die Sprungrevision des Angeklagten wieder als solche zu behandeln war mit der Folge, dass über das Rechtsmittel des Angeklagten nicht mehr das LG, sondern das sachlich ausschließlich zuständige OLG zu entscheiden hatte.   99

Nach § 6 StPO ist die sachliche Zuständigkeit in jeder Lage des Verfahrens zu beachten. Zwar ist in der Rspr noch nicht abschließend geklärt, ob eine sachliche Unzuständigkeit nur auf eine entsprechende Verfahrensrüge[121] oder von Amts wegen[122] zu berücksichti-   100

---

116 BGHSt 42, 205, 213; HK-GS/Böttcher § 25 GVG Rn 3.
117 Meyer-Goßner § 269 Rn 8; § 338 Rn 32.
118 BGH StV 1999, 585.
119 Meyer-Goßner § 338 Rn 32.
120 OLG Köln NStZ-RR 2008, 207, 208; OLG Bamberg NStZ 2006, 591.
121 BGHSt 42, 205; 43, 54.
122 BGHSt 38, 172, 176; 40, 120; 44, 34, 36; HK-GS/Maiwald § 338 Rn 17.

gen ist. Nach der vorzugswürdigen hM wird sie jedoch als eine von Amts wegen zu prüfende Verfahrensvoraussetzung behandelt.[123] Wird durch das Revisionsgericht eine sachliche Unzuständigkeit festgestellt, so wird das zugrunde liegende Urteil aufgehoben und das Verfahren an das zuständige Gericht zurückverwiesen.[124]

> **Klausurtipp:** Wird in einer Klausur die sachliche Unzuständigkeit festgestellt, sollte am Ende der Ausführungen kurz auf das obige Problem hingewiesen und klargestellt werden, dass in einer Revisionsbegründung durch den Verteidiger oder den Staatsanwalt zweckmäßigerweise eine Verfahrensrüge auch bzgl. der sachlichen Zuständigkeit geboten ist.

2. Fehlende oder unvollständige Anklage

101   Der Inhalt einer Anklageschrift ergibt sich aus § 200 StPO.[125] Sie dient zum einen der Unterrichtung des Angeschuldigten über den gegen ihn erhobenen Vorwurf (**Informationsfunktion**) und zum anderen der Umschreibung der Tat in persönlicher und sachlicher Hinsicht (**Umgrenzungsfunktion**). Dabei sind die Person des Angeschuldigten, Ort und Zeit der Tatbegehung und die Tatmodalitäten so genau zu bezeichnen, dass die Identität des geschichtlichen Vorgangs dargestellt und erkennbar wird, welche bestimmte Tat gemeint ist.[126] Die Tat muss sich von anderen gleichartigen strafbaren Handlungen des Täters unterscheiden lassen. Bei **Serienstraftaten** ist grds. erforderlich, dass die dem Angeklagten im einzelnen vorgeworfenen Tathandlungen nach Tatzeit, Tatort, Tatausführung und anderen individualisierenden Merkmalen ausreichend beschrieben und dargelegt werden.[127]

102   Für eine Revisionsklausur ist von Bedeutung, welcher Teil der Anklageschrift von **Mängeln** behaftet ist. Mängel, die die Informationsfunktion betreffen, führen nicht zu einer Unwirksamkeit der Anklageschrift.[128] Hier kommt bspw das Fehlen der anzuwendenden Strafvorschriften, ein Aufbaufehler oder ein Fehler bei der Darstellung des wesentlichen Ergebnisses der Ermittlungen in Frage. Bei einer Anklage zum Strafrichter ist zudem nach § 200 Abs. 2 StPO ein wesentliches Ergebnis der Ermittlungen entbehrlich.

103   Betreffen Mängel die Umgrenzungsfunktion, so führt dies zur Unwirksamkeit der Anklageschrift und zur Einstellung des Verfahrens.[129] Hierbei ist regelmäßig auf den Begriff der prozessualen Tat nach § 264 Abs. 1 StPO mit seinen Voraussetzungen einzugehen. Klausurrelevant sind insb. Konstellationen, in denen nach durchgeführter Hauptverhandlung die ursprünglich angeklagte Tat nicht erwiesen ist. Gleichzeitig stellt sich der erwiesene Sachverhalt aber derart abweichend dar, dass nicht von einer prozessualen Tat iSd § 264 StPO ausgegangen werden kann.[130] In solchen Fällen ist wegen der nicht erweislichen Tat freizusprechen und wegen der nicht angeklagten Tat das Verfahren gemäß § 206a StPO einzustellen. Eine Verurteilung wegen der neuen Tat darf nicht erfolgen, weil es diesbezüglich an einer ordnungsgemäß zugelassenen Anklage fehlt. Vielmehr hätte eine Nachtragsanklage erhoben werden müssen (§ 266 StPO). Abzugrenzen sind

---

123   Meyer-Goßner § 338 Rn 32; HK-GS/Maiwald § 338 Rn 17; Kindhäuser § 12 Rn 24.
124   Meyer-Goßner § 269 Rn 8.
125   Vgl RiStBV Nr. 110–113.
126   BGH NStZ 2010, 159, 160; 2006, 649; Kindhäuser § 14 Rn 18.
127   BGH NStZ 2011, 418; 2006, 649; zur tabellarischen Darstellung vgl BGH NStZ 2008, 351.
128   BGH NStZ 2011, 418; Meyer-Goßner § 200 Rn 27; HK-GS/Böttcher § 200 Rn 12.
129   BGH NStZ 2010, 159, 160; StraFo 2007, 290; OLG Oldenburg, Beschl. v. 10.2.2011 – Az 12 Ns 95/10 = BeckRS 2011, 04916.
130   BGH NStZ 2011, 418; OLG Hamm, Beschl. v. 13.12.2007 – Az 3 Ss 430/07 = BeckRS 2008, 01947.

diese Fälle von Konstellationen abweichender rechtlicher Beurteilung. Hier ist ein Hinweis nach § 265 StPO ausreichend.

BEISPIEL: Wird bspw in einer Anklageschrift dem Angeklagten eine genau bezeichnete Anzahl von Betrugstaten einschließlich genauem Tattag und genauer Schadenssumme zur Last gelegt, in der Hauptverhandlung dann aber bei lediglich gleichbleibender Tatmodalität (Bestellung von Baumaterialien bei dem gleichen Unternehmen) andere Tattage und Schadenssummen festgestellt, so liegen bezüglich der festgestellten Taten weder eine ordnungsgemäß Anklageschrift noch ein Eröffnungsbeschluss vor. Solche Taten erhalten nämlich ihr wesentliche Gepräge durch den Tatzeitpunkt sowie den jeweiligen Warenwert.[131] Wird demgegenüber im Rahmen einer Anklageschrift die Verletzung eines Dritten vor der eigentlich geplanten Tötung zum Gegenstand gemacht, so bildet dieses Geschehen mit der eigentlich geplanten Tötung eine einheitliche prozessuale Tat und ist durch das Gericht vollständig zu erschöpfen.[132] Die Umgrenzungsfunktion ist eingehalten

Mängel der Anklageschrift können durch den Eröffnungsbeschluss beseitigt und damit **geheilt** werden.[133]   104

Geht dem angefochtenen Urteil ein **beschleunigtes Verfahren** voraus, so ist zu beachten, dass es der Einreichung einer Anklageschrift nicht bedarf (§ 418 Abs. 3 StPO).   105

> **Klausurtipp:** Wird in einer Assessorexamensklausur eine Anklageschrift abgedruckt, so ist diese auf Mängel hin zu überprüfen, die nicht zwingend vorhanden sein müssen. Teilweise erfolgt ein Abdruck, um in den abgedruckten Urteilsgründen auf den konkreten Anklagesatz als Ersatz für die Urteilsfeststellungen verweisen zu können. Damit wird bezweckt, dass im Rahmen der Sachrüge Fehler bei den tatsächlichen Feststellungen oder der rechtlichen Bewertung aufgedeckt werden sollen.

Wird eine erhobene Anklage zurückgenommen, so muss anschließend erneut Anklage erhoben werden, damit vom Vorliegen einer Anklage ausgegangen werden kann. Eine Bezugnahme in einer Verfügung auf die früher eingereichte Anklage reicht nicht aus.[134]

3. Wirksamer Eröffnungsbeschluss

Das Zwischenverfahren nach den §§ 199ff StPO wird mit dem Beschluss über die Eröffnung oder Nichteröffnung des Hauptverfahrens abgeschlossen, §§ 204, 207 StPO. Das Gericht prüft dabei das Vorliegen eines hinreichenden Tatverdachts (§ 203 StPO), dh, ob bei vorläufiger Tatbewertung eine hinreichende Verurteilungwahrscheinlichkeit besteht.[135] Der Eröffnungsbeschluss selbst ist in § 207 StPO geregelt. Wird das Verfahren fortgeführt und fehlt ein Eröffnungsbeschluss oder ist er unwirksam, so stellt dies ein von Amts wegen zu berücksichtigendes Verfahrenshindernis dar.[136] Das Verfahren wird eingestellt.   106

Ein Eröffnungsbeschluss ist insb. **unwirksam**, wenn   107

■ bei seinem Erlass nicht die erforderliche Zahl von Richtern mitgewirkt hat,[137]

---

131 BGH, Beschl. v. 10.11.2011 – Az 3 StR 314/11 = BeckRS 2011, 27881.
132 BGH NStZ 2012, 85.
133 Meyer-Goßner § 200 Rn 26.
134 OLG Düsseldorf NStZ-RR 2010, 382.
135 BGHSt 23, 304, 306; OLG Karlsruhe wistra 2005, 163, 164; Meyer-Goßner § 203 Rn 2; HK-GS/Böttcher § 203 Rn 2.
136 BGH NStZ-RR 2011, 150; StV 2010, 287; NStZ 2009, 52.
137 BGHSt 50, 267, 269; BGH StraFo 2010, 424; BGH NStZ 2009, 52.

- ein Mangel der Anklageschrift bzgl. der Umgrenzungsfunktion nicht beseitigt wurde,
- es sich um einen Entwurf handelt,
- der Eröffnungsbeschluss nicht schriftlich abgesetzt wird.[138]

Entscheidend sind nicht Wortlaut und äußere Form. Es genügt die schlüssige und eindeutige schriftliche Willenserklärung des Gerichts, dass es eine bestimmt bezeichnete Anklage zur Hauptverhandlung zulässt.[139]

108   Liegt ein Eröffnungsbeschluss schriftlich vor, ist aber **nicht unterschrieben** worden, so ergeben sich daraus, je nach eröffnendem Gericht, verschiedene Konsequenzen. Bei Entscheidungen von Strafkammern beim Landgericht kommt eine Unwirksamkeit in Frage, weil sich aus der fehlenden Unterschrift ableiten lässt, dass nicht die erforderliche Anzahl von Richtern mitgewirkt hat. Eine Ausnahme kommt nach hM nur dann in Betracht, wenn anderweitig nachgewiesen ist, dass der Beschluss tatsächlich von allen hierzu berufenen Richtern gefasst worden ist.[140] Da bei Amtsgerichten im Gegensatz zu den Strafkammern bei den Landgerichten im Eröffnungsverfahren nur ein Berufsrichter (Strafrichter oder Schöffenrichter) zu entscheiden hat, werden die Konsequenzen aus einer fehlenden Unterschrift unterschiedlich beurteilt. Nach einer tvA führt das Fehlen der Unterschrift zwingend zur Unwirksamkeit des Eröffnungsbeschlusses.[141] Die Differenzierung zwischen Amts- und Landgerichten wird dabei für nicht sachgerecht erachtet. Nach vorzugswürdiger hM ist die Unterzeichnung eines schriftlichen amtsgerichtlichen Eröffnungsbeschlusses nicht zwingende Wirksamkeitsvoraussetzung.[142] Vielmehr kann der Beschluss trotz fehlender Unterschrift gültig sein, falls er tatsächlich gefasst worden ist und nicht lediglich einen Entwurf darstellte.[143] Es muss aber erkennbar werden, dass überhaupt ein Beschluss getroffen wurde. Für diese Auffassung spricht v.a., dass in der StPO zwischen Schriftlichkeit und Unterschrift unterschieden wird. So sieht die StPO besondere Regelungen für Unterschrift vor, wie bspw in den §§ 275 Abs. 2, 172 Abs. 3, 345 Abs. 2, 366 Abs. 2 StPO. Für den Eröffnungsbeschluss fehlt gerade eine solche (Unterschrifts-)Regelung.

109   Klausurtipp: **Prüfungsrelevant** sind insb. Fälle, in denen amtsgerichtliche Formularblätter nur unzureichend oder gar nicht ausgefüllt werden und deshalb keine eindeutige Zuordnung zu einem konkreten Verfahren erfolgen kann. Solche „Beschlüsse" sind regelmäßig unwirksam. Eine gleichzeitig vorgenommene Terminsverfügung vermag dabei den Eröffnungsbeschluss nicht zu ersetzen. Sie enthält nur den Hinweis auf den Verhandlungstag und nicht eine vorangegangene Eröffnungsentscheidung. An der Unwirksamkeit vermag auch eine Ausfertigung durch die Geschäftsstelle bei gleichzeitiger Ergänzung der fehlenden Angaben nichts zu ändern. Die Abfassung der Eröffnungsentscheidung ist ureigenste Aufgabe des Richters. Die Geschäftsstelle hat in diesem Zusammenhang nur die Aufgabe, Ausfertigungen der schriftlichen Eröffnungsentscheidung des Richters zu erstellen sowie die Ladungs- und Terminsverfügungen auszuführen. Eine Ausfertigung ist die amtliche Abschrift eines amtlichen Schriftstückes, die im Verkehr die Urschrift ersetzen soll. Dies be-

---

138 BGH NStZ-RR 2011, 150; OLG Zweibrücken NStZ-RR 2009, 287.
139 BGH NStZ 2000, 442.
140 BGH NStZ 2012, 225.
141 OLG Frankfurt NJW 1991, 2849.
142 OLG Zweibrücken NStZ-RR 2009, 287; 1998, 75; OLG Düsseldorf NStZ-RR 2000, 114.
143 OLG Stuttgart NStZ-RR 2010, 343; OLG Zweibrücken NStZ-RR 2009, 287; 1998, 75; OLG Karlsruhe NStZ-RR 2003, 332.

deutet, dass die Ausfertigung der Urschrift entsprechen muss. Daher muss der Wille des Richters vollständig in der Urschrift verkörpert sein, nicht erst in der durch die Geschäftsstelle erstellten Ausfertigung.[144]

Ist nicht mehr feststellbar, ob ein ordnungsgemäßer Eröffnungsbeschluss erlassen wurde, zwingt das dann unterstellte Fehlen des Eröffnungsbeschlusses bei der Entscheidung über die Revision zur Einstellung des Verfahrens.[145] Ist die den Eröffnungsbeschluss enthaltende Urkunde **verloren gegangen**, bedeutet dies allerdings nicht, dass von einem Fehlen des Beschlusses auszugehen ist. Vielmehr ist es Aufgabe des Revisionsgerichts, im Wege des Freibeweisverfahrens zu klären, ob und mit welchem Inhalt der Eröffnungsbeschluss ergangen ist.[146]

110

Fehlt der Eröffnungsbeschluss oder ist er unwirksam, kann das Gericht ihn nach der Rspr vor oder in der Hauptverhandlung **nachholen**.[147] Wird eine zunächst unterbliebene Entscheidung über die Eröffnung des Hauptverfahrens in der Hauptverhandlung nachgeholt, so entscheidet darüber beim Landgericht auch dann die große Strafkammer in ihrer Besetzung außerhalb der Hauptverhandlung mit drei Berufsrichtern ohne Mitwirkung der Schöffen, wenn die Kammer die Hauptverhandlung in reduzierter Besetzung (§ 76 Abs. 2 S. 1 GVG) durchführt.[148] In der Berufungshauptverhandlung kann der Eröffnungsbeschluss nicht mehr nachgeholt werden.

111

Geht dem angefochtenen Urteil ein **beschleunigtes Verfahren** voraus, so ist zu beachten, dass es eines Eröffnungsbeschlusses nicht bedarf (§ 418 Abs. 1 S. 1 StPO).

112

4. Fehlender Strafantrag

Bestimmte Straftaten sind nur auf Antrag verfolgbar. Ein Strafantrag ist die ausdrückliche oder durch Auslegung zu ermittelnde Erklärung des nach dem Gesetz zum Strafantrag Befugten, dass er die Strafverfolgung wünscht.[149] Eine Strafanzeige beinhaltet demgegenüber lediglich die Mitteilung eines Sachverhalts, der nach Meinung des Anzeigenden Anlass für eine Strafverfolgung bietet.[150] Sie enthält eine bloße Anregung zu prüfen, ob Anlass zur Einleitung eines Ermittlungsverfahrens besteht. Fehlt ein Strafantrag oder wird dieser in der Hauptverhandlung zurückgenommen, so stellt sich die Frage, ob eine Verurteilung möglich ist oder das Verfahren nicht wegen Fehlens einer von Amts wegen zu berücksichtigenden Verfahrensvoraussetzung einzustellen ist.[151] In einer Revisionsklausur ist deshalb darauf zu achten, ob der Antragsberechtigte form- und fristgerecht Strafantrag gestellt hat. Ausgangspunkt der Überprüfung bildet stets das materielle Strafrecht. Der Strafantrag als Verfolgungsvoraussetzung findet sich u.a. in den §§ 123 Abs. 2, 194, 205, 230 Abs. 1, 247, 248a, 248b Abs. 3, 248c Abs. 3, 303c StGB.

113

Die **Antragsberechtigung** ist in § 77 StGB geregelt. Klausurrelevanz hat hier zum einen die Auslegung des Begriffs des Verletzten nach § 77 Abs. 1 StGB. Antragsberechtigt ist grds. der Träger des durch die Tat unmittelbar verletzten Rechtsguts, dh derjenige, in

114

---

144 OLG Koblenz NRÜ 2010, 30 ff = NJW 2009, 3045; OLG Zweibrücken NStZ-RR 2009, 287.
145 OLG Oldenburg StraFo 2005, 466; OLG Koblenz, Urteil vom 27.10.2008 – Az 2 Ss 51/08.
146 OLG Koblenz aaO; Meyer-Goßner § 337 Rn 6.
147 BGHSt 29, 224; BGH NStZ 2006, 298; NStZ-RR 2007, 317; Kindhäuser § 14 Rn 16; aA Meyer-Goßner § 203 Rn 4.
148 BGH NStZ 2009, 52; NStZ 2006, 298; NStZ-RR 2007, 317.
149 Meyer-Goßner § 158 Rn 4; HK-GS/Pflieger § 158 Rn 2.
150 Meyer-Goßner § 158 Rn 2; HK-GS/Pflieger § 158 Rn 2.
151 BGH, Beschl. v. 17.8.2010 – Az 4 StR 321/10 = BeckRS 2010, 21673; Meyer-Goßner Einl Rn 150; HK-GS/Dölling Vorbemerkungen zu § 1 Rn 41; Kindhäuser § 14 Rn 15.

dessen Rechtskreis eingegriffen wurde.[152] Zum anderen kann auch der Übergang des Antragsrechts bei Versterben des Verletzten nach § 77 Abs. 2 StGB Bedeutung erlangen. Hier ist zu beachten, dass ein Übergang nur in den gesetzlich bestimmten Fällen (!) vorgesehen ist (bspw § 205 Abs. 2 StGB). Sind Minderjährige antragsberechtigt, so greift § 77 Abs. 3 StGB ein. In Fällen gemeinschaftlicher elterlicher Sorge ist es dabei ausreichend, wenn ein Elternteil den Antrag in der Form des § 158 Abs. 2 StPO stellt und der andere mündlich zustimmt oder den Handelnden zur Stellung des Strafantrages ermächtigt.[153]

115 Die **Frist** zur Stellung des Strafantrages beträgt nach § 77b Abs. 1 StGB 3 Monate und beginnt nach § 77b Abs. 2 StGB mit dem Ablauf des Tages, an dem der Berechtigte von der Tat und der Person des Täters Kenntnis erlangt. In einer Revisionsklausur spielt dieser Umstand regelmäßig dann eine Rolle, wenn erst in der Hauptverhandlung zu Protokoll Strafantrag gestellt wird.

116 Die **Form** des Strafantrages ergibt sich aus § 158 Abs. 2 StPO und ist in einer Revisionsklausur – im Gegensatz zu einer „Anklageklausur" – regelmäßig unproblematisch.

117 Fehlt ein Strafantrag oder wird dieser zurückgenommen, so stellt sich die Frage, ob der Strafantrag nicht durch Bejahung des besonderen öffentlichen Interesses an der Strafverfolgung durch die Staatsanwaltschaft ersetzt werden kann. Dies ist zB bei einer Körperverletzung (§ 230 Abs. 1 StGB) oder Sachbeschädigung (§ 303c StGB) möglich, nicht aber in Fällen einer Beleidigung (§ 194 StGB).

118 Die Erklärung der **Bejahung des besonderen öffentlichen Interesses** an der Strafverfolgung kann zunächst ausdrücklich geschehen, indem sich eine entsprechende Formulierung in der Anklageschrift nach den „angewendeten Vorschriften" befindet oder eine ausdrückliche Erklärung in das Sitzungsprotokoll aufgenommen wurde. Die Erklärung ist noch in der Revisionsinstanz möglich.[154] Fehlt eine ausdrückliche Erklärung, ist zu erwägen, ob die Bejahung des besonderen öffentlichen Interesses an der Strafverfolgung nicht konkludent zum Ausdruck gekommen ist. Dies ist bspw der Fall, wenn die Staatsanwaltschaft in Kenntnis des fehlenden Strafantrags Anklage wegen des Antragsdelikts erhoben oder im Schlussantrag eine Verurteilung nach dem Antragsdelikt beantragt hat.

119 **BEISPIEL:** Wird Anklage wegen gefährlicher Körperverletzung erhoben, so liegt darin noch keine Bejahung eines besonderen öffentlichen Interesses an der Strafverfolgung wegen einer einfacher Körperverletzung. Diese ist aber bspw in einer Berufungsbegründung der Staatsanwaltschaft zu sehen, in der auch für die erstinstanzlich nur erfolgte Verurteilung wegen einfacher Körperverletzung eine höhere Strafe gefordert wird. Dies gilt auch, wenn die Staatsanwaltschaft ihre Berufung später zurücknimmt, nachdem der Angeklagte zu der auch auf seine Berufung hin anberaumten Hauptverhandlung nicht erschienen ist.[155]

120 **Klausurtipp:** Die Bejahung des besonderen öffentlichen Interesses an der Strafverfolgung ist gerichtlich nicht überprüfbar und damit nicht revisibel![156] Es ist deshalb verfehlt, in einer Revisionsklausur die Frage zu erörtern, ob die Staatsanwaltschaft zu Recht das besondere öffentliche Interesse an der Strafverfolgung bejaht hat.

---

152 Fischer § 77 Rn 2.
153 BGH, Beschl. v. 14.12.2011 – Az 1 StR 532/11 = BeckRS 2012, 01448; zu den Voraussetzungen einer Antragstellung durch einen Betreuer vgl OLG Celle, Beschl. v. 21.2.2012 – Az 32 Ss 8/12 = BeckRS 2012, 06098.
154 BGH, Beschl. v. 18.10.2011 – Az 5 StR 346/ 11 = BeckRS 2011, 25601; Fischer § 230 Rn 4.
155 OLG Oldenburg StraFo 2008, 510.
156 BGHSt 19, 381; Fischer § 230 Rn 3.

5. Eintritt der Verfolgungsverjährung

Nach § 78 Abs. 1 StGB ist die Ahndung der Tat bei Eintritt der Verfolgungsverjährung   121
ausgeschlossen. Die Voraussetzungen der Verjährung sind bei entsprechenden Anhalts-
punkten in einer Klausur (selten) genau zu prüfen. Die Verjährungsfristen ergeben sich
dabei aus § 78 Abs. 3 StGB. Ergeht ein Einstellungsurteil wegen Verjährung, so sind darin
die tatsächlichen und rechtlichen Voraussetzungen des Verfahrenshindernisses in revisionsrechtlich überprüfbarer Weise auszuführen und zu begründen.[157]

> **Klausurtipp:** Ist ein Regelbeispiel verwirklicht worden, so richtet sich die Frist nach dem
> Grundtatbestand, § 78 Abs. 4 StGB.
> Es können auch die Vorschriften über das Ruhen und die Unterbrechung der Verjährung,
> §§ 78b, 78c StGB, relevant werden. Die Verjährung ruht in den Fällen des § 78b StGB. **Ru-
> hen** bedeutet dabei, dass der Beginn oder Weiterlauf gehemmt wird. Dies hat keine Bedeu-
> tung für den bereits abgelaufenen Teil der Frist. Ergeht ein Urteil und wird ein Rechtsmittel
> eingelegt, so ist bedeutsam, ob das angefochtene Urteil vor Ablauf der absoluten Verjäh-
> rungsfrist ergangen ist. In diesem Fall ruht die Verjährung nach § 78 b Abs. 3 StGB. Die
> **Unterbrechung** der Verjährung ist in § 78c StGB geregelt. Im Gegensatz zur Hemmung wird
> der schon abgelaufene Teil der Verjährung mit der Wirkung beseitigt, dass die Frist von
> neuem voll zu laufen beginnt.

6. Strafklageverbrauch

Artikel 103 Abs. 3 GG bestimmt, dass niemand wegen derselben Tat aufgrund der all-   122
gemeinen Strafgesetze mehrmals bestraft werden darf (**Verbot der Mehrfachverfolgung
– „ne bis in idem"**). Die darin enthaltene Sperrwirkung des Strafklageverbrauchs tritt
ein, wenn das Verfahren wegen der Tat, die den Gegenstand der Untersuchung bildet,
vollständig abgeschlossen ist.[158] Eine neue Strafverfolgung gegen denselben Täter wegen
derselben Tat ist unzulässig. Diese Sperrwirkung tritt allerdings nur bei einer Sachentscheidung ein. Für einen Einstellungsbeschluss oder ein Einstellungsurteil (vgl § 260
Abs. 3 StPO) gilt dies nur, soweit in der Entscheidung über das Vorliegen eines Bestra-
fungsverbots bezüglich der angeklagten prozessualen Tat entschieden wurde.[159]

Der **Begriff der Tat iSd Art. 103 Abs. 3 GG** richtet sich nach der verfahrensrechtlichen   123
Bestimmung des **§ 264 Abs. 1 StPO**. Umfasst ist nicht nur das einzelne, in der Anklage
und im Eröffnungsbeschluss erwähnte Tun des Angeklagten, sondern der ganze, nach
der Auffassung des Lebens eine Einheit bildende geschichtliche Vorgang, innerhalb dessen der Angeklagte als Täter oder Teilnehmer einen Straftatbestand verwirklicht haben
soll. Den Rahmen der Untersuchung bildet zunächst das tatsächliche Geschehen, wie es
die Anklage beschreibt. Dazu kommt aber auch das gesamte Verhalten des Angeklagten,
soweit es mit dem durch die Anklage bezeichneten geschichtlichen Vorkommnis nach
der Auffassung des Lebens einen einheitlichen Vorgang bildet, auch wenn diese Umstände in der Anklageschrift nicht ausdrücklich erwähnt sind.[160] Ob mehrere Handlungen einen einheitlichen geschichtlichen Lebensvorgang bilden, wird danach ermittelt, ob
Tatort, Tatzeit, Tatopfer bzw Tatobjekt sowie die Art und Richtung des vom Täter ver-

---

157   BGH NJW 2011, 547.
158   BGHSt 28, 119, 121.
159   BGH NJW 2007, 3010, 3011.
160   BGHSt 13, 320, 321; 23, 141, 145 f; 32, 215, 216.

übten Rechtsgutsangriffs übereinstimmen.[161] Dabei kann ein einheitlicher, bereits konkretisierter und unbedingter Tatentschluss mehrere zeitlich und örtlich getrennte Handlungen zu einer einzigen Tat zusammenfassen.[162]

124   Hat der Täter durch dieselbe Handlung mehrere Strafgesetze verwirklicht und liegt deshalb materiellrechtlich Tateinheit iSv § 52 Abs. 1 StGB vor, so bildet die Einheitlichkeit seiner Handlung regelmäßig zugleich einen einheitlichen Lebenssachverhalt im Sinne des prozessualen Tatbegriffs. Gleichwohl können materiellrechtliche Tateinheit und prozessuale Tatidentität nicht ohne Weiteres gleichgesetzt werden, weil sie verschiedene Aufgaben erfüllen: § 52 StGB dient dazu, den Strafrahmen zu ermitteln, während der prozessuale Tatbegriff den Umfang der gerichtlichen Untersuchung festlegen soll. Handlungsabläufe, die im Wege rechtlicher Bewertungseinheit materiellrechtlich zur Tateinheit verknüpft sind, können deshalb durchaus unterschiedliche prozessuale Untersuchungsgegenstände bilden.[163]

Beispiel: Der BGH hat prozessuale Tatidentität in einem Fall angenommen, in dem das zunächst schwer verletzte Tatopfer ohne Tötungsvorsatz in klirrender Kälte am Tatort zurückgelassen wurde und der Täter am nächsten Tag mit Tötungsvorsatz beschloss, Rettungsversuche zu unterlassen, und lediglich das Geschehen am Folgetag Gegenstand der erhobenen Anklage war.[164] Hier war das angeklagte Geschehen am Folgetag mit den (nicht angeklagten) Verletzungshandlungen des Vortages aufgrund der daraus resultierenden Garantenstellung verknüpft.

125   Klausurrelevant sind v.a. Konstellationen, in denen Verfahren oder Verfahrensteile **nach den §§ 153, 153a StPO eingestellt** wurden. Obwohl in § 153 StPO nicht ausdrücklich vorgesehen, hat der BGH einen beschränkten Strafklageverbrauch auch für eine gerichtliche Verfahrenseinstellung nach § 153 Abs. 2 StPO angenommen.[165] Danach kann das Verfahren entsprechend § 153a Abs. 1 S. 5 StPO nur dann neu aufgenommen werden, wenn sich die Tat nachträglich als Verbrechen darstellt. Unerheblich ist dabei, ob sich der schwerere Vorwurf des Verbrechens auf neue Tatsachen oder nur auf eine andere rechtliche Bewertung stützt. Stellt sich die Tat demgegenüber unverändert als Vergehen dar, so kann das Verfahren auch dann nicht erneut aufgegriffen werden, wenn neue Tatsachen oder Beweismittel vorliegen. Dies gilt auch für den Fall, dass im Rahmen einer tätlichen Auseinandersetzung mehrere Personen durch den gleichen Beschuldigten geschädigt werden und das Verfahren gegen den Beschuldigten hinsichtlich der Tätlichkeiten gegenüber einem Geschädigten nach § 153 Abs 2 StPO eingestellt wird. Hier tritt Strafklageverbrauch für die Tätlichkeiten gegenüber einem weiteren Geschädigten ein, da es sich um einen einheitlichen und zusammenhängenden Lebenssachverhalt handelt.[166]

7. Überlange Verfahrensdauer

126   Art. 6 Abs. 1 S. 1 EMRK normiert das Recht einer jeden Person darauf, dass über eine gegen sie erhobene strafrechtliche Anklage „innerhalb angemessener Frist verhandelt" wird.[167] Eine rechtsstaatswidrige Verfahrensverzögerung kann grds. in allen Abschnitten

161   BGHSt 35, 80, 82.
162   BGHSt 41, 368.
163   BVerfGE 56, 22 f; BGHSt 43, 252, 256; Ranft JuS 2003, 417, 420 f.
164   BGH NJW 2010, 166.
165   BGH NJW 2004, 375.
166   OLG Zweibrücken, Beschl. v. 7.5.2009 – Az 1 Ws 100/09 = BeckRS 2009, 29842.
167   Maier/Percic NStZ-RR 2009, 297 ff und 329 ff.

eines Strafverfahrens – vom Ermittlungsverfahren bis zum rechtskräftigen Abschluss des Revisionsverfahrens – eintreten.

Verstöße gegen das Beschleunigungsgebot hat die Rspr in der Vergangenheit im Wege einer sog. Strafzumessungslösung durch einen numerischen Abzug von der eigentlich schuldangemessenen Strafe kompensiert.[168] Diese Rspr ist mittlerweile aufgegeben worden. Der Große Senat des BGH hat die bisherige Praxis durch die sog. Vollstreckungslösung ersetzt.[169] Ist danach der Abschluss eines Strafverfahrens rechtsstaatswidrig derart verzögert worden, dass dies bei der Durchsetzung des staatlichen Strafanspruchs unter näherer Bestimmung des Ausmaßes berücksichtigt werden muss, so ist nunmehr in der Urteilsformel auszusprechen, dass zur Entschädigung für die überlange Verfahrensdauer ein bezifferter Teil der verhängten Strafe als vollstreckt gilt. Im Falle weniger gewichtiger Verstöße mit eher geringfügigen Auswirkungen auf den Beschuldigten wird dieser dadurch entschädigt, dass der Verstoß in den Urteilsgründen ausdrücklich festgestellt wird.[170] In extremen Ausnahmefällen kommt die Annahme eines Verfahrenshindernisses, das Absehen von Strafe, eine Verwarnung mit Strafvorbehalt oder eine Einstellung des Verfahrens nach §§ 153 ff, 206a StPO in Betracht.[171]

Klausurtipp: Das Verfahrenshindernis einer überlangen Verfahrensdauer hat in Klausuren bislang (soweit ersichtlich) keine Rolle gespielt und ausschließlich praktische Bedeutung.

8. Besonderheiten eines vorausgegangenen Berufungsverfahrens

Ist im Revisionsverfahren ein vorausgegangenes Berufungsverfahren zu überprüfen, so sind von Amts wegen neben den o.g. Punkten insb. die Zulässigkeitsvoraussetzungen der Berufung, eine mögliche Beschränkung der Berufung und deren Wirksamkeit wie auch ein möglicher Verstoß gegen das Verschlechterungsverbot gemäß § 331 StPO zu prüfen.

BEACHTE: Sollte das Berufungsgericht feststellen, dass das AG seine sachliche Zuständigkeit zu Unrecht angenommen hat, so darf es nicht selbst entscheiden, sondern hat das Verfahren nach § 328 Abs. 2 StPO an das zuständige Gericht zu verweisen.

Die Überprüfung der **Zulässigkeit der Berufung** ergibt sich schon daraus, dass im Falle einer unzulässigen Berufung Rechtskraft in dem anhängigen Verfahren eingetreten und damit ein Verfahrenshindernis entstanden ist.[172]

Die **Beschränkung der Berufung** auf bestimmte Beschwerdepunkte nach § 318 StPO ist nur insoweit zulässig, als diese, losgelöst von dem nicht angefochtenen Teil des Urteils, sowohl in rechtlicher als auch in tatsächlicher Hinsicht selbstständig beurteilt werden kann, ohne dass dabei auf die nicht angegriffenen Teile des Urteils in tatsächlicher und rechtlicher Hinsicht übergegriffen werden muss.[173] Ob diese Voraussetzungen gegeben sind, beurteilt sich nach den jeweiligen Umständen des Einzelfalles. Allgemein anerkannt ist, dass bei einer Tat, die mit einer anderen in Tateinheit steht, die Beschränkung der Berufung auf einen oder mehrere rechtliche Gesichtspunkte unzulässig ist, weil die Schuldfrage in einem solchen Fall nur einheitlich beurteilt werden kann.[174] Eine gleich-

127

128

129

130

168 BVerfG NStZ 1997, 591; NStZ 2003, 601.
169 BGH NJW 2008, 860.
170 BGH NStZ-RR 2009, 248; 339; NStZ 2009, 100.
171 BVerfG NStZ 2006, 680, 681; 2001, 52; 261; OLG Rostock NJW-Spezial 2010, 280.
172 Meyer-Goßner Einl Rn 145.
173 Meyer-Goßner § 318 Rn 11; Altmann JuS 2008, 790.
174 OLG Hamm NZV 2008, 164; Altmann JuS 2008, 790, 792.

wohl erfolgte Beschränkung ist nicht wirksam. Dies gilt auch dann, wenn das amtsgerichtliche Urteil entgegen § 275 Abs. 2 StPO nicht unterschrieben ist und damit keine prüffähigen Gründe enthält.[175] Geht das Berufungsgericht fehlerhaft von der Wirksamkeit der Beschränkung aus, so ist dieser Aspekt von Amts wegen zu prüfen und das Berufungsurteil aufzuheben.[176] Möglich ist dagegen die Beschränkung auf den Rechtsfolgenausspruch. Bei Nebenstrafe und Nebenfolge ist allerdings zu beachten, dass die Berufung nicht auf die Verhängung eines Fahrverbots (§ 44 StGB) beschränkt werden kann. Dieses ist mit der Hauptstrafe untrennbar verknüpft.[177]

131 Das **Verschlechterungsverbot** des § 331 StPO sieht vor, dass bei Einlegung der Berufung durch den Angeklagten oder der Staatsanwaltschaft zu seinen Gunsten das amtsgerichtliche Urteil nicht zum Nachteil des Angeklagten abgeändert werden darf.

> **Klausurtipp:** Vergleichen Sie den Tenor des amtsgerichtlichen Urteils mit dem Tenor des landgerichtlichen Urteils.

9. Beschränkung der Revision

132 Wie die Berufung (vgl Rn 130) kann auch die Revision beschränkt werden. Soll nach anfänglicher Beschränkung die Revision nachträglich erweitert werden, so ist dies nur innerhalb der Frist des § 341 Abs. 1 StPO und nicht innerhalb der Frist des § 345 Abs. 1 StPO möglich.[178] Im Hinblick auf den zulässigen Umfang der Beschränkung gelten die obigen Ausführungen (vgl Rn 130) entsprechend. Das Rechtsmittelgericht prüft die Wirksamkeit der Beschränkung von Amts wegen. Eine wirksame Revisionsbeschränkung führt zur Teilrechtskraft, während eine unwirksame Revisionsbeschränkung nach hM unbeachtlich ist.[179] Das Urteil wird dann vollumfänglich überprüft.

> **Klausurtipp:** Gelangen Sie im Rahmen Ihrer Prüfung zu dem Ergebnis, dass das eingelegte Rechtsmittel lediglich teilweise Aussicht auf Erfolg hat, so ist zu empfehlen, am Ende unter der Überschrift „Zweckmäßigkeitserwägungen" eine mögliche Beschränkung des Rechtsmittels zu diskutieren. Wegen der hohen Praxisrelevanz ist dies regelmäßig positiv zu bewerten. Teilweise werden solche anzustellenden Erwägungen aber bereits im Rahmen der Prüfungsaufgabe vorgegeben.

10. Übungsfälle

133 ▶ **ÜBUNGSFALL 1:**[180] Das AG verurteilte den Angekl. wegen gefährlicher Körperverletzung zu einer Freiheitsstrafe von zwei Jahren und drei Monaten. Hiergegen hat der Angekl. durch seinen Verteidiger ordnungsgemäß Revision eingelegt und diese form- und fristgerecht begründet. Nach Eingang der Revisionsbegründungsschrift beim AG wurde dort festgestellt, dass Band 1 der Akten abhandengekommen war. Die Rekonstruktion des Bandes konnte nur bis zur Anklageschrift erfolgen, während Band 2 der Akten mit dem schriftlichen Urteil des AG beginnt. Weder der noch vorhandenen Originalakte noch dem rekonstruierten Teil konnte entnommen werde, ob in dieser Sache ein Eröffnungsbeschluss ergangen ist. Allerdings konn-

---

175 OLG Frankfurt NStZ-RR 2010, 250.
176 OLG Hamm StV 2012, 155; OLG Hamm NZV 2008, 164.
177 Meyer-Goßner § 318 Rn 22; Altmann JuS 2008, 790, 793.
178 BGHSt 38, 366; Meyer-Goßner § 344 Rn 4; aA LR-Hanack § 344 Rn 7.
179 OLG Koblenz JBlRh-Pflz 2010, 43; Meyer-Goßner § 344 Rn 7c; aA Wolf JR 1992, 430.
180 Nach OLG Koblenz, Urt. v. 27.10.2008 – Az 2 Ss 51/08.

te in der Handakte der StA die beglaubigte Abschrift eines Eröffnungsbeschlusses in dieser Sache aufgefunden werden. In der eingeholten dienstlichen Stellungnahme teilte der erstinstanzlich zuständige Richter des AG mit, dass er davon ausgehe, dass ein Eröffnungsbeschluss im Original vorgelegen und er diesen auch unterzeichnet habe, da seitens der Justizangestellten entsprechende Ausfertigungen hergestellt worden seien. Einzelheiten seien ihm jedoch nicht erinnerlich. Erfolgsaussicht der Revision des Angekl.? ◄

▶ **Lösung:** 134

A. **Zulässigkeit der Revision (+)**

B. **Begründetheit der Revision**

  I. Von Amts wegen zu beachtendes Verfahrenshindernis ist das Vorliegen eines Eröffnungsbeschlusses (vgl Rn 106 ff)

    1. Bei Verlust des Eröffnungsbeschlusses ist es Aufgabe des Revisionsgerichts, im Wege des Freibeweisverfahrens zu klären, ob und mit welchem Inhalt der Eröffnungsbeschluss ergangen ist.

    2. IvF:

      a) Original abhandengekommen

      b) aber: In der Handakte der StA wurde eine Ausfertigung des Originals gefunden, was die Herstellung von Ausfertigungen belegt

      c) Zuständiger Richter hat erklärt, dass er von Unterzeichnen eines Eröffnungsbeschlusses ausgehe, da der Beschluss ja von Angestellten ausgefertigt worden sei.

  II. OLG Koblenz: Es liegt ein wirksamer Eröffnungsbeschluss vor.

Ergebnis: Die Revision hat keine Aussicht auf Erfolg. ◄

▶ **Übungsfall 2:**[181] Die StA hatte dem Angekl. mit ihrer Anklageschrift vorgeworfen, im 135 Rahmen einer Schlägerei gezielt zwei Schüsse auf den B abgegeben und ihn durch einen der beiden getötet zu haben. Ein weiterer Schuss in den Oberarm des neben dem B stehenden C – den Bruder des B – wurde im wesentlichen Ergebnis der Ermittlungen erwähnt, dort aber keinem bestimmten Schützen zugeordnet. In der Hauptverhandlung konnte dem A nicht nachgewiesen werden, dass B durch die von ihm abgegebenen Schüsse getötet worden war. Es stellte sich jedoch heraus, dass A nach Abgabe der Schüsse auf B den Entschluss gefasst hatte, auch dessen Bruder C zu erschießen, und er ihn dabei am Oberarm verletzt hatte. Das LG hat den Angekl. wegen des Schusses zulasten des C verurteilt. Hiergegen wendet sich der Angekl. mit seiner ordnungsgemäß eingelegten und begründeten Revision. Aussicht auf Erfolg? ◄

▶ **Lösung:** 136

A. **Zulässigkeit (+)**

B. **Begründetheit**

  I. Von Amts wegen zu beachtende Verfahrensvoraussetzung ist das Vorliegen einer Anklageschrift hinsichtlich der verurteilten Tat.

    1. Urspünglich angeklagt waren die Schüsse zulasten des B. Die Schüsse zulasten des C fanden lediglich im wesentlichen Ergebnis der Ermittlungen Erwähnung. Es könnte insoweit die Umgrenzungsfunktion der Anklageschrift betroffen

---

181 Nach BGH NRÜ 2009, 76 ff = StraFo 2008, 383 f.

sein. Dies wäre aber nur dann der Fall, wenn es sich bei den Schüssen auf B und C jeweils um selbstständige prozesuale Taten und nicht um eine Tat iSd § 264 StPO handeln würde (vgl Rn 122 ff).

2. **BGH:** Verschiedene prozessuale Taten (+). Greift der Täter einzelne Menschen nacheinander an, um jeden von ihnen in seiner Individualität zu beeinträchtigen, so besteht bei natürlicher als auch rechtsethisch wertender Betrachtungsweise selbst bei einheitlichem Tatentschluss und engem räumlichen und zeitlichen Zusammenhang idR kein Anlass, diese Vorgänge rechtlich als eine Tat zusammenzufassen.

II.   **Folge:** Die Tat zulasten des C war von der ursprünglichen Anklage nicht umfasst und es hätte einer Nachtragsanklage bedurft (§ 266 StPO). Es besteht ein von Amts wegen zu beachtendes Verfahrenshindernis.

Ergebnis: Die Revision hat Aussicht auf Erfolg. ◄

137   ▶ **ÜBUNGSFALL 3:**[182] Der Angekl. war vom AG wegen fahrlässiger Tötung in Tateinheit mit fahrlässiger Straßenverkehrsgefährdung und wegen unerlaubten Entfernens vom Unfallort in Tateinheit mit vorsätzlicher Trunkenheit im Verkehr zu einer Gesamtfreiheitsstrafe verurteilt worden. Er hatte am Tattag – infolge Alkoholgenusses fahruntüchtig – einen Pkw geführt, das Rotlicht einer Verkehrsampel missachtet, dabei eine Fahrradfahrerin angefahren und tödlich verletzt, sich sodann mit seinem Pkw ohne Anhalten sogleich vom Unfallort entfernt und den Pkw hinter einem Haus verborgen. Gegen dieses Urteil hat der Angekl. Berufung eingelegt. In der Berufungsverhandlung vor dem LG hat er den Schuldspruch des unerlaubten Entfernens vom Unfallort in Tateinheit mit vorsätzlicher Trunkenheit im Verkehr anerkannt und mit Zustimmung der StA sein Rechtsmittel demgemäß ausdrücklich beschränkt. Eigene Tatfeststellungen zu dem Hergang nach dem Zusammenstoß hat das LG daraufhin nicht getroffen, sondern insoweit auf die Feststellungen des AG Bezug genommen. Die Berufung des Angekl. hat das LG verworfen. Mit seiner hiergegen ordnungsgemäß eingelegten und begründeten Revision rügt der Angekl. die Verletzung des sachlichen Rechts. Erfolgsaussicht? ◄

138   ▶ **LÖSUNG:**

A.   **Zulässigkeit (+)**

B.   **Begründetheit**
Von Amts wegen ist zu prüfen, ob die Berufungsbeschränkung nach § 318 StPO wirksam war (vgl Rn 130). IvF könnte die Beschränkung unwirksam sein, wenn das Rechtsmittel hinsichtlich einzelner sachlich-rechtlich in Tateinheit stehender Straftatbestände beschränkt worden wäre. Das ist aber nicht der Fall. Die beiden durch den Unfall voneinander getrennten Komplexe der Straßenverkehrsgefährdung/fahrlässigen Tötung einerseits und der Verkehrsunfallflucht/Trunkenheitsfahrt andererseits stehen zueinander im Verhältnis der Tatmehrheit. Dass der Angekl. nach dem Unfall seine Fahrt ohne Unterbrechung fortsetzte, steht dem nicht entgegen. Denn auch in einem solchen Fall ist idR nicht von Tateinheit der vor und nach dem Unfall begangenen Delikte auszugehen, weil die Weiterfahrt nach einem vom Fahrer bemerkten Unfall auf einem neuen Willensentschluss beruht.[183] Das gilt auch ivF, zumal das unmittelbar anschließende Ver-

---

182   Nach OLG Brandenburg ZfS 2008, 702.
183   BGSt 25, 72, 75.

bergen des beschädigten Pkw zeigt, dass der Angekl. die Fahrt mit der neu gefassten Absicht fortsetzte, sich den Konsequenzen des Unfalls zu entziehen.

Ergebnis: Die Revision ist zulässig, aber nicht begründet. ◄

III. Verfahrensfehler im Allgemeinen

1. Allgemeines zu Verfahrensrüge und Sachrüge

Nach § 337 StPO kann die Revision nur darauf gestützt werden, dass das Urteil auf einer Verletzung des Gesetzes beruht, also eine Rechtsnorm nicht oder nicht richtig angewendet worden ist.

139

Es ist begrifflich zu unterscheiden zwischen

■ Verfahrensrüge und
■ Sachrüge.

Diese Differenzierung ergibt sich aus **§ 344 Abs. 2 StPO** und wirkt sich entscheidend darauf aus, welchen Anforderungen die Revisionsbegründung bei den jeweiligen Verstößen genügen muss. Während bei der Verletzung von Verfahrensvorschriften „die den Mangel enthaltenden Tatsachen" angegeben werden müssen, genügt für die Sachrüge in der Revisionsbegründung der Satz: „Gerügt wird die Verletzung des materiellen Rechts."

> **Klausurtipp:** Diese Unterscheidung hat ganz wesentliche Bedeutung, wenn Sie in einer Klausur eine Revisionsbegründungsschrift fertigen müssen. Allerdings wird auch bei der Prüfung der Erfolgsaussichten einer Revision idR erwartet, dass Sie am Ende der jeweiligen Prüfung eines etwaigen Fehlers mitteilen, wie eine Gesetzesverletzung gerügt werden muss.[184]

Es ist also zu erkennen, ob eine Gesetzesverletzung mit der Verfahrensrüge zu beanstanden ist oder ob die Formulierung einer kurzen Sachrüge reicht.

140

Ist eine Vorschrift betroffen, die auf dem prozessualen Weg des Gerichts zur Urteilsfindung liegt, so ist idR eine Verfahrensrüge zu erheben. In den allermeisten Fällen ist die Prüfung des Fehlers nicht allein anhand des Urteils möglich. Vielmehr ist zur Feststellung des Fehlers ein Blick in die Akten erforderlich. Hier liegt auch der Grund für die formellen Anforderungen an die Verfahrensrüge. Das Revisionsgericht nimmt andere Aktenteile als das Urteil nur nach einer zulässigen Verfahrensrüge zur Kenntnis. Ist der Fehler bereits aus dem Urteil selbst erkennbar, so genügt in der Regel die Sachrüge.[185]

141

Prüfungsschema:

142

Für die Prüfung eines Verfahrensfehlers kann folgendes Schema zugrunde gelegt werden:

1. Vorliegen einer Gesetzesverletzung (§ 337 Abs. 2, Abs. 1 StPO)
   a) Es muss gegen eine Verfahrensvorschrift verstoßen worden sein
   b) Verstoß durch Protokoll (§ 274 StPO) zu belegen, vgl § 344 Abs. 2 StPO
2. Beschwer des Angeklagten (Rechtskreis des Angeklagten muss betroffen sein)

---

184 Meyer-Goßner § 344 Rn 20 ff; Cirener NStZ-RR 2011, 134 ff und 168 ff.
185 BGH NStZ-RR 2001, 174 f; zur Abgrenzung auch Barton JuS 2007, 977, 978.

3. Beruhen, § 337 Abs. 1 StPO

a) Bei richtiger Anwendung des Gesetzes wäre das Urteil anders ausgefallen. Ein Erwiesensein dieses Ursachenzusammenhangs ist nicht erforderlich. Die bloße Möglichkeit des Zusammenhangs ist ausreichend.

b) Beruhensvermutung in den Fällen des § 338 Nr. 1–7 StPO

c) Fehler nicht geheilt

d) keine Verwirkung / Verzicht / Präklusion

143   **Klausurtipp:** Die gängigen Kommentierungen der StPO, wie etwa Meyer/Goßner oder der Handkommentar „Gesamtes Strafrecht" von Dölling/Duttke/Rössner, enthalten in der Regel in der letzten Randnummer der jeweiligen Vorschrift der StPO einen Hinweis darauf, ob und in welchem Umfang eine Verfahrensrüge bei der Verletzung der Vorschrift zu erheben ist.

2. Beweis des Verfahrensfehlers – Protokoll

144   Dem Revisionsführer obliegt es, den Verstoß gegen eine verfahrensrechtliche Vorschrift auch zu beweisen. Dies kann (je nach behauptetem Verstoß) durch das Sitzungsprotokoll oder im Freibeweisverfahren erfolgen. Der Revisionsführer muss in der Revisionsbegründung alle Informationen zu dem Verfahrensfehler so umfassend und lückenlos vortragen, dass das Revisionsgericht allein durch die Begründung hinreichende Kenntnis hat, um die Gesetzesverletzung erschöpfend prüfen zu können.

Beweis durch das Sitzungsprotokoll:

145   Handelt es sich um eine wesentliche Förmlichkeit der Hauptverhandlung iSd § 273 Abs. 1 StPO,[186] so kann deren Nichtbeachtung nach § 274 S. 1 StPO ausschließlich durch das Sitzungsprotokoll bewiesen werden. Das Protokoll hat **positive und negative Beweiskraft**. Sind die Förmlichkeiten protokolliert, gelten sie als geschehen, sind sie nicht protokolliert, gelten sie als nicht stattgefunden.

146   Die Beweiskraft des Protokolls erfährt zwei wichtige Einschränkungen:

- Ist es in sich widersprüchlich, unklar oder offensichtlich lückenhaft, so kann freibeweislich der wirkliche Verfahrensablauf geklärt werden.

- Wenn nachträglich die Unrichtigkeit des Protokolls auffällt und sowohl der Vorsitzende als auch der Urkundsbeamte darin übereinstimmen, kann anhand eines förmlichen Verfahrens eine **Protokollberichtigung** erfolgen. Wesentliche Grundlage der Protokollberichtigung ist die sichere Erinnerung der Urkundspersonen.[187]

147   **BEACHTE:** Eine klausurrelevante Problematik war häufig, dass einer bereits zulässig erhobenen Verfahrensrüge durch eine Protokollberichtigung „der Boden entzogen wurde". Dies war nach früher hRspr untersagt.[188] Zwischenzeitlich[189] hat der BGH diese Rechtsprechung aufgegeben. Nun ist auch noch nach Erhebung der Verfahrensrüge eine Protokollberichtigung möglich, die Urkundspersonen müssen aber über eine „sichere Erinnerung" verfügen und ihre Entscheidung ggf begründen. Der Revisionsführer muss angehört und bei dessen Widerspruch müssen ggf weitere Verfahrensbeteiligte befragt werden.

---

186   Vgl dazu Meyer-Goßner § 273 Rn 7 f; KK-Engelhardt, § 273 Rn 4.
187   BGH NJW 2010, 2068, 2069; BGH StV 2011, 267.
188   Vgl noch BGHSt 34, 11, 12.
189   NStZ 2007, 661, 663.

Daran anschließend hat der BGH[190] entschieden, dass es dem Revisionsgericht nunmehr darüber hinaus grds. verwehrt ist, im Freibeweisverfahren zu prüfen, ob die für die Hauptverhandlung vorgeschriebenen wesentlichen Förmlichkeiten eingehalten sind. Die Möglichkeit einer nachträglichen Protokollberichtigung hat in der Rechtsprechung somit den Weg des Freibeweisverfahrens weitgehend verdrängt. Nur in Fällen krasser Widersprüchlichkeit oder offenkundiger Fehler- oder Lückenhaftigkeit kann davon nach (derzeitiger) Rechtsprechung noch eine Ausnahme gemacht werden.[191]

Die sogenannte **Protokollrüge** kann die Revision nicht erfolgreich begründen. Wer also lediglich argumentiert, das Protokoll sei unrichtig, hat keine Verfahrensverletzung belegt. Vielmehr muss der Revisionsführer in diesen Fällen eine Gesetzesverletzung aufdecken, die er mithilfe des unrichtigen Protokolls möglicherweise begründen kann. 148

Freibeweisverfahren:

Wenn sich der Verfahrensverstoß auf andere Vorgänge als die wesentlichen Förmlichkeiten der Hauptverhandlung bezieht (etwa im Ermittlungsverfahren), klärt das Revisionsgericht die Richtigkeit des Vortrags im Freibeweisverfahren. Hier können natürlich auch das Sitzungsprotokoll, aber auch das Urteil, dienstliche Stellungnahmen oder andere Erkenntnisquellen von Bedeutung sein. 149

Bleiben hier Zweifel, gehen sie zulasten des Revisionsführers – der „in dubio pro reo"-Grundsatz gilt hier nicht.[192] 150

> **Klausurtipp:** Rückt der Urkundsbeamte in einem Punkt von der Beweiskraft des Protokolls ab (z.B. dass entgegen dem Protokoll das „letzte Wort" doch nicht gewährt worden sei), während der Richter weiterhin die Beweiskraft des Protokolls stützt, so ist im Freibeweisverfahren zu klären, ob ein Verfahrensverstoß vorliegt (Einschränkung nach neuer Rechtsprechung entsprechend Rn 147). Ein solcher muss dabei **sicher** erweislich sein. Der Umstand, dass ein Teil der dienstlichen Stellungnahmen sich für die Einhaltung der Verfahrensvorschrift und ein anderer Teil dagegen ausspricht, führt nicht zu einem sicheren Nachweis.

3. Beschwer

Um einen Verfahrensfehler rügen zu können, muss man durch ihn beschwert sein, der Fehler muss also den Revisionsführer in seinen Rechten oder schutzwürdigen Interessen unmittelbar beeinträchtigen. Der Angeklagte soll eine Revision nur auf eine Verletzung solcher Normen stützen können, die die StPO zum Schutze seines Rechtskreises aufgestellt hat (sogenannte „Rechtskreistheorie").[193] Dies ist nicht der Fall, wenn der Verstoß sich nur zugunsten des Beschwerdeführers auswirkt. Auch wenn nur ein anderer Verfahrensbeteiligter beschwert ist, kann man die eigene Revision nicht erfolgreich auf einen Verfahrensfehler stützen. Es gibt also kein allgemeines Recht der Verfahrensbeteiligten, jeden irgendwie gearteten Verfahrensverstoß des Gerichts mit der Revision zu rügen. 151

Allerdings kann auch eine mittelbare Beschwer zur Geltendmachung des Verfahrensverstoßes ausreichen. Eine solche mittelbare Beschwer wird in folgenden Fällen angenommen:[194] 152

190 BGH StV 2011, 267; so auch BGH StraFo 2011, 356.
191 BGH StV 2011, 267; NJW 2010, 2068.
192 BGH NStZ-RR 2004, 237, 238; Meyer-Goßner § 337 Rn 12.
193 BGHSt 11, 213, 214; aber str., vgl hierzu die Nachweise bei HK-GS/Maiwald § 337 StPO Rn 15; dazu auch DöligHK-GS/Dölling, vor § 1 StPO Rn 53.
194 Vgl Meyer-Goßner § 337 Rn 18.

- Fehlende Belehrung der Ehefrau eines Mitangeklagten nach § 52 Abs. 3 S. 1 StPO;[195]
- Rechtswidrige Beschlagnahme eines Briefes des Mitangeklagten;[196]
- Unzulässige Verwertung eines Geständnisses des Mitangeklagten;[197]
- Ablehnung eines von einem Mitangeklagten gestellten Beweisantrages, wenn das Gericht wegen gleichartiger Interessenlage auch ihm gegenüber zur rechtlich einwandfreien Behandlung des Antrags verpflichtet war. Der Angeklagte, der den Beweisantrag nicht gestellt hat, dürfte allerdings auf die Möglichkeit der Aufklärungsrüge verwiesen werden.[198]

153 | **Klausurtipp:** Bei der Bearbeitung müssen Sie in diesen Fällen erkennen, dass der Angeklagte nicht unmittelbar beschwer ist. Anschließend ist wieder eine schlüssige Argumentation gefragt, warum die unmittelbare Beschwer eines anderen zur (ausreichenden) mittelbaren Beschwer des Angeklagten führt.

4. Beruhen des Urteils auf dem Fehler: Unterschied absolute und relative Revisionsgründe

154   Ausweislich der Regelung des § 337 Abs. 1 StPO kann die Revision nur darauf gestützt werden, dass das Urteil auf einer Verletzung des Gesetzes **beruht**.

155   Als Revisionsgründe sind zu unterscheiden:

- **Absolute** Revisionsgründe, § 338 StPO
- **Relative** Revisionsgründe

Bei den absoluten Revisionsgründen des § 338 Nr. 1–7 StPO, in Ausnahmefällen auch bei § 338 Nr. 8 StPO, ist ein Urteil in der Regel „stets als auf einer Verletzung des Gesetzes beruhend anzusehen". Das Beruhen im Sinne des § 337 Abs. 1 StPO wird somit grds. unwiderlegbar vermutet.

156   Bei den sonstigen Gesetzesverstößen kann eine Revision nur begründet sein, wenn das Urteil bei richtiger Anwendung des Gesetzes anders ausgefallen wäre (daher der Begriff „relativer" Revisionsgrund). Dies erfordert aber keinen erwiesenen ursächlichen Zusammenhang zwischen Gesetzesverstoß und Urteil. Vielmehr reicht die bloße Möglichkeit aus, dass das Urteil auf dem Fehler beruht. Nur wenn diese Möglichkeit ausgeschlossen oder rein theoretisch ist, fehlt es an dem ursächlichen Zusammenhang.[199]

5. Verlust von Revisionsgründen

157   In bestimmten Fällen kann es dem Beschwerdeführer verwehrt sein, einen Gesetzesverstoß in der Revision geltend zu machen. Ein Verfahrensfehler kann dann zwar festgestellt werden, der Revision aber nicht mehr zum Erfolg verhelfen, weil der Beschwerdeführer mit der Verfahrensrüge ausgeschlossen ist.

---

195   BGH MDR 1973, 902.
196   RGSt 20, 91, 93.
197   BGH MDR 1971, 18.
198   BGH StV 2011, 711; StraFo 2011, 280; StV 1998, 523; zur Aufklärungsrüge s. Rn 359 ff.
199   BGH NStZ 2010, 650; OLG Celle 2011, 406; OLG Düsseldorf StV 2010, 512; Kindhäuser § 31 Rn 19.

Der Verlust eines Revisionsgrundes kann seine Ursache haben in: 158

- Versäumung gesetzlicher Fristen
- Verzicht
- Verwirkung

> **Lerntipp:** Im Sinne einer „Eselsbrücke" als „V-Regel" merken:
> Verlust bei „Versäumung", „Verzicht" oder „Verwirkung".

a) Versäumung gesetzlicher Fristen

In mehreren Fällen ist die Geltendmachung von Verfahrensmängeln schon im Prozess an   159
bestimmte Fristen gebunden, deren Versäumen zum Verlust des Revisionsgrundes führt.

BEISPIEL: Der Angeklagte kann den Einwand, das verhandelnde Gericht sei örtlich für das   160
Verfahren nicht zuständig, nur bis zum Beginn seiner Vernehmung zur Sache in der Hauptverhandlung geltend machen, § 16 S. 3 StPO. Wer also die Erfolgsaussichten einer Revision
prüft und feststellt, dass das Gericht örtlich nicht zuständig war, muss bei der Prüfung des
§ 338 Nr. 4 StPO erkennen, dass ein Verlust des absoluten Revisionsgrundes erfolgt sein kann.

Weitere gesetzliche Fristen ergeben sich aus §§ 6a S. 3 (Zuständigkeit besonderer Straf-   161
kammern); 25 (Ablehnung von Richtern wegen Befangenheit); 217 Abs. 2; 218 S. 2 (Ladungsfrist); 222b Abs. 1 S. 1 (gesetzeswidrige Besetzung der Richterbank); 246 Abs. 2
S. 2 StPO (verspätete Beweisanträge).

> **Lerntipp:** Die Formulierungen in den jeweiligen Vorschriften sollten besonders beachtet
> werden, sie sind eindeutig („so kann der Einwand ... nur bis ... geltend gemacht werden.")
> und bei der Prüfung eines Verfahrensverstoßes daher in der Regel leicht erkennbar.

Weiterhin verlangt die Rechtsprechung in bestimmten Fällen, dass ein Prozessbeteiligter   162
einer bestimmten Maßnahme innerhalb einer bestimmten Frist widersprochen hat, um
den Revisionsgrund nicht zu verlieren. Hat der Angeklagte Einwände bezüglich der Verwertung bestimmter Beweismittel, so muss sein Verteidiger in der Hauptverhandlung
spätestens bis zu dem in § 257 StPO genannten Zeitpunkt widersprechen (vgl Rn 429 ff).

b) Verzicht

Nur sehr selten kommt ein Verzicht auf Verfahrensvorschriften in Betracht. Denn grds.   163
kann der Ablauf des Verfahrens nicht im Belieben der Beteiligten stehen, sondern ist
gesetzlich vorgegeben. Daher ist ein solcher Verzicht nur absolut ausnahmsweise denkbar.

Verzichtbar sind   164

- die Rechtsmittelbelehrung nach § 35a StPO,
- die Zustellung der Anklageschrift nach § 201 StPO,
- die Zustellung des Eröffnungsbeschlusses nach § 203 StPO,
- die Ladung nach § 216 und § 218 StPO,
- die Namhaftmachung der beteiligten Richterinnen und Richter, § 222 StPO,
- die Benachrichtigung über die Namhaftmachung nach § 224 StPO,
- die Urteilszustellung nach § 316 Abs. 2 StPO.

Der Verzicht muss ausdrücklich erfolgen, der nur fehlende Widerspruch reicht nicht.

c) Verwirkung, Rechtsmissbrauch

165   In Ausnahmefällen kommt eine Verwirkung des Revisionsgrundes in Betracht. Wenn etwa der Revisionsführer den Verfahrensfehler selbst ausschließlich in der Absicht herbeigeführt hat, um ihn später mit der Revision zu rügen, kann ein Rügeverlust wegen arglistigen Verhaltens die Folge sein.

166   Ein Missbrauch prozessualer Rechte ist anzunehmen, wenn ein Verfahrensbeteiligter die ihm durch die StPO eingeräumten Möglichkeiten zur Wahrung seiner verfahrensrechtlichen Belange benutzt, um gezielt verfahrensfremde oder verfahrenswidrige Zwecke zu verfolgen.

167   **BEISPIELE:**

- Revisionsführer behauptet einen Verfahrensverstoß, obwohl er sicher weiß, dass sich dieser nicht ereignet hat;[200]
- Verteidiger entfernt sich eigenmächtig aus dem Sitzungssaal und macht später einen Verstoß gegen §§ 140, 145 iVm 338 Nr. 5 StPO geltend.[201]

168   Die Regelung des **§ 238 Abs. 2 StPO** stellt eine besondere Ausnahmevorschrift dar, die bei der Frage der Verwirkung eines Revisionsgrundes berücksichtigt werden muss. In einer Vielzahl von Verfahrenssituationen trifft der Vorsitzende eine Entscheidung allein, ohne dass die gesamte Kammer beteiligt ist (z.B. Belehrung eines Zeugen nach § 55 StPO, Vereidigung oder Nichtvereidigung eines Zeugen, §§ 59 ff. StPO). § 238 Abs. 2 StPO sieht nun die Möglichkeit vor, dass ein Verfahrensbeteiligter die Maßnahme des Vorsitzenden beanstandet. Geschieht dies, so entscheidet das Gericht insgesamt. Diese Regelung wird dahin gehend interpretiert, dass ein Revisionsgrund verwirkt ist, wenn vom Zwischenrechtsbehelf des § 238 Abs. 2 StPO kein Gebrauch gemacht wurde.[202]

169   Allerdings gibt es von dieser Ausnahmeregelung wiederum „Rückausnahmen": Auch ohne Zwischenrechtsbehelf bleibt die Rüge zulässig, wenn

- der Fehler des Vorsitzenden bei der Urteilsfindung fortwirkt,
- der nicht verteidigte Angeklagte den Zwischenrechtsbehelf nicht kennt,
- der Vorsitzende eine unverzichtbare Verfahrenshandlung unterlassen hat oder
- die Anordnung des Vorsitzenden eine zwingende Verfahrensvorschrift verletzt, die keinen Entscheidungsspielraum einräumt.[203]

IV. Absolute Revisionsgründe iSd § 338 StPO

170   **ÜBERSICHT:**

§ 338 Nr. 1: Fehlerhafte Besetzung des Gerichts

§ 338 Nr. 2: Mitwirkung eines ausgeschlossenen Richters

§ 338 Nr. 3: Mitwirkung eines befangenen Richters

§ 338 Nr. 4: Fehlende Zuständigkeit des Gerichts

---

200   BGHSt 51, 88.
201   BGH NStZ 1998, 209.
202   Zur Begründung vgl BGH NStZ 2007, 230.
203   LR-Becker § 238 Rn 47, allerdings wird diese Einschränkung zunehmend diskutiert, vgl KK-Schneider § 238 Rn 33 und insb. die lesenswerten Aufsätze von Mosbacher NStZ 2011, 606 sowie von Widmaier NStZ 2011, 305.

§ 338 Nr. 5: Vorschriftswidrige Abwesenheit eines Beteiligten

§ 338 Nr. 6: Ungesetzliche Beschränkung der Öffentlichkeit

§ 338 Nr. 7: Fehlende oder verspätete Urteilsbegründung

§ 338 Nr. 8: Unzulässige Beschränkung der Verteidigung

> **Klausurtipp:** Gehen Sie in jeder Revisionsklausur alle Alternativen des § 338 StPO durch und prüfen Sie, ob ein absoluter Revisionsgrund in Betracht kommen kann. Spezielle Hinweise können sich aus dem Sachverhalt ergeben (Daten, Besetzung, Befangenheit, Abwesenheit), teilweise können die Probleme aber auch versteckt oder eine Verfahrensvorschrift durch ein Unterlassen verletzt sein. Bei der Bildung des Obersatzes im Gutachten müssen Sie beachten: Erst ist die Vorschrift zu nennen, gegen die möglicherweise verstoßen wurde, und dann die einschlägige Alternative des § 338 StPO.

1. Fehlerhafte Besetzung des Gerichts, § 338 Nr. 1 StPO

Ein Verfahrensfehler nach § 338 Nr. 1 StPO kommt nach dem Wortlaut der Regelung in Betracht, wenn das erkennende Gericht falsch besetzt oder der Spruchkörper nach der internen Geschäftsverteilung des Gerichts nicht zuständig war. Ihre verfassungsrechtliche Grundlage findet diese Vorschrift in Art. 101 Abs. 1 S. 2 GG, der das Verbot enthält, dem Angeklagten seinen gesetzlichen Richter zu entziehen.   171

Fallgruppen: 172

- Fehler im gerichtsinternen Geschäftsverteilungsplan
- Fehler im kammer-/senatsinternen Geschäftsverteilungsplan
- Verhinderung eines Richters
- Unrichtige Schöffenbesetzung
- Sonderfall: Mängel in der Person des Richters/des Schöffen

Der **gerichtsinterne Geschäftsverteilungsplan** muss auf der Grundlage von §§ 21e, 21g GVG nach allgemeinen Kriterien festlegen, welcher Richter (Amtsgericht), welche Kammer (Landgericht) bzw welcher Senat (Oberlandesgericht) innerhalb des Gerichts das Verfahren zu bearbeiten hat (Geschäftsverteilungsplan des Gerichts).   173

Zugleich muss die Kammer/der Senat selbst seine Zusammensetzung in einer internen Regelung klar und eindeutig bestimmen (**Geschäftsverteilungsplan der Kammer/des Senats**).[204]   174

Ein Verfahrensverstoß liegt vor, wenn der Geschäftsverteilungsplan nicht gesetzesgemäß aufgestellt ist oder willkürlich von ihm abgewichen wird. So darf etwa eine Zuständigkeitsbestimmung nicht bewusst und ausschließlich für eine einzelne Sache vorgenommen werden.   175

Auch der Einsatz des Vertretungsrichters kann einen Verfahrensverstoß begründen, wenn in der Person des eigentlich zuständigen Richters tatsächlich kein hinreichender Verhinderungsfall vorgelegen hat.   176

---

204 BGH NStZ 2004, 638.

177   **ALS WEITERE KLAUSURRELEVANTE BEISPIELE KÖNNEN GENANNT WERDEN:**

- Fehlerhafte Bestimmung des Vorsitzenden.[205]
- Willkürliche Anwendung des § 76 Abs. 2 GVG durch rechtsfehlerhafte „Zweierbesetzung" einer großen Strafkammer in einem Umfangsverfahren; der BGH hat zuletzt hierzu klar Stellung bezogen: bei absehbarer Dauer von wenigstens zehn Verhandlungstagen soll grundsätzlich mit drei Berufsrichtern verhandelt werden.[206]

Der Bundesgesetzgeber hat auf die Rechtsprechung des Bundesgerichtshofs und die Kritik in der Literatur an der häufigen Zweierbesetzung reagiert und nunmehr deutlichere Vorgaben für den Regelfall einer Dreierbesetzung normiert.[207] Nach § 76 Abs. 2 GVG n.F. ist mit drei Richtern einschließlich des Vorsitzenden und zwei Schöffen zu verhandeln, wenn

- die große Strafkammer als Schwurgericht zuständig ist oder
- Sicherungsverwahrung oder Unterbringung in einem psychiatrischen Krankenhaus zu erwarten ist oder
- nach dem Umfang oder der Schwierigkeit der Sache die Mitwirkung eines dritten Richters notwendig erscheint.

Diese dritte und wichtigste Alternative wird nun in § 76 Abs. 3 GVG n.F. konkretisiert. Die Mitwirkung eines dritten Richters ist dabei in der Regel notwendig, wenn die Hauptverhandlung voraussichtlich länger als 10 Tage dauern wird oder die große Strafkammer als Wirtschaftsstrafkammer zuständig ist. Mit den Neuregelungen in §§ 74, 74c, 76 GVG sowie auch in §§ 33a, 33b JGG sollten Sie sich vertraut machen. Übergangsvorschriften finden sich in § 41 EGGVG und § 121 JGG.

178   Einen weiteren Fall des § 338 Nr. 1 StPO bildet die **unrichtige Schöffenbesetzung**. Hier ist wie folgt zu differenzieren:

- Mängel des Schöffenwahlverfahrens sind grds. nicht revisibel, sehr wohl aber Mängel bei der konkreten Auslosung und Verteilung der Schöffen nach §§ 45, 48, 77 GVG.[208] Eine fehlerhafte Schöffenbesetzung kann sich auch daraus ergeben, dass die ordnungsgemäße Auslosung in dem konkreten Verfahren nicht eingehalten wird oder eine Entbindung der Schöffin von ihrer Mitwirkung willkürlich ist.[209] Ist ein eingesetzter Schöffe im Sinne des § 32 GVG unfähig zum Schöffenamt oder nicht bzw nicht hinreichend vereidigt worden, wird ebenfalls regelmäßig von einem revisiblen Fehler ausgegangen.[210]

179 | **Klausurtipp:** Von wesentlicher Bedeutung ist bei den bisher geschilderten Fallgruppen die Willkürschranke der Rechtsprechung. Danach liegt eine Richterentziehung nicht vor bei einer gesetzeswidrigen Besetzung, die nur auf einem Verfahrensirrtum beruht. Sie setzt vielmehr eine objektiv willkürliche Maßnahme voraus, die auf unsachlichen, sich von den gesetzlichen Maßstäben völlig entfernenden Erwägungen beruht und unter keinem Gesichtspunkt mehr vertretbar erscheint.[211] **Wichtig:** Dies ist umstritten, daher müssen Sie in der

---

205 BGH NJW 2009, 931.
206 BGH NStZ 2011, 52; dazu auch BGH NStZ 2011, 54.
207 „Gesetz über die Besetzung der großen Straf- und Jugendkammern in der Hauptverhandlung und zur Änderung weiterer gerichtsverfassungsrechtlicher Vorschriften sowie des Bundesdisziplinargesetzes", in Kraft seit 1.1.2012 (BGBl 2011, 2554 ff).
208 BGH NStZ 2006, 512; 2005, 704; KG StRR 2010, 282.
209 BGH NStZ 2007, 537; BGH, Beschluss vom 20.07.2010, Az 5 StR 191/10 = BeckRS 2010, 18803 (dort kein willkürlicher Verstoß gegen §§ 54 GVG, 338 Nr. 1 StPO bei Entbindung der Schöffin, die kurz vor Beginn der Hauptverhandlung ein Probearbeitsverhältnis begonnen hat).
210 BGH NStZ 2004, 98; OLG Celle StV 1999, 201; OLG Hamm NStZ 2001, 611.
211 Meyer-Goßner § 16 GVG Rn 6 mwN.

Klausur die Problematik erörtern! **Und:** Zuerst sollten Sie den (möglichen) Fehler erkennen und benennen, im Anschluss dann erst auf die Willkürschranke eingehen.

Letztlich kommt die Regelung des § 338 Nr. 1 StPO dann in Betracht, wenn ein erken- 180
nender Richter oder Schöffe während eines wesentlichen Teils der Hauptverhandlung abwesend war oder ein vergleichbarer **Mangel in der Person des Richters oder Schöffen** vorliegt. Die sich hieraus ergebende Kollision mit der Regelung des § 338 Nr. 5 StPO wird dahin gehend aufgelöst, dass die Vorschrift der Nr. 1 vorrangig ist.[212]

Erforderlich ist die ununterbrochene Gegenwart der zur Urteilsfindung berufenen Per- 181
sonen. So kann etwa ein Ergänzungsrichter oder Ergänzungsschöffe (§ 192 Abs. 2, Abs. 3 GVG) nur dann für einen ausgefallenen Richter oder Schöffen eintreten, wenn er von Beginn an der Verhandlung teilgenommen hat. Eine Heilung ist andernfalls nur möglich, wenn der verpasste Teil der Hauptverhandlung wiederholt wird.

Die Mängel in der Person des Richters oder Schöffen müssen seine Unfähigkeit begrün- 182
den, in Erfüllung der strafprozessualen Grundsätze an der Verhandlung teilzunehmen. Als Mängel in der Person des Richters oder des Schöffen hat die Rechtsprechung angesehen: Mitwirkung eines blinden Richters,[213] eines stummen Richters, eines tauben Richters (Grundsatz der Mündlichkeit der Hauptverhandlung), eines schlafenden Richters[214] und eines Richters, der in einem wesentlichen Teil der Hauptverhandlung einen erheblichen Zeitraum abgelenkt und unaufmerksam ist (Aktenstudium, Durchsicht von Gefangenenbriefen[215]). Der BGH hat es auch als durchgreifenden Mangel in der Person des Schöffen angesehen, wenn er der deutschen Sprache nicht hinreichend mächtig ist,[216] zu dieser Problematik ist in § 33 Nr. 5 GVG auch eine neue gesetzliche Regelung eingefügt worden (Achtung: Eine Verletzung dieser bloßen Ordnungsvorschrift allein führt aber nicht zum absoluten Revisionsgrund. Die Unfähigkeit, der Verhandlung zu folgen, erfüllt vielmehr unmittelbar die Voraussetzungen des § 338 Nr. 1 StPO).

Lerntipp: Bei dem absoluten Revisionsgrund des § 338 Nr. 1 StPO ist ein **Verlust der Rüge** 183
durch Verfristung möglich. In den Fällen des § 222a StPO muss der Fehler gemäß § 222b Abs. 1 StPO bis zum Beginn der Vernehmung des ersten Angeklagten zur Sache in der Hauptverhandlung gerügt werden, sonst kann sich der Revisionsführer nicht mehr auf den Verfahrensfehler berufen. Eine solche Beanstandung ist jedenfalls dann erforderlich, wenn die fehlerhafte Besetzung objektiv erkennbar war. Dieser Grundgedanke wird in § 338 Nr. 1 StPO unter a)–d) konkretisiert. Die Regelung sollte daher bei einem möglichen Fall der Rügepräklusion sorgfältig gelesen werden.[217]

Geht es allerdings um Mängel in der Person des Richters oder des Schöffen, die während der Hauptverhandlung zum Ausdruck kommen (Fall des „schlafenden Richters"), so bedarf es einer Beanstandung nach § 222b StPO nicht.

212 BVerfG 2003, 3545, 3546; BGH NJW 2001, 3062; 1999, 1724.
213 BVerfG 2004, 2150; BGHSt 34, 236 – dies ist allerdings str., vgl HK-GS/Maiwald § 338 StPO Rn 9.
214 BGH NStZ 1982, 41.
215 BGH NJW 1962, 2212.
216 BGH NStZ-RR 2011, 349 mit lesenswerter Begründung auch für die übrigen Beispiele.
217 Zu den weiteren Anforderungen an den für eine Besetzungsrüge erforderlichen Tatsachenvortrag vgl BGH NStZ 2007, 536.

2. Mitwirkung eines ausgeschlossenen Richters, § 338 Nr. 2 StPO

184 Wenn bei dem Urteil ein Richter oder Schöffe mitgewirkt hat, der von der Ausübung des Richteramts kraft Gesetzes ausgeschlossen war, liegt der absolute Revisionsgrund des § 338 Nr. 2 StPO vor.

185 Die gesetzlichen Ausschlussgründe folgen aus §§ 22, 23, 31 und 148a Abs. 2 StPO. Sie gelten entsprechend für Schöffen und Urkundsbeamte der Geschäftsstelle, § 31 StPO. Es gilt, diese maßgeblichen Regelungen zu kennen und bei der Klausur im Blick zu haben.

186 So ist bspw ein Richter, der über den strafrechtlichen Vorwurf der Untreue zulasten einer politischen Partei zu entscheiden hat, auch dann nicht von seinem Richteramt nach § 22 Nr. 1 StPO ausgeschlossen, wenn er selbst Mitglied dieser Partei ist.[218] Er gilt dann nicht als „selbst durch die Straftat verletzt" im Sinne der Vorschrift.

187 Bedeutsam ist § 22 Nr. 4 StPO. Ein Richter ist danach ausgeschlossen, wenn er in der Sache zuvor als Beamter der Staatsanwaltschaft tätig war. Der Begriff der „Tätigkeit" ist weit auszulegen und meint jedes amtliche Handeln in der Sache, das geeignet ist, den Sachverhalt zu erforschen oder den Gang des Verfahrens zu beeinflussen.[219]

188 Ein Richter ist nach § 22 Nr. 5 StPO von der Ausübung seines Amtes kraft Gesetzes ausgeschlossen, wenn er in einem anderen Verfahren als Zeuge zu demselben Tatgeschehen vernommen worden ist, das er jetzt abzuurteilen hat. Allerdings schließt § 22 Nr. 5 StPO den Richter nicht allein schon deshalb aus, weil seine Vernehmung als Zeuge **möglicherweise** zu Umständen in Betracht kommt, die im Zusammenhang mit dem prozessualen Verfahrensablauf stehen, falls im Einzelfall eine dienstliche Erklärung hierzu nicht ausreicht.[220]

189 **BEACHTE:** § 22 Nr. 5 StPO erfasst ausdrücklich nicht die Fälle, in denen der Richter zuvor in seiner Eigenschaft als Richter gehandelt hat. So ist es kein Ausschlussgrund, dass der Richter zuvor gegen den Angeklagten den Haftbefehl oder den Eröffnungsbeschluss erlassen oder an der Verurteilung des Mittäters mitgewirkt hat.

3. Mitwirkung eines befangenen Richters, § 338 Nr. 3 StPO

190 Hat ein Richter oder ein Schöffe bei dem Urteil mitgewirkt, obwohl einem Befangenheitsantrag gegen ihn stattgegeben oder ein solcher Antrag zu Unrecht abgelehnt wurde, ist der Revisionsgrund des § 338 Nr. 3 StPO anzunehmen. Die Ablehnungsgründe folgen aus § 24 StPO, die Vorschriften zum Ablauf des Ablehnungsverfahrens ergeben sich aus §§ 25–29 StPO.

> **Klausurtipp:** In besonderer Weise klausurrelevant ist die Prüfung, ob ein Ablehnungsgesuch zu Unrecht verworfen worden ist. Hier wird in der Regel eine „Schachtel- oder Inzidentprüfung" vorzunehmen sein, bei der sorgfältig die Verzahnung von Beschwerdeverfahren und Revisionsgrund zu berücksichtigen ist.

191 Die entscheidende Regelung zur Strukturierung des Prüfungsablaufs ergibt sich aus § 28 Abs. 2 S. 2 StPO. Betrifft die Befangenheitsentscheidung einen an der Hauptverhandlung beteiligten (erkennenden) Richter, so kann die Entscheidung nur zusammen mit dem Urteil (hier also in der Revision) angefochten werden.

---

218 BGH NStZ 2006, 646.
219 BGH StV 2011, 69; BGH NStZ 2011, 106.
220 BGH NStZ-RR 2009, 85.

Ist die **erforderliche Verfahrensrüge** zulässig erhoben, prüft das Revisionsgericht den Erfolg nach Beschwerdegrundsätzen und trifft eine eigene Sachentscheidung. Ist die somit inzident zu prüfende Beschwerde begründet, so liegt der absolute Revisionsgrund des § 338 Nr. 3 StPO vor.

192

Prüfungsschema:

1. Statthaftigkeit der Beschwerde nach § 28 Abs. 2 S. 1 StPO

■ Ausnahme bei Verfahren vor dem OLG, § 304 Abs. 4 S. 2 StPO

2. Zulässigkeit der Beschwerde

■ Rechtzeitiges Anbringen der Ablehnung, § 25 StPO

■ Begründung (nicht nur Behaupten) und Glaubhaftmachung (falls nicht alle Tatsachen gerichtsbekannt), §§ 25 Abs. 1 S. 2, 26 Abs. 2 StPO

■ Keine Ablehnung nur aus Gründen der Verfahrensverschleppung oder zu verfahrensfremden Zwecken

3. Begründetheit der Beschwerde

■ „Besorgnis der Befangenheit" (wenn ein Grund vorliegt, der geeignet ist, Misstrauen gegen die Unparteilichkeit des Richters zu rechtfertigen)

▶ **SONDERFALL:** Ist der Befangenheitsantrag fehlerhaft als unzulässig abgelehnt worden, so ist damit allein eine auf § 338 Nr. 3 StPO gestützte Revision noch nicht automatisch erfolgreich. Vielmehr muss nach der Rechtsprechung des BGH zusätzlich das Recht auf den gesetzlichen Richter nach Art. 101 Abs. 1 S. 2 GG verletzt worden sein. Dies ist aber nur der Fall, wenn die Vorschriften willkürlich angewendet werden oder die richterliche Entscheidung Bedeutung und Tragweite der Verfassungsgarantie verkennt.

193

Das BVerfG[221] sowie der BGH[222] haben hier folgende Vorgaben formuliert:

Willkür liegt vor, wenn der abgelehnte Richter sein eigenes Verhalten wertend beurteilt, sich gleichsam zum „Richter in eigener Sache" macht oder ein Verstoß von vergleichbarem Gewicht gegeben ist. Demgegenüber gibt es auch Fallgestaltungen, in denen sich ein Verfassungsverstoß nicht feststellen lässt, vielmehr die §§ 26a, 27 StPO „nur" schlicht fehlerhaft angewendet wurden. Erfolgt die Verwerfung nur aus formalen Erwägungen, wurden die Ablehnungsgründe aber nicht inhaltlich geprüft, ist im Einzelfall danach zu differenzieren, ob die Entscheidung des Gerichts auf einer groben Missachtung oder Fehlanwendung des Rechts beruht, ob also Auslegung und Handhabung der Verwerfungsgründe nach § 26a Abs. 1 StPO offensichtlich unhaltbar oder aber lediglich schlicht fehlerhaft sind. In letzterem Fall entscheidet das Revisionsgericht weiterhin nach Beschwerdegrundsätzen sachlich über die Besorgnis der Befangenheit (vgl auch Übungsfall 2, Rn 266 ff). ◀

Die Besorgnis der Befangenheit ist dann gerechtfertigt, wenn der Ablehnende bei verständiger Würdigung des ihm bekannten Sachverhalts Grund zu der Annahme hat, dass der abgelehnte Richter ihm gegenüber eine innere Haltung eingenommen hat, die seine Unparteilichkeit und Unvoreingenommenheit störend beeinflussen kann.[223] Das Vorliegen eines Ablehnungsgrundes ist somit zwar grds. vom Standpunkt des Ablehnenden aus zu beurteilen. Dass der Richter tatsächlich parteiisch oder befangen ist, wird nicht gefordert. Maßgebend sind der Standpunkt eines „vernünftigen" Angeklagten und die

194

---

221 StraFo 2006, 232 ff.; NJW 2005, 3410 ff.
222 NStZ 2007, 161; zuletzt auch BGH NStZ-RR 2009, 142.
223 Meyer-Goßner § 24 Rn 8.

Vorstellungen, die sich ein geistig gesunder, bei voller Vernunft befindlicher Prozessbeteiligter bei der ihm zumutbaren ruhigen Prüfung der Sachlage machen kann.

195 **KLAUSURRELEVANTE BEISPIELE:**

■ Aus dem **eigenen Verhalten des Ablehnenden** kann in der Regel kein Ablehnungsgrund hergeleitet werden. Dieser hätte es sonst in der Hand, sich eines ihm unliebsamen Richters durch eine Strafanzeige, eine Dienstaufsichtsbeschwerde oder Beleidigungen, die der Richter nicht einfach hinnimmt, zu entziehen.[224]

■ **Persönliche Verhältnisse des Richters** (Religion, Weltanschauung, Geschlecht, Familienstand, Mitgliedschaft in einer politischen Partei) sind in der Regel kein Ablehnungsgrund. Allerdings kann der Verdacht dezidierter Ausländerfeindlichkeit des Richters die Ablehnung durch einen Angeklagten ausländischer Herkunft begründen.[225]

■ **Persönliche oder dienstliche Beziehungen des Richters zu Beschuldigten, Verletzten oder Zeugen** können eine Besorgnis der Befangenheit begründen, z.B. bei Verlöbnis, enger Freundschaft oder Feindschaft.

■ Die Mitwirkung des Richters an **Zwischenentscheidungen** in dem anhängigen Verfahren und die dabei geäußerten Rechtsmeinungen rechtfertigen in der Regel nicht die Annahme der Befangenheit (Ausnahme: Willkür).[226]

■ Auch kann sich die Befangenheit aus dem **Verhalten des Richters vor oder während der Hauptverhandlung** ergeben, etwa wenn er von der Schuld des Angeklagten bereits endgültig überzeugt scheint.[227] Der Richter darf dabei den Angeklagten darauf hinweisen, dass ein **Geständnis** schuldmindernd wirken und deshalb bei der Zumessung der Strafe zu seinen Gunsten berücksichtigt werden kann; umgekehrt ist es ihm aber versagt, für den Fall, dass kein Geständnis abgegeben wird, eine Erhöhung der an sich schuldangemessenen Strafe in Aussicht zu stellen, weil ein zulässiges Prozessverhalten dem Angeklagten nicht strafschärfend angelastet werden darf.[228] Aus einer solchen Äußerung entstünden berechtigte Zweifel an der Unvoreingenommenheit.

■ Die **Verhandlungsführung** kann Misstrauen in die Unvoreingenommenheit rechtfertigen, wenn sie rechtsfehlerhaft, unangemessen oder sonst unsachlich ist. Eine unzureichende Information über den Inhalt von Verständigungsgesprächen außerhalb der Hauptverhandlung kann hier relevant sein, § 243 Abs. 4 S. 1 StPO. Äußerungen im Zusammenhang mit einer möglichen Verständigung nach § 257c StPO oder nach einer gescheiterten Verständigung müssen im Einzelfall ausgelegt werden.[229] Wenn der Angeklagte durch Drohung mit einer höheren Strafe bei gleichzeitigem Versprechen einer schuldunangemessenen milden Strafe zu einem Geständnis gedrängt wird, führt diese **Sanktionsschere** zu einem Verstoß gegen § 136a StPO und zugleich zur Besorgnis der Befangenheit.[230]

196 Die Ablehnung eines Richters oder Schöffen kann allerdings **nicht** darauf gestützt werden, dass z.B. nach der Sachlage noch verständliche Unmutsäußerungen getätigt werden, prozessuale Entscheidungen oder Maßnahmen rechtlich fehlerhaft sind; es sei denn, in der Verfassung wurzelnde elementare Regeln zum Schutz der Grundrechte wurden missachtet oder das Verhalten erweckt den Anschein von Willkür,[231] indem bspw. der Vor-

---

224 BVerfG NJW 1996, 2022.
225 OLG Karlsruhe NJW 1995, 2503, vgl auch BGH NStZ 2010, 526 (fragwürdige Einstellung eines Schöffen zur rechtswidrigen Eintreibung von Forderungen bei mittelbarer Verbindung zu dem Strafverfahren).
226 BGH NStZ 2011, 44.
227 BGH NStZ 2003, 99, 100; NStZ-RR 2001, 372; NStZ 1999, 629.
228 OLG Stuttgart NStZ-RR 2005, 349.
229 BGH StV 2011, 72; NStZ 2011, 590.
230 BGH NStZ 2008, 170.
231 BayObLG NStZ-RR 2002, 77.

sitzende dem Verteidiger ohne Beteiligung der StA eine verbindliche Strafobergrenze zusichert.[232]

> **Klausurtipp:** Sind Sie im Rahmen der Befangenheit bei der Begründetheitsprüfung angekommen, müssen Sie sorgfältig abwägen und anhand des mitgeteilten Sachverhaltes gut argumentieren. Hier ist Argumentations- und Überzeugungsarbeit gefragt. Sehen Sie daher die mitgeteilten Sachverhalte nur als Anhaltspunkte, um einige der Entscheidungen durchzulesen und dadurch gutes Argumentieren zu trainieren.

197

4. Fehlende Zuständigkeit, § 338 Nr. 4 StPO

ÜBERSICHT: Die Probleme der Zuständigkeit sind in der Revision wie folgt zu verorten:

198

- Fehlende sachliche Zuständigkeit -> Prozesshindernis (von Amts wegen zu beachten, vgl Rn 90 ff)
- Fehlende Zuständigkeit nach dem Geschäftsverteilungsplan -> § 338 Nr. 1 StPO
- Fehlende örtliche Zuständigkeit (§§ 6a, 16 StPO) -> § 338 Nr. 4 StPO
- Fehlende Zuständigkeit besonderer Strafkammern (§ 74e GVG) -> § 338 Nr. 4 StPO.

Die örtliche Zuständigkeit und die Zuständigkeit besonderer Strafkammern prüft das Gericht bis zur Eröffnung des Hauptverfahrens von Amts wegen, §§ 6a, 16 StPO. Anschließend sind die Rügen der örtlichen oder der funktionellen Unzuständigkeit nur bis zum Beginn der Vernehmung des Angeklagten zur Sache zulässig. Dies ist ein besonderer Fall der gesetzlich geregelten Verfristung (vgl Rn 159 ff).

199

BEACHTE: Gemäß § 16 S. 2 StPO kann die örtliche Unzuständigkeit des Gerichts von der Staatsanwaltschaft in der Revision nicht zuungunsten des Angeklagten beanstandet werden.

200

Die **örtliche Zuständigkeit** ergibt sich aus §§ 7 ff. StPO. Das Gericht des Tatorts (§ 7 Abs. 1 StPO), des Wohnsitzes (§ 8 Abs. 1 StPO), des Ergreifungsorts (§ 9 StPO) und des Zusammenhangs bei mehreren Verfahren (§ 13 Abs. 1 StPO) müssen Sie kennen. Ansonsten dürfte eine insoweit relevante Zuständigkeitsfrage in der Klausur v.a. mittels Gesetzestext zu klären sein.

201

Die **Zuständigkeit der besonderen Strafkammern** ist in folgender Rangfolge (vgl § 74e GVG) gegeben: Schwurgericht (§ 74 Abs. 2 GVG), Wirtschaftsstrafkammer (§ 74c GVG), Staatsschutzkammer (§ 74a GVG) und allgemeine Strafkammern. Von Bedeutung ist diese Rangfolge für folgenden Gesichtspunkt: Grds. kann mit der Revision nicht gerügt werden, ein höheres Gericht habe seine Zuständigkeit zu Unrecht anstelle eines Gerichts niederer Ordnung bejaht. Eine Ausnahme wird nur bei Willkür angenommen.

202

Auch die Nichtbeachtung der Zuständigkeit der Jugendgerichte wird nur auf Rüge nach § 338 Nr. 4 StPO vom Revisionsgericht geprüft.[233] Das Jugendgericht hat in der Hierarchie gegenüber dem Erwachsenengericht Vorrang, was selbst ein erwachsener (Mit-)Angeklagter geltend machen kann.[234] Allerdings ist die Regelung des § 6a StPO aufgrund des Wortlauts (auf die Jugendkammer wird dort nicht verwiesen) nicht anwendbar, eine Rügepräklusion ist somit nicht möglich.[235] Umgekehrt kann wegen der

203

---

232 BGH NStZ 2008, 172.
233 HM, allerdings str., vgl Meyer-Goßner § 338 Rn 34.
234 BGHSt 30, 260.
235 BGH StV 2012, 137; StraFo 2010, 466.

Regelung des § 47a JGG nicht gerügt werden, dass statt des (eigentlich zuständigen) allgemeinen Gerichts ein Jugendgericht entschieden hat.[236]

204   **SONDERFALL:** Wird ein Tatgeschehen, das die Zuständigkeit einer besonderen Kammer begründet, vor der Hauptverhandlung durch Verfahrensbeschränkung nach § 154a StPO von der Verfolgung ausgenommen, so kann die Verhandlung vor der („niedrigeren") Kammer eine Revision über § 338 Nr. 4 StPO nicht begründen.[237]

5. Vorschriftswidrige Abwesenheit, § 338 Nr. 5 StPO

205   Der absolute Revisionsgrund des § 338 Nr. 5 StPO gilt für die Staatsanwaltschaft, den Angeklagten, den notwendigen Verteidiger, den Protokollführer und den Dolmetscher.

ÜBERSICHT: Zu prüfende Vorschriften bei Abwesenheiten

- Abwesenheit des **Richters** oder **Schöffen** -> § 338 **Nr. 1** StPO
- Abwesenheit des **Angeklagten** -> § 338 Nr. 5 StPO, verletzt ist § 230 StPO
- Abwesenheit des **notwendigen Verteidigers** -> § 338 Nr. 5 StPO, verletzt ist § 145 StPO
- Abwesenheit **des Staatsanwalts/des Protokollführers** -> § 338 Nr. 5 StPO, verletzt ist § 226 StPO
- Abwesenheit des erforderlichen **Dolmetschers** -> § 338 Nr. 5 StPO, verletzt ist § 185 GVG

Die Abwesenheit **anderer Prozessbeteiligte** führt nicht zur Annahme eines absoluten Revisionsgrundes. Allerdings können hier andere Vorschriften verletzt sein, die einen relativen Revisionsgrund nach sich ziehen können.

Beistände: § 149 StPO, § 69 Abs. 1 JGG, jeweils relativer Revisionsgrund.

Sachverständige: möglicher Verstoß gegen § 246a StPO, relativer Revisionsgrund.

Jugendgerichtshilfe: § 50 Abs. 3 JGG, relativer Revisionsgrund.[238]

Zur Anwesenheit des Privatklägers: § 391 StPO und des Nebenklägers: § 398 StPO.

206   Entscheidend (und auch klausurrelevant) ist die von der Rechtsprechung entwickelte Einschränkung, dass die Abwesenheit **während eines wesentlichen Teils der Hauptverhandlung** festgestellt werden muss, um sie erfolgreich mit der Revision geltend machen zu können.[239] Ist der Teil der Hauptverhandlung nicht wesentlich, so ist das Beruhen des Urteils auf dem Mangel denkgesetzlich ausgeschlossen.

207   Nicht wesentlich ist ein Teil der Hauptverhandlung (bei Abwesenheit des Angeklagten) dann, wenn denkgesetzlich ausgeschlossen ist, dass bezüglich des Prozessgeschehens der Anspruch des Angeklagten auf rechtliches Gehör sowie seine Mitgestaltungsrechte beeinträchtigt worden sind. Der Verhandlungsteil darf auch sonst das Ergebnis der Hauptverhandlung nicht mitbestimmt haben. War der Teil aber wesentlich, so ist es bei § 338 Nr. 5 StPO unerheblich, wenn gleichwohl im Nachhinein aus revisionsrechtlicher Sicht eine andere Entscheidung des Tatgerichts ausgeschlossen werden könnte, auch wenn der Angeklagte am fraglichen Teil des Verfahrens teilgenommen hätte.[240]

---

236   OLG Hamm NStZ 2011, 527.
237   BGH NStZ 2005, 650; 1996, 244 – dies ist allerdings str. und daher in der Klausur zu diskutieren, vgl zur anderen Ansicht: Eisenberg/Sieveking NStZ 1992, 295.
238   BGH NStZ-RR 2001, 27.
239   BGH wistra 2011, 28; Meyer-Goßner § 338 Rn 37; kritisch hierzu LR-Hanack § 338 Rn 84; HK-GS/Maiwald § 338 StPO Rn 21.
240   BGH wistra 2011, 28: Erörterung über Abwesenheit des Angeklagten und Information über Abladungen, bei der dortigen Fallkonstellation auch die Stellung von Beweisanträgen durch die Verteidigung.

> **Lern- und Klausurtipp:** Die Kommentierung in Meyer-Goßner § 338 Rn 37/38 enthält die maßgebliche Aufzählung, welche Teile der Hauptverhandlung wesentlich sind und welche nicht. Nicht wesentlich sind überwiegend formelle Vorgänge in der Hauptverhandlung (z.B. Aufruf von Zeugen, Belehrungen), wesentlich alle übrigen Vorgänge (insb. Vernehmungen des (Mit-)Angeklagten, Beweisaufnahme).

a) Abwesenheit des Angeklagten, § 230 Abs. 1 StPO

Der Angeklagte muss in der Hauptverhandlung grds. immer anwesend und verhandlungsfähig sein, §§ 230 Abs. 1, 231 Abs. 1 StPO.   **208**

Ausnahmen hiervon sind nur in den gesetzlich geregelten Fällen möglich: **209**

- **Eigenmächtige Abwesenheit, § 231 Abs. 2 StPO**
- Schuldhaft herbeigeführte Verhandlungsunfähigkeit, § 231a StPO
- Abwesenheit wegen ordnungswidrigen Benehmens, § 231b StPO iVm § 177 GVG
- Beurlaubung des Angeklagten, § 231c StPO
- Hauptverhandlung von Amts wegen trotz Ausbleibens, in Strafsachen von geringer Bedeutung, § 232 StPO (Hinweis in Ladung erforderlich! Grenze: zu erwartende Geldstrafe von 180 Tagessätzen)
- Entbindung des Angeklagten vom Erscheinen auf Antrag, § 233 StPO (Grenze: zu erwartende Freiheitsstrafe von 6 Monaten)
- **Vorübergehende Entfernung des Angeklagten bei Vernehmung eines Zeugen oder eines Mitangeklagten, § 247 StPO**
- Vertretung durch Verteidiger nach Einspruch gegen Strafbefehl, § 411 Abs. 2 StPO[241], in diesem Fall auch in der Berufungsinstanz, § 329 Abs. 1 S. 1 StPO[242]
- Ausbleiben in Verhandlung über die Berufung der Staatsanwaltschaft, § 329 Abs. 2 S. 1 StPO
- Ausschluss wegen möglicher Erziehungsnachteile bei Jugendlichen, § 51 Abs. 1 JGG[243]

Eigenmächtige Abwesenheit, § 231 Abs. 2 StPO

Die Hauptverhandlung kann nach § 231 Abs. 2 StPO ohne den Angeklagten weitergeführt werden, wenn dieser sich aus der Hauptverhandlung entfernt oder in einer Fortsetzungsverhandlung ausbleibt. Zudem muss er schon zur Sache vernommen worden sein und das Gericht seine weitere Anwesenheit nicht für erforderlich erachtet.   **210**

Klausurrelevant ist hier das von der Rechtsprechung entwickelte Merkmal der „**Eigenmächtigkeit**". Der Angeklagte muss dafür seine Anwesenheitspflicht missachten **und** dabei ohne Rechtfertigung oder Entschuldigung handeln.[244] Dieses vorsätzliche Verhalten muss dem Angeklagten nachgewiesen werden.   **211**

---

241 Wirksame Vertretungsvollmacht erforderlich, vgl OLG München VRR 2010, 393.
242 Auch ohne Vertretung durch Verteidiger kein Fall des § 338 Nr. 5 StPO, wenn der Angeklagte als Rechtsmittelführer der Berufungsverhandlung fernbleibt und die Strafkammer nach § 329 Abs. 1 StPO verfährt, vgl OLG Celle, Beschl. v. 13.09.2011, Az 32 Ss 119/11 – zitiert nach juris.
243 Vgl dazu BGH NStZ 2002, 216.
244 BGH NJW 2011, 3249; NStZ 2003, 561, 562; 2001, 333.

212   Wichtig ist dabei zunächst, dass das Ausbleiben vom Angeklagten und nicht vom Gericht (mit-)verursacht wurde. So fehlt es an der Eigenmächtigkeit, wenn beim Sich-Entfernen aus der Hauptverhandlung das Gericht einverstanden war. Beim Ausbleiben in einer Fortsetzungsverhandlung muss der Angeklagte natürlich ordnungsgemäß geladen worden sein (§§ 216, 217 StPO).

213   Zudem reicht ein bloß fahrlässiges Verhalten in der Regel nicht aus. Wenn der Angeklagte also verschlafen hat, sich über den Termintag oder die Terminstunde geirrt hat, dringende berufliche Gründe einer Teilnahme entgegen standen oder er aufgrund anderer, von seinem Willen unabhängiger Umstände verhindert ist, handelt er nicht eigenmächtig.

214   ┃ Klausurtipp: Der **inhaftierte** Angeklagte kann somit nicht allein wegen der Inhaftierung schuldhaft dem Termin fernbleiben. Weigert er sich also, so bleibt er nicht eigenmächtig fern, weil er zwangsweise vorgeführt werden könnte. Wenn er aber – etwa durch einen Suizidversuch – sich selbst vorsätzlich in einen seine Verhandlungsfähigkeit ausschließenden Zustand versetzt, kann trotz Inhaftierung eine Eigenmächtigkeit bejaht und muss dann der absolute Revisionsgrund des § 338 Nr. 5 StPO verneint werden.[245] Der **erkrankte** Angeklagte bleibt allerdings grds. nicht eigenmächtig einer Verhandlung fern.[246]

215   Eigenmächtig einem Fortsetzungstermin fern bleibt der Angeklagte, der sich schon vor dem angesetzten Termin wissentlich und ohne Rechtfertigungs- oder Entschuldigungsgrund, d.h. ohne Not, in eine Lage begibt, die für ihn vorhersehbar mit dem erheblichen Risiko verbunden ist, zum angesetzten Termin daran gehindert zu sein, an der Hauptverhandlung teilzunehmen, z.B. auch das bekannte Risiko einer Festnahme im Ausland.[247]

216   Liegen die Voraussetzungen des § 231 Abs. 2 StPO vor, so kann es formell ausreichen, wenn das Gericht seine Absicht, die Hauptverhandlung in Abwesenheit des Angeklagten fortzusetzen, stillschweigend zum Ausdruck bringt; das Fehlen eines ausdrücklichen Beschlusses stellt keinen Rechtsfehler dar.[248]

Vorübergehende Entfernung des Angeklagten bei Vernehmung eines Zeugen oder eines Mitangeklagten, § 247 StPO

217   Die Regelung des § 247 StPO erlaubt die Verhandlung ohne den Angeklagten in drei Alternativen:

■ Nach § 247 S. 1 StPO kann der Angeklagte während der Vernehmung eines Zeugen oder Mitangeklagten ausgeschlossen werden, wenn zu befürchten ist, dass die Vernommenen in Gegenwart des Angeklagten die Wahrheit nicht sagen (auch: wenn ein Zeuge oder Mitangeklagter ankündigt, in Gegenwart des Angeklagten von seinem Zeugnisverweigerungsrecht Gebrauch zu machen[249]) oder sich auf ein Auskunftsverweigerungsrecht nach § 55 StPO berufen[250] oder wenn die Zeugenvernehmung in Anwesenheit des Angeklagten von der obersten Dienstbehörde des Zeugen aus den in

245   BGH NJW 2011, 3249.
246   BGH NStZ 2010, 585 (stationäre Behandlung im Krankenhaus).
247   BGH NStZ-RR 2008, 285.
248   OLG Jena, Beschl. v. 8.10.2008 – 1 Ss 120/08 = BeckRS 2009, 00040.
249   BGH NStZ 2001, 608; NStZ-RR 2002, 69.
250   BGH NStZ-RR 2004, 116.

§ 96 StPO und § 54 StPO anerkannten Gründen nicht ermöglicht wird.[251] Der bloße Wunsch eines Zeugen, nicht in Gegenwart des Angeklagten vernommen zu werden, ist allerdings nicht ausreichend.

■ § 247 S. 2 StPO erlaubt die Entfernung des Angeklagten während der Vernehmung eines Zeugen, wenn bei Anwesenheit des Angeklagten folgende Nachteile für das Wohl des Zeugen zu befürchten wären:

- Bei Zeugen im Alter unter 16 Jahren: erheblicher Nachteil für das Wohl des Zeugen (Nachteil für das körperliche oder seelische Wohl, der über die Vernehmung hinaus noch für eine gewisse Zeit andauert)

- Bei Zeugen über 16 Jahren: dringende Gefahr eines schwerwiegenden Nachteils für die Gesundheit

■ § 247 S. 3 StPO ermöglicht die Entfernung des Angeklagten zu seinem eigenen Schutz für die Dauer von Erörterungen über seinen Zustand und etwaige Behandlungsaussichten, wenn ein erheblicher Nachteil für seine Gesundheit zu befürchten ist.

> **Klausurtipp:** Von besonderer Klausurrelevanz sind Fälle, bei denen in Abwesenheit des Angeklagten Verfahrensvorgänge stattgefunden haben, die nicht unmittelbar zur Vernehmung des Zeugen gehören. Andere Beweisvorgänge außerhalb der Zeugenvernehmung mit selbstständiger verfahrensrechtlicher Bedeutung sind während der Abwesenheit des Angeklagten untersagt und müssen ggf in Gegenwart des Angeklagten wiederholt oder auf andere Weise in den Prozess eingeführt werden (z.B. Augenscheinsnahmen, Verlesung von Urkunden).[252] Wird dies nicht beachtet, ist der Angeklagte in einem wesentlichen Teil der Hauptverhandlung abwesend und es liegt ein Verstoß gegen § 230 iVm § 338 Nr. 5 StPO vor. Dies betrifft allerdings nicht Vorgänge, die auch außerhalb der Hauptverhandlung im Freibeweisverfahren hätten erfolgen können, wie etwa die Frage der Vernehmungsfähigkeit des Angeklagten.[253] Auch wenn denkgesetzlich ausgeschlossen ist, dass der Angeklagte in seinen Rechten beeinträchtigt wurde, kann ein Verstoß gegen § 338 Nr. 5 StPO ausscheiden.[254]

218

KLAUSURRELEVANTE BEISPIELE: Verhandlung über Vereidigung: Entscheidet der Vorsitzende, dass ein Zeuge entsprechend dem Regelfall des § 59 StPO nicht vereidigt werden soll, und wird diese Frage weder kontrovers erörtert noch zum Gegenstand einer gerichtlichen Entscheidung nach § 238 Abs. 2 StPO gemacht, so ist, wenn der für die Vernehmung nach § 247 StPO aus dem Sitzungssaal entfernte Angeklagte dabei nicht anwesend ist, dieser Verfahrensvorgang kein wesentlicher Teil der Hauptverhandlung und der absolute Revisionsgrund des § 338 Nr. 5 StPO nicht gegeben.[255] Bei einer Vereidigung muss der Angeklagte aber wieder zugegen sein.

219

Verhandlung über Entlassung: Die Verhandlung über die Entlassung eines in Abwesenheit des Angeklagten vernommenen Zeugen ist nicht mehr Teil der Vernehmung und grundsätzlich ein wesentlicher Teil der Hauptverhandlung. Der Angeklagte muss daher anwesend sein. Diese

---

251 BGH NStZ 1996, 608.
252 BGH NStZ 2011, 51; NStZ 2010, 162; OLG Karlsruhe NStZ-RR 2008, 315.
253 BGH StraFo 2010, 493.
254 BGH wistra 2011, 28.
255 BGH NStZ 2006, 715, aber str, vgl Meyer-Goßner, § 247 Rn 20b.

lange Zeit umstrittene Frage ist nun vom Großen Senat für Strafsachen des BGH entschieden worden.[256]

220   Im Fall des § 247 StPO wird der vorübergehende Ausschluss des Angeklagten durch **zu begründenden Gerichtsbeschluss** angeordnet. Wichtig dabei: Das Einverständnis aller Beteiligten und das sogar freiwillige Verlassen des Gerichtssaals durch den Angeklagten befreien weder von der Beschlussfassung noch von der Begründungspflicht.[257] Wenn also der Angeklagte von sich aus den Gerichtssaal verlässt und das Gericht deshalb auf einen Beschluss verzichtet, führt allein dies schon zum Erfolg der Revision.

221   Die Revision kann zudem auf eine Verletzung von § 247 S. 4 StPO gestützt werden, wenn die Unterrichtung nach § 247 S. 4 StPO unterlassen oder verspätet erfolgt ist. Hierbei handelt es sich allerdings um einen **relativen Revisionsgrund**, § 337 Abs. 1 StPO.[258]

222   Die gemäß § 247 S. 4 StPO gebotene Unterrichtung eines vorübergehend entfernten Angeklagten kann auch so erfolgen, dass er das Geschehen im Sitzungssaal mittels Videoübertragung mitverfolgen kann.[259] Der Vorsitzende muss sich dann jedoch vergewissern, dass die Videoübertragung nicht durch technische Störungen beeinträchtigt wurde. Wie er sich diese Gewissheit verschafft, bestimmt der Vorsitzende.

b) Abwesenheit des notwendigen Verteidigers, § 145 StPO

223   Das Fehlen eines Verteidigers begründet nur dann die Revision, wenn es sich um einen Fall notwendiger Verteidigung gemäß § 140 StPO handelt.

ÜBERSICHT:

(1) Verteidiger bestellt, aber nicht anwesend oder verhandlungsunfähig -> § 338 Nr. 5 StPO, Verstoß gegen § 145 Abs. 1 StPO

(2) Verteidiger nicht bestellt, aber erforderlich -> § 338 Nr. 5 StPO, Verstoß gegen § 141 Abs. 1, Abs. 2 StPO und Art. 6 Abs. 3 c MRK

Sonstige Fehler im Zusammenhang mit der Pflichtverteidigerbestellung: Verstoß gegen § 145 StPO ist in der Regel relativer Revisionsgrund, in Ausnahmefällen kann § 338 Nr. 8 StPO einschlägig sein.

224   **Verteidiger bestellt, aber abwesend**

Die Annahme des absoluten Revisionsgrundes fordert auch hier, dass der Verteidiger bei einem wesentlichen Teil der Hauptverhandlung abwesend gewesen sein muss. Seine Verhandlungsunfähigkeit ist der Abwesenheit gleichzusetzen. Allein der Umstand, dass der Verteidiger die Verteidigung nicht ordnungsgemäß geführt hat, führt nicht zur Anwendung des § 338 Nr. 5 StPO. Auch kann ein bislang unbeteiligter Rechtsanwalt mit Untervollmacht des bestellten, aber verhinderten Verteidigers auftreten, ohne dass ein Verstoß gegen § 145 Abs. 1 S. 1 StPO anzunehmen wäre.[260]

---

256   BGH GS NStZ 2011, 47, der Große Senat hat somit den Streit zwischen dem 5. Strafsenat (NStZ 2010, 162) und dem 2. Strafsenat (NStZ 2010, 227) zugunsten des letzteren entschieden, vgl auch BGH NStZ-RR 2011, 151. Anders kann der Fall wieder liegen, wenn der Angeklagte die Zeugenvernehmung per Video verfolgt und mittels einer Gegensprechanlage die Möglichkeit der Intervention gegen die Entlassung des Zeugen hat, vgl BGH NStZ 2011, 534.

257   BGH StraFo 2003, 204.

258   BGH NStZ 2010, 465.

259   BGH NJW 2007, 709 f.

260   BGH NStZ-RR 1998, 18.

KLAUSURRELEVANTE BEISPIELE FÜR „ABWESENHEIT TROTZ ANWESENHEIT": 225

- Der Verteidiger ist abwesend, wenn er zwar körperlich anwesend ist, aber wegen des bestandskräftigen Widerrufs seiner Zulassung kein Verteidiger mehr sein darf.[261]
- Der Verteidiger ist abwesend, wenn er als Zeuge vernommen wird und nicht für diese Zeit ein anderer Verteidiger beigeordnet wurde.

Verteidiger nicht bestellt, aber erforderlich 226

> **Lerntipp:** Dass ein Verteidiger nicht bestellt wurde, aber erforderlich war, ist besonders prüfungsrelevant. So ergibt sich hier die Möglichkeit, über die Regelung des § 140 StPO Wissen der Kandidaten zu erfragen.

Die Regelung des § **140 Abs. 1 StPO** gibt einen Katalog vor, in dessen Fällen immer eine 227 notwendige Verteidigung vorliegt.

> **Klausurtipp:** Lesen Sie – falls der Angeklagte nicht verteidigt ist – alle Nummern dieses Absatzes durch und prüfen Sie, ob möglicherweise einer der Fälle in Betracht kommt.

Wichtig ist hier § 140 Abs. 1 Nr. 2 StPO. Dem Angeklagten wird ein Verbrechen „zur 228 Last gelegt", wenn die Tat entweder in der Anklage, in dem Eröffnungsbeschluss, in einer Nachtragsanklage oder spätestens in einem rechtlichen Hinweis nach § 265 Abs. 1 StPO als Verbrechen bewertet worden ist.[262]

> **Klausurtipp:** Kommen Sie im Rahmen der materiellrechtlichen Klausurprüfung zur Annahme eines Verbrechens, das Tatgericht im Klausurfall aber nicht, so gilt das eben beschriebene formale Prinzip, also keine Anwendung des § 140 Abs. 1 Nr. 2 StPO.[263]

Zu beachten ist auch die **Neuregelung des § 140 Abs. 1 Nr. 4 StPO.** Die Mitwirkung eines 229 Verteidigers ist nun immer notwendig, wenn gegen den Angeklagten Untersuchungshaft vollstreckt wird.

Die Generalklausel des § **140 Abs. 2 StPO** erfordert die Erfüllung folgender alternativer 230 Voraussetzungen:

- **Schwere der Tat:** Beurteilt sich vor allem nach der zu erwartenden Rechtsfolgenentscheidung, in der Regel bei einer Straferwartung ab 1 Jahr Freiheitsstrafe;[264] auch schwere mittelbare Nachteile können ausreichen (z.B. Widerruf der Strafaussetzung zur Bewährung in anderer Sache).[265]
- **Schwierigkeit der Sach- und Rechtslage:** Abwägung anhand des Umfangs des Prozessstoffes und der Schwierigkeit der Rechtsfrage, maßgebend sind die persönlichen Kenntnisse und Fähigkeiten des Angeklagten.[266]
- **Unfähigkeit zur Selbstverteidigung:** Richtet sich nach den geistigen Fähigkeiten, dem Gesundheitszustand und den sonstigen Umständen des Falles. Hat etwa ein Ausländer als Angeklagter Verständigungsschwierigkeiten, die nicht schon durch die Hinzuziehung eines Dolmetschers zu lösen sind, so wird regelmäßig eine Beiordnung geboten

---

261 BGH NStZ-RR 2008, 67.
262 Meyer-Goßner § 140 Rn 12.
263 Dies ist allerdings str. und sollte daher in einer Klausur auch diskutiert werden; vgl einerseits Meyer-Goßner § 140 Rn 12 und Burgard NStZ 2000, 244 (keine Anwendung des § 140 Abs. 1 Nr. 2) und andererseits OLG Bremen StV 1984, 13 (Anwendung des § 140 Abs. 1 Nr. 2.).
264 Vgl aber OLG Hamm NJW-Spezial 2008, 378: nur „regelmäßig".
265 OLG Brandenburg, Beschl. v. 24.1.2011 – Az 53 Ss 187/10; OLG Celle StV 2006, 686.

sein. Auch wenn der Nebenkläger anwaltlich vertreten ist, muss dem Angeklagten idR ein Verteidiger bestellt werden.[267]

231   **BEACHTE:** Eine Verwirkung der Rüge ist möglich. Grds. steht die Anwesenheit des Verteidigers nicht zur Disposition des Angeklagten. Entfernt sich dieser also mit Einwilligung des Angeklagten für einen wesentlichen Teil der Hauptverhandlung, bleibt der absolute Revisionsgrund bestehen, ein Verzicht ist nicht möglich. Hat sich der Verteidiger allerdings eigenmächtig während der Urteilsverkündung entfernt, ist die Rüge verwirkt.[268]

c) Abwesenheit des Staatsanwalts/des Protokollführers, § 226 StPO

232   Der Staatsanwalt muss ständig anwesend sein, § 226 StPO. Sein Fehlen kann zum absoluten Revisionsgrund führen, wenn er bei einem wesentlichen Teil der Hauptverhandlung abwesend war. Im Zusammenhang mit § 338 Nr. 5 StPO kann auch gerügt werden, dass der Staatsanwalt sachlich unzuständig war, §§ 142, 142a GVG. Die örtliche Zuständigkeit kann allerdings nicht beanstandet werden.

233   Die Mitwirkung eines **befangenen oder als Zeugen vernommenen Staatsanwalts** fällt weder unter § 338 Nr. 1 noch Nr. 5 StPO. Hier ist mit einer Verfahrensrüge zu begründen, dass das Gericht es unterlassen hat, auf eine Ablösung des Staatsanwalts hinzuwirken.[269]

234   Ein **Staatsanwalt** ist abwesend, wenn er über einen nicht unerheblichen Zeitraum fest geschlafen hat. Das Vorbringen im Rahmen der Revision muss dabei gemäß § 344 Abs. 2 StPO den Zeitraum beschreiben, während dessen der Staatsanwalt abwesend war. Zudem muss auch mitgeteilt werden, dass eine nachträgliche Unterrichtung des Staatsanwalts über die Vorgänge in seiner Abwesenheit unterblieben ist.[270]

Auch die ununterbrochene Gegenwart eines Urkundsbeamten der Geschäftsstelle ist im Strafprozess grds. gemäß § 226 StPO vorgeschrieben. Ein Verstoß hiergegen führt auf entsprechende Rüge nach § 338 Nr. 5 StPO zwingend zur Aufhebung des angegriffenen Urteils.[271] Allerdings kann der Strafrichter beim Amtsgericht gemäß § 226 Abs. 2 StPO von der Hinzuziehung eines Protokollführers absehen. In diesen Fällen ist dann wegen § 226 Abs. 2 S. 2 iVm § 336 S. 2 StPO die Hinzuziehung oder Nichthinzuziehung in der Revision nicht überprüfbar.

d) Dolmetscher, § 185 GVG

235   Ist der Angeklagte der deutschen Sprache nicht mächtig und wird deswegen gemäß § 185 GVG ein Dolmetscher bestellt, so ist dessen Anwesenheit in der Verhandlung geboten. Fehlt er, ist § 338 Nr. 5 StPO einschlägig. Die Annahme des absoluten Revisionsgrundes fordert auch hier, dass der Dolmetscher bei einem **wesentlichen Teil der Hauptverhandlung** abwesend gewesen sein muss.

236   Kann der Angeklagte teilweise deutsch sprechen und verstehen und ist ebenfalls ein Dolmetscher bestellt, so bleibt es dem pflichtgemäßen Ermessen des Tatrichters überlassen,

---

266   OLG Karlsruhe NStZ-RR 2002, 336.
267   OLG Köln StraFo 2011, 49 (Bestellung eines Verteidiger ggf auch erforderlich, wenn Nebenkläger Anwalt auf eigene Kosten beauftragt hat); weitere Fälle bei Müller NStZ 2011, 503, 505.
268   BGH NStZ 1998, 209.
269   BGH StV 2008, 110; NStZ 2007, 419; NStZ-RR 2001, 107.
270   OLG Hamm NJW 2006, 1449.
271   BayObLG NStZ-RR 2002, 16; LR-Hanack § 338 Rn 102; KK-Kuckein § 338 Rn 72.

in welchem Umfang er unter Mitwirkung des Dolmetschers mit den Prozessbeteiligten verhandeln will. In diesem Fall gehört der Dolmetscher nicht zu den Personen, deren Anwesenheit iSd § 338 Nr. 5 StPO für die gesamte Dauer der Hauptverhandlung erforderlich ist.[272]

§ 185 GVG gilt auch für Zeugen. Kann sich demnach ein Zeuge bei seiner Vernehmung   237
in der Hauptverhandlung nur mit Gesten verständigen, weil er der deutschen Sprache
nicht mächtig ist, gebietet § 185 Abs. 1 GVG die Hinzuziehung eines Dolmetschers. Erfolgt diese nicht, liegt ein Verstoß gegen § 185 Abs. 1 GVG iVm § 338 Nr. 5 StPO vor.

6. Ungesetzliche Beschränkung der Öffentlichkeit, § 338 Nr. 6 StPO

Die Verhandlungen vor dem erkennenden Gericht sind grds. öffentlich, § 169 S. 1 GVG.   238
Die Öffentlichkeit der Gerichtsverhandlung ist ein wesentlicher Grundsatz des rechtsstaatlichen Verfahrens. Revisibel verletzt ist der Grundsatz schon dann, wenn nur eine
einzige Person zu Unrecht ausgeschlossen wurde.

Öffentlichkeit bedeutet, dass sich jeder ohne besondere Schwierigkeiten Kenntnis von   239
Ort und Zeit der Verhandlung verschaffen kann und ihm im Rahmen der tatsächlichen
Gegebenheiten der Zutritt eröffnet wird.[273] Bei einem Wechsel des Sitzungssaals ist am
neuen Saal und an dem ursprünglich vorgesehenen Saal ein Aushang zu veranlassen.[274]
Wenn Einlasskontrollen angeordnet worden sind, darf mit der Verhandlung erst begonnen werden, wenn den rechtzeitig erschienenen Personen nach Kontrolle der Zutritt gewährt worden ist. Grds. muss der Öffentlichkeit der Zutritt zum Sitzungssaal jederzeit
möglich sein. Im Sitzungssaal müssen Zuhörer in einer Anzahl Platz finden, in der sie
noch als Repräsentanten einer keiner besonderen Auswahl unterliegenden Öffentlichkeit
angesehen werden können. Ein Problem kann hier die Verhandlung im Richterzimmer
darstellen, denn lediglich ein Zuhörerplatz würde den Anforderungen aus § 169 GVG
nicht genügen.

Wenn sich das Verfahren gegen einen **Jugendlichen** (entscheidend: zwischen 14 und 18   240
Jahren zum Tatzeitpunkt, nicht zum Zeitpunkt der Verhandlung) richtet, ist es nichtöffentlich, § 48 Abs. 1 JGG. Wird gegen einen zur Tatzeit **Heranwachsenden** verhandelt,
ist das Verfahren grds. öffentlich, ein Ausschluss der Öffentlichkeit aber möglich, wenn
dies im Interesse des Heranwachsenden geboten ist, § 109 Abs. 1 S. 4 JGG. Wird vor
einem Jugendgericht gegen einen zur Tatzeit Heranwachsenden verhandelt, der bei Anklageerhebung bereits erwachsen ist, so ist grundsätzlich öffentlich zu verhandeln.[275]

Für einen revisiblen Verstoß muss ein **Verschulden des Gerichts** vorliegen. § 338 Nr. 6
StPO findet daher nur Anwendung, wenn das Gericht oder der Vorsitzende durch fehlerhafte Annahme eines Ausschlussgrundes oder durch Nichtbeachtung des Verfahrens
für die Ausschließung die Öffentlichkeit unzulässig beschränkt hat. Ein alleiniges Verschulden untergeordneter Beamter begründet die Revision nicht. Bereits dies ist allerdings str. und sollte daher im Klausurfall kurz diskutiert werden.[276] Vorsitzender und
Gericht haben aber jedenfalls eine Aufsichtspflicht gegenüber den untergeordneten Be-

272 BGH NStZ 2002, 275.
273 BGH NStZ 2012, 173; Meyer-Goßner § 169 GVG Rn 3.
274 OLG Koblenz NZV 2011, 266.
275 OLG Hamm NStZ 2011, 527.
276 Vgl einerseits BGHSt 21, 72, 74; andererseits Dahs/Dahs, 198; Roxin/Kern/Schünemann § 45 C I.

amten. Das gröbliche Vernachlässigen dieser Pflicht ist ihnen als eigenes Verschulden zuzurechnen.[277]

241   Der Verstoß gegen § 169 S. 1 GVG iVm § 338 Nr. 6 StPO ist in der Revision mit der Verfahrensrüge zu beanstanden.[278] Ein rechtzeitig bemerkter Verstoß kann durch eine Wiederholung des maßgeblichen Verfahrensteils **geheilt** werden.

242   Handlungen, die außerhalb der Hauptverhandlung vorgenommen werden dürfen, können auch im Rahmen der Hauptverhandlung während des Ausschlusses der Öffentlichkeit erledigt werden. Ein Verstoß gegen den Grundsatz der Öffentlichkeit liegt hierin nicht.

a) Gründe für den Ausschluss der Öffentlichkeit, §§ 171 a ff GVG

243   **§ 171 a GVG:** Unterbringung im psychiatrischen Krankenhaus oder in einer Entziehungsanstalt möglich, Ausschluss im Ermessen des Gerichts

§ 171 b GVG: Schutz von Persönlichkeitsrechten, Ausschluss im Ermessen des Gerichts; zwingend jedoch, wenn der Betroffene den Ausschluss beantragt (Beachte: § 171 b Abs. 3 GVG: In Verbindung mit § 336 S. 2 StPO regelmäßig nicht revisibel).

§ 172 GVG: Ausschluss wegen vorrangigen Interesses der Allgemeinheit oder eines Einzelinteresses

244   § 174 GVG bestimmt den Verfahrensablauf bei Ausschließung der Öffentlichkeit nach den Vorschriften der §§ 171 a, 171 b, 172 GVG. Bereits die Verhandlung über die Ausschließung der Öffentlichkeit kann nichtöffentlich sein. Jede Anordnung der Ausschließung bedarf eines gesonderten Beschlusses.[279] Die Verkündung des erforderlichen Gerichtsbeschlusses erfolgt in der Regel öffentlich. Der Beschluss ist zu begründen. Schon Verstöße gegen diese Verfahrensvorschriften begründen in der Regel den absoluten Revisionsgrund des § 338 Nr. 6 StPO.

245   Sind die Gründe für den Ausschluss entfallen, ist die Öffentlichkeit wieder herzustellen. Die Öffentlichkeit bzw die Nichtöffentlichkeit sind zu protokollieren, § 272 Nr. 5 StPO.

246   Die Verkündung des Urteils ist in jedem Fall öffentlich, § 173 Abs. 1 GVG. Allerdings kann aus den Gründen der §§ 171 b und 172 GVG die Öffentlichkeit auch für die Urteilsverkündung ausgeschlossen werden. Nach § 48 Abs. 1 JGG ist bei zur Tatzeit Jugendlichen auch die Urteilsverkündung nichtöffentlich. Die öffentliche Verhandlung unter Verstoß gegen § 48 Abs. 1 JGG kann allerdings nur als relativer Revisionsgrund nach § 337 StPO geltend gemacht werden.

b) Ausschluss wegen Fehlverhaltens von Zuhörern

247   **§ 175 GVG:** Versagung des Zutritts bei Verstoß gegen die Würde des Gerichts.

§§ 176, 177 GVG: Die sitzungspolizeilichen Befugnisse gemäß § 176 GVG umfassen das Recht und die Pflicht, mit geeigneten Mitteln darauf hinzuwirken, dass Zeugen keinem Druck zur Beeinflussung ihres Aussageverhaltens ausgesetzt werden. Je nach den Umständen des Einzelfalles können aus diesem Grund auch Zuhörer des Saales verwiesen werden.[280] Die Grenze bilden sachwidrige Erwägungen.

---

277   BGHSt 22, 297, 301; BGH NStZ 2012, 173.
278   Zum notwendigen Inhalt vgl Meyer-Goßner § 338 Rn 50a StPO.
279   BGH NStZ 2009, 286.
280   BGH NStZ 2004, 220.

c) Ausschluss möglicher Zeugen, § 58 Abs. 1 StPO

Die Zeugen sollen bis zu ihrer Vernehmung nicht an der Hauptverhandlung teilnehmen.   **248**
Auch Zuhörer, deren Vernehmung beantragt oder vom Gericht für erforderlich gehalten
wird, sind aus dem Sitzungssaal zu verweisen, damit sie durch die früheren Vernehmungen des Angeklagten oder der anderen Zeugen nicht in ihrer Aussage beeinflusst werden.
Dies verstößt nicht gegen § 169 Abs. 1 GVG. Allerdings dürfen Zuhörer nicht pauschal
wegen eines Gruppenmerkmals ausgeschlossen werden.[281] Bei der Frage, ob ein Zuhörer
als Zeuge in Betracht kommt, steht dem Vorsitzenden ein Beurteilungsspielraum zu.
Dieser findet seine Grenze – kann aber auch erst dann einen für die Revision relevanten
Verstoß gegen § 169 S. 1 GVG begründen –, wenn der Ausschluss eines Zuhörers aufgrund sachwidriger Erwägungen angeordnet wurde.[282]

d) Sonderfälle

- Da der Angeklagte keinen Anspruch auf Ausschluss der Öffentlichkeit hat, ist § 338
Nr. 6 StPO bei **unzulässiger Erweiterung der Öffentlichkeit** nicht anwendbar. Hier ist
allenfalls ein relativer Revisionsgrund zu prüfen, ein Beruhen jedoch kaum denkbar.

- Die Öffentlichkeit ist dann nicht unzulässig beschränkt, wenn einzelne Personen **freiwillig** der Bitte des Vorsitzenden folgen, den Saal zu verlassen.[283] Eine solche Bitte
darf allerdings nicht an alle Anwesenden gerichtet werden.

- Die Entscheidung über die Anzahl der bei einem **Augenschein an beengter Örtlich-
keit** (im zu entscheidenden Fall: schmales Treppenhaus) zugelassenen Zuhörer ist vom
Revisionsgericht nur auf Ermessensfehler überprüfbar. Dabei darf ein Teil der bei
öffentlichen Verhandlungen der Allgemeinheit zur Verfügung stehenden Plätze Pres-
severtretern vorbehalten bleiben.[284]

- Findet die Hauptverhandlung in einem **Privathaus** statt, so ist abzuwägen. Der Vorsitzende ist verpflichtet, die erforderliche Genehmigung des Hausrechtsinhabers zur
Zulassung der Öffentlichkeit einzuholen. Wird diese allerdings versagt, muss der Öffentlichkeitsgrundsatz zurücktreten.[285]

e) Ausschluss und Verlust der Verfahrensrüge

Die Vorschrift des § 338 Nr. 6 StPO ist unanwendbar, wenn das Beruhen des Urteils auf   **249**
dem angefochtenen Fehler denkgesetzlich ausgeschlossen ist. So kann in absoluten Ausnahmefällen bei evidenter, für alle Beteiligten eindeutiger Berechtigung des Ausschlusses
der Öffentlichkeit trotz fehlender Begründung des Gerichtsbeschlusses ausnahmsweise
§ 338 Nr. 6 StPO nicht einschlägig sein.[286]

Handelt es sich bei sitzungspolizeilichen Maßnahmen (hier: Entfernung von Zuhörern   **250**
aus dem Sitzungssaal; Verbot ihrer weiteren Teilnahme an der Hauptverhandlung) zugleich um richterliche Sachleitung, so kann eine Rügemöglichkeit nach § 338 Nr. 6 StPO

---

281 BGH StV 2003, 659.
282 BGH NStZ 2004, 453; 2001, 163.
283 BGH NStZ 1999, 425.
284 BGH NStZ-RR 2007, 55.
285 BGHSt 40, 191; nach hM ist eine Öffentlichkeit in der Privatwohnung ohne Genehmigung nicht möglich, so
    dass sie auch nicht zu Unrecht ausgeschlossen werden kann; dies ist str., vgl Lilie, NStZ 1993, 121 – in der
    Klausur daher diskutieren.
286 BGH NStZ 2008, 354; 1999, 474; heftig kritisiert in der Lit., vgl etwa Gössel, NStZ 2000, 181, und muss daher
    in der Klausur erörtert werden.

iVm §§ 176ff. GVG **verloren** gehen, wenn keine Entscheidung nach § 238 Abs. 2 StPO herbeigeführt worden ist.

251   Ein revisionsrechtlich relevanter Verstoß kann **verwirkt** sein, wenn sich der Vorsitzende mit dem Angeklagten über den Ausschluss der Öffentlichkeit einigt.[287]

7. Fehlende Urteilsgründe/Fristüberschreitung, § 338 Nr. 7 StPO

252   Das völlige Fehlen der Urteilsgründe führt zu einem Verstoß gegen § 275 Abs. 1 S. 4 StPO und damit zum absoluten Revisionsgrund des § 338 Nr. 7 StPO. Die Unvollständigkeit der Gründe fällt nicht unter § 338 Nr. 7 StPO, sondern ist im Rahmen des § 337 geltend zu machen. Wird bei tatmehrheitlicher Verurteilung die Begründung für eine der Taten unterlassen, so beschränkt sich die Aufhebung des Urteils auf diese.

253   Zweiter Anwendungsfall des § 338 Nr. 7 StPO ist die Fristüberschreitung nach § 275 Abs. 1 S. 2 StPO. Entscheidend ist die anhand der vorausgegangenen Verhandlungstage zu errechnende Frist.[288] Nicht rechtzeitig zu den Akten gebracht ist das Urteil, wenn sich der Nachweis der Wahrung der Frist weder durch den Eingangsvermerk der Geschäftsstelle noch auf andere Weise mit hinreichender Gewissheit erbringen lässt. Eine Ausnahme gilt in Anwendung des § 275 Abs. 1 S. 4 StPO nur dann, wenn und solange das Gericht durch einen im Einzelfall nicht voraussehbaren Umstand an der Einhaltung der Frist gehindert worden ist.

254   **KLAUSURRELEVANTE BEISPIELE ZU § 275 ABS. 1 S. 4 STPO:**

- Das Erkranken des Berichterstatters kann ein hinreichender Umstand sein, nicht aber, wenn das Urteil schon im Entwurf vorliegt und von den anderen Richtern ohne besondere Mühe fertig gestellt werden kann. Hier kommt es entscheidend darauf an, ob den anderen Richtern möglich und zumutbar ist, das Urteil zu vollenden.[289]
- Organisationsmängel des Gerichts, die allgemeine Arbeitsüberlastung des Richters oder die zeitweilige Unauffindbarkeit der Akten sind nicht als hinreichende Umstände anzusehen.[290]
- Bei einer Fristüberschreitung von einem Jahr ist von einem Verstoß gegen § 275 Abs. 1 S. 2 StPO auszugehen.[291]

255   Gesetzesgemäß zu den Akten gebracht ist das Urteil erst, wenn es eine Begründung enthält und von allen Richtern unterschrieben ist. Wird das Urteil innerhalb der Frist zu seiner Absetzung nach § 275 Abs. 1 StPO von einem mitwirkenden Richter entgegen § 275 Abs. 2 S. 1 StPO nicht unterzeichnet bzw entgegen § 275 Abs. 2 S. 2 StPO der Verhinderungsvermerk nicht angebracht, so liegt ein Verstoß gegen § 275 Abs. 1 S. 4 StPO und damit der Revisionsgrund des § 338 Nr. 7 StPO vor. Verstirbt der Richter nach dem Diktat, aber vor der Unterzeichnung, so gelten die schriftlichen Urteilsgründe als nicht vorhanden und das Urteil ist aufzuheben.[292] Die Abordnung eines Richters an ein anderes Gericht oder zur Justizverwaltung stellt für sich genommen keine rechtliche Verhinderung an der Unterschriftsleistung dar.[293]

---

287   BGH NStZ 2008, 354.
288   BGH wistra 2011, 431.
289   BGH NStZ-RR 2011, 118; 2007, 88; Meyer-Goßner, § 275, Rn 15.
290   BGH NStZ-RR 2011, 118; BGH NStZ 2011, 358; 2008, 55; OLG Koblenz ZfSch 2010, 650.
291   OLG Zweibrücken NStZ 2004, 648.
292   OLG Hamm NStZ 2011, 238.
293   BGH NStZ 2011, 358; BGH StV 2006, 683. Dies gilt auch für den Fall, dass ein Richter auf Probe in den staatsanwaltschaftlichen Dienst wechselt, vgl BGH NStZ-RR 2007, 88.

IV. Absolute Revisionsgründe iSd § 338 StPO

Allerdings verhindert die fehlende Unterschrift nicht, dass mit Zustellung des verfah- 256
rensfehlerhaft zu Stande gekommenen Urteils die Revisionsbegründungsfrist zu laufen
beginnt, so dass das Urteil nur auf entsprechende Verfahrensrüge und nur zugunsten des
Angeklagten aufzuheben ist, der sie form- und fristgerecht erhoben hat.

> **Klausurtipp:** Der Revisionsgrund ist mit der Verfahrensrüge geltend zu machen. Inhalt: 257
> Zeitpunkt der Urteilsverkündung und des Eingangs in die Akten, Zahl der Verhandlungstage.

8. Unzulässige Beschränkung der Verteidigung, § 338 Nr. 8 StPO

Nach hM stellt diese Vorschrift keinen unbedingten Revisionsgrund dar, sondern bildet 258
die Brücke zu den relativen Revisionsgründen.[294]

Voraussetzung für die Rüge nach § 338 Nr. 8 StPO ist entweder die Verletzung einer 259
besonderen Verfahrensvorschrift oder ein Verstoß gegen den Grundsatz des fairen Verfahrens oder die Fürsorgepflicht. Die Beschränkung muss in einem für die Entscheidung
wesentlichen Punkt liegen.[295]

Für die Annahme, die Verteidigung sei in einem für die Entscheidung wesentlichen Punkt 260
beschränkt worden, genügt es dabei nicht, wenn die Beschränkung der Verteidigung generell (abstrakt) geeignet ist, die gerichtliche Entscheidung zu beeinflussen. Nach der
hRspr ist § 338 Nr. 8 StPO vielmehr nur dann gegeben, wenn die Möglichkeit eines kausalen Zusammenhangs zwischen dem Verfahrensverstoß und dem Urteil konkret besteht.[296]

BEISPIELE: 261

- Ablehnung von Beweisanträgen ohne jede inhaltliche Prüfung;
- Festsetzung der Hauptverhandlungstage in Großverfahren ohne jede Abstimmung mit der
  Verteidigung[297]
- Weigerung, Anträge des Verteidigers entgegenzunehmen;
- Verhandeln entgegen Zusicherung in Abwesenheit des Verteidigers;
- **Aktuell:** Ablehnung eines Antrags auf Unterbrechung der Hauptverhandlung nach § 265
  Abs. 4 StPO, wenn ein kurzfristig gewählter oder bestellter Verteidiger sich nicht ausrei-
  chend auf die Verteidigung vorbereiten konnte.[298]

Die Beschränkung muss in einem in der Hauptverhandlung ergangenen Gerichtsbe- 262
schluss enthalten sein. Ein Beschluss vor oder außerhalb der Verhandlung sowie eine
Anordnung des Vorsitzenden allein genügt nicht. Daher muss bereits in der Hauptverhandlung ein Beschluss nach § 238 Abs. 2 StPO herbeigeführt worden sein.

Allerdings besteht auch die Möglichkeit, eine Verfahrensrüge nach § 338 Nr. 8 StPO 263
wieder zu verwirken. Wenn ein neben dem Wahlverteidiger bestellter Pflichtverteidiger
auf seine Ladung zur Hauptverhandlung verzichtet hatte und trotz sicherer Kenntnis vom
Lauf des Verfahrens zehn Verhandlungstage zuwartet, bis er eine Aussetzung des Verfahrens verlangt, da die von ihm angestrebte Verfahrenseinstellung nicht erreichbar er-

---

294 BGHSt 30, 131, 135; aA: LR-Hanack § 338 Rn 58; Kuckein StraFo 2000, 399.
295 BGH StV 2000, 248.
296 BGH NStZ-RR 2004, 50; NStZ 2000, 212; OLG Hamm NStZ-RR 2007, 209.
297 BGH NStZ-RR 2010, 312.
298 BGH StV 2009, 565.

scheint, hat ein diesbezügliches Aussetzungsrecht und eine entsprechende Verfahrensrüge verwirkt.[299]

9. Übungsfälle

264   ▶ **ÜBUNGSFALL 1:**[300] Die große Strafkammer des LG hat den Angekl. zu einer mehrjährigen Freiheitsstrafe verurteilt. Die Strafkammer war mit 2 Berufsrichtern, dem Schöffen L und der Schöffin H besetzt. Nach Aufruf der Sache, der Feststellung der Präsenz der Verfahrensbeteiligten und Vernehmung des Angekl. über seine persönlichen Verhältnisse erfolgte die Verlesung des Anklagesatzes. Danach wurde die Schöffin H, die erstmals ihr Amt ausübte, nach § 45 Abs. 1 S. 1 DRiG vereidigt. Die Hauptverhandlung wurde sodann fortgeführt, ohne dass eine Wiederholung der vorausgegangenen Verhandlungsteile, insb. die Verlesung des Anklagesatzes, erfolgte. Der Angekl. rügt diese Vorgehensweise mit seiner Revision. ◀

265   ▶ **LÖSUNG ÜBUNGSFALL 1:** Rüge gem. § 338 Nr. 1 b) iVm § 222 b StPO iVm § 45 DRiG

I.   Verstoß gegen § 45 Abs. 2 DRiG (+), indem die Schöffin erst nach Verlesung des Anklagesatzes vereidigt wurde; es handelt sich bei Verlesung des Anklagesatzes um einen wesentlichen Teil der Hauptverhandlung

II.   Kein Fall der §§ 338 Nr. 2 und Nr. 5, weil die vorgeschriebene Vereidigung keinen Mangel in der Person der Schöffin darstellt. Das Erfordernis der Vereidigung besteht generell.

III.   Heilung des Mangels durch Wiederholung der wesentlichen Verfahrensteile (-)

IV.   Rügepräklusion gemäß §§ 338 Nr. 1b), 222 b StPO

  1.   Besetzungsfehler war objektiv erkennbar – Strafkammer holte Vereidigung nach

  2.   Entbehrlichkeit des Besetzungseinwands wegen Nachholung der Vereidigung durch Strafkammer (-). Einführung Besetzungseinwand bezweckte Erkennen und Korrektur in frühem Stadium, um möglichen großen Wiederholungsaufwand nach Aufhebung wegen fehlerhafter Besetzung zu vermeiden. Zweck greift auch bei evidenten Besetzungsmängeln.

  3.   Erkennbarkeit Besetzungseinwand (+)

  4.   Besetzungseinwand nicht erhoben.

Ergebnis: Die Besetzungsrüge ist wegen Rügepräklusion nicht erfolgreich. ◀

266   ▶ **ÜBUNGSFALL 2:**[301] Das LG verurteilte den Angekl. wegen bandenmäßigen Handeltreibens mit Betäubungsmitteln in nicht geringer Menge. Im Hauptverhandlungstermin vom 9.3.2012 beantragte der Verteidiger des Angekl., vor der Vernehmung eines Belastungszeugen zunächst die Akten aus sämtlichen gegen diesen Zeugen geführten Ermittlungsverfahren beizuziehen. Nach Ablehnung des Antrags begann die Vorsitzende mit der Vernehmung des Zeugen, unterbrach diese um 11:30 Uhr, vernahm einen weiteren Zeugen bis 11:55 Uhr und bestimmte Termin zur Fortsetzung auf den Folgetag um 9:30 Uhr. Am folgenden Tag um 8:59 Uhr lehnte der Angekl. die Vorsitzende wegen der Besorgnis der Befangenheit ab, da sie die Beiziehung der Akten abgelehnt hatte. Unter Mitwirkung der abgelehnten Vorsitzenden verwarf die Kammer das Gesuch als unzulässig, da es nicht unverzüglich angebracht worden sei. Der Angekl. hat form- und fristgerecht Revision eingelegt und diese auch begründet. ◀

---

299   BGH NStZ 2005, 646.
300   Nach BGH NStZ 2004, 99.
301   Nach BGH NStZ 2009, 223.

▶ **Lösung Übungsfall 2:** Rüge gem. §§ 24, 338 Nr. 3 StPO   267

I.   Rügepräklusion gem. § 25 Abs. 2 Nr. 1 StPO problematisch.

Das LG hat Unverzüglichkeit verneint. Definition „unverzüglich": Ablehnung muss zwar nicht sofort, aber ohne schuldhaftes Verzögern, d.h. ohne unnötige, nicht durch die Sachlage begründete Verzögerungen geltend gemacht werden. Dem Antragsteller muss aber eine gewisse Zeit zum Überlegen und Abfassen des Gesuchs zugebilligt werden. Hier dürfte ein Anbringen des Gesuchs noch vor Verhandlungsbeginn am direkten Folgetag als ausreichend angesehen werden. Die Rüge wurde also rechtzeitig geltend gemacht.

II. **Problem:** Kammer ist von Unzulässigkeit des Antrags ausgegangen, hat deshalb gemäß § 26a Abs. 2 S. 1 StPO mit der abgelehnten Vorsitzenden entschieden. Da Antrag zulässig war, hätte Vorsitzende eigentlich nicht mit darüber entscheiden dürfen.

Folge: Str.

1.   tvA: Die Kammer hätte ohne die Vorsitzende entscheiden müssen. Der Ablehnungsantrag ist zu Unrecht als unzulässig verworfen worden. Dieser Fehler führt bereits zur Annahme des absoluten Revisionsgrundes des § 338 Nr. 3 StPO.

2.   hRspr: Verstoß gegen die Zuständigkeitsregelungen der §§ 26a, 27 StPO führt nur dann zu einer Verletzung von Art. 101 Abs. 1 S. 2 GG, wenn die Vorschriften **willkürlich** angewendet werden. Bei „nur" schlicht fehlerhafter Anwendung der Zuständigkeitsvorschriften kein Verfassungsverstoß.
     Hier: Keine grobe Missachtung des Rechts. Auslegung des § 25 Abs. 2 S. 1 Nr. 2 StPO möglich, nach der eine Ablehnung am selben Tage hätte erfolgen müssen (Gründe: Einfacher Sachverhalt, Angekl. hätte Unterbrechung beantragen müssen). Daher Ansicht des LG erwägenswert und nicht grob fehlerhaft.

3.   Folge der hRspr: Das Revisionsgericht entscheidet nach Beschwerdegrundsätzen sachlich über die Besorgnis der Befangenheit

III. Besorgnis der Befangenheit gem. § 24 Abs. 1, Abs. 2 StPO

–   Prüfung des Ablehnungsgesuchs nach Beschwerdegrundsätzen

–   Entscheidung der Vorsitzenden, nicht sämtliche den Belastungszeugen betreffenden Ermittlungsakten vor seiner Vernehmung beizuziehen, war ersichtlich nicht geeignet, Misstrauen in ihre Unvoreingenommenheit dem Angekl. gegenüber zu begründen. Keine Besorgnis der Befangenheit

Ergebnis: Da das Gesuch im Ergebnis zu Recht abgelehnt wurde, ist die Rüge ohne Erfolg. ◀

▶ **Übungsfall 3:**[302] Der Angekl. wurde wegen versuchten Mordes zu einer Freiheitsstrafe   268
von acht Jahren verurteilt. Während der Vernehmung der geschädigten 14-jährigen Zeugin wurde der Angekl. gemäß § 247 S. 2 StPO ausgeschlossen. Grund: Die Zeugin erklärte, dass sie nur in Abwesenheit des Angekl. aussagt. Zudem war ein erheblicher Nachteil für das Wohl der Zeugin zu befürchten. Während der Vernehmung wurden Fotos vom Tatort in Augenschein genommen. Der Angekl. wurde erst nach der Verhandlung über die Vereidigung der Zeugin, die Vereidigung selber und die Entlassung der Zeugin wieder hereingeführt, sodann über den wesentlichen Inhalt der Aussage unterrichtet. Zudem wurden ihm die in Augenschein genommenen Fotos gezeigt. Gegen diese Vorgehensweise wendet sich die Revision des Angekl. ◀

---

302   Nach BGH StV 2009, 342; NStZ 2010, 162; 227.

269   ▶ LÖSUNG ÜBUNGSFALL 3: Rüge gem. § 230 StPO iVm 338 Nr. 5 StPO

I.   Grundsatz des § 230 StPO: Keine Hauptverhandlung ohne den Angekl.

II. Ausnahme: § 247 S. 2 StPO:
     – Zeugin unter 16 Jahren (+)
     – In Gegenwart des Angekl. ist erheblicher Nachteil für die Zeugin zu befürchten (+),
       Beachte: Die Ankündigung der Zeugin allein, sie werde nur in Abwesenheit des Angekl.
       aussagen, genügt nicht.[303] Hier aber auch erheblicher Nachteil für das Wohl der Zeu-
       gin zu befürchten.

III. Aber: Verstoß gegen § 230 iVm § 338 Nr. 5 StPO möglich, wenn während des Ausschlusses
     des Angeklagten Verfahrensvorgänge außerhalb der Vernehmung stattgefunden haben
     oder über solche verhandelt worden ist
     – 1. Ausgangspunkt: Begriff der „Vernehmung" in § 247 StPO ist auszulegen.
     – Bislang hRspr: Vernehmung ist nur die eigentliche Befragung des Zeugen
     – 5. Strafsenat des BGH: Der Begriff der Vernehmung erfasst alle Verfahrensvorgänge,
       die mit der eigentlichen Vernehmung eng in Zusammenhang stehen oder sich aus ihr
       entwickeln.[304]
     – 2. Strafsenat des BGH: An der bisherigen Rspr ist festzuhalten.[305]
       Der Große Senat für Strafsachen hat den Bestrebungen des 5. Strafsenats eine Absage
       erteilt. Danach gilt der Ausschluss des Angekl. nur für die Dauer der eigentlichen Ver-
       nehmung.
     Argumente: Ausnahmeregelung ist restriktiv auszulegen, hohe Bedeutung des Anwe-
     senheitsrechts des Angekl., Anspruch auf rechtliches Gehör und angemessene Verteidi-
     gung

     1. Problem: Augenschein
         Nach 2. Strafsenat des BGH Verstoß (-), da Teil der Vernehmung
         Aber auch nach hRspr Verstoß (-), da Fehler im Anschluss durch erneute Durchfüh-
         rung des Augenscheins geheilt wurde

     2. Problem: Verhandlung über die Vereidigung und Entlassung der Zeugin
         Nach 2. Strafsenat des BGH Verstoß (-), da Teil der Vernehmung
         – andere Vorschriften (§ 58a StPO, 68b StPO) fassen den Begriff der Vernehmung
           deutlich weiter
         – beim Ausschluss der Öffentlichkeit folgt der BGH dem weiten Begriffsverständ-
           nis
         – Schutz der Zeugen
         Nach 5. Strafsenat des BGH und nunmehr auch GSSt:
         Bezüglich Verhandlung über die Vereidigung: Verstoß (-), da kein wesentlicher Teil
         der Hauptverhandlung
         Bezüglich Vereidigung und Verhandlung über die Entlassung Verstoß (+), da selbst-
         ständiger Verfahrensabschnitt, an dem der Angeklagte wieder teilnehmen muss

---

303 OLG Düsseldorf StV 1989, 472; HK-GS/Schork § 247 StPO Rn 9.
304 BGH NStZ 2010, 162; StV 2009, 342 (mit ausführlicher Begründung).
305 BGH NStZ 2010, 227.

    – klarer Wortlaut des § 247: „Vernehmung"
    – Ausnahmeregelung, die restriktiv auszulegen ist
    – Wesentlicher Teil der Hauptverhandlung betroffen

3. Soweit Verstoß (+), so folgt daraus: Abwesenheit in einem wesentlichen Teil der Hauptverhandlung (+).

IV. Das Beruhen des Urteils auf dem Fehler wird gemäß § 338 Nr. 5 StPO vermutet.

Ergebnis: Es liegt ein Verstoß vor. Die Rüge ist erfolgreich. ◀

V. Relative Revisionsgründe

1. Fehler im Rahmen der Hauptverhandlung

Verfahrensfehler während einer Hauptverhandlung bilden regelmäßig das Kernstück einer revisionsrechtlichen Prüfungsaufgabe. Es ist daher unerlässlich, die wesentlichen Förmlichkeiten einer Hauptverhandlung zu beherrschen, um anhand eines Sitzungsprotokolls Fehler zu erkennen.   270

> **Lerntipp:** Es empfiehlt sich, in der Strafstation zu Übungszwecken während einer Hauptverhandlung neben dem Protokollführer ein Protokoll anzufertigen und dann mit dem Original zu vergleichen.

Der **Ablauf der Hauptverhandlung** stellt sich anhand folgender **Übersicht** grds. wie folgt dar: 271

- Aufruf der Sache, § 243 Abs. 1 S. 1 StPO
- Feststellung der Anwesenheit, § 243 Abs. 1 S. 2 StPO (Angeklagter, Verteidiger, Staatsanwalt, Urkundsbeamter, Zeugen, ggf Dolmetscher, Sachverständiger)
- Zeugen verlassen den Sitzungssaal, § 243 Abs. 2 S. 1 StPO – zuvor idR gemeinsame Belehrung über Zeugenpflichten (§ 57 StPO)
- Vernehmung des Angeklagten zur Person, § 243 Abs. 2 S. 2 StPO
- Verlesung des Anklagesatzes durch Staatsanwalt, § 243 Abs. 3 S. 1 StPO
- Mitteilung des Vorsitzenden, ob Erörterungen nach den §§ 202a, 212 StPO stattgefunden haben, wenn deren Gegenstand die Möglichkeit einer Verständigung gewesen ist und ggf deren wesentlichen Inhalt, § 243 Abs. 4 StPO
- Belehrung des Angeklagten über Aussagefreiheit, § 243 Abs. 5 S. 1 StPO
- Vernehmung des Angeklagten zur Sache bei Aussagebereitschaft, § 243 Abs. 5 S. 2 StPO
- Beweisaufnahme, § 244 Abs. 1 StPO (Strengbeweis: Sachverständige, Augenschein, Urkunden, Zeugen); **Schwerpunkt der Hauptverhandlung**
- Plädoyer Staatsanwalt, § 258 Abs. 1 StPO
- Plädoyer Verteidiger, § 258 Abs. 1 StPO
- Angeklagter hat letztes Wort, § 258 Abs. 2, 3 StPO
- Urteilsberatung, § 260 Abs. 1 StPO (Abstimmung bei Schöffengericht und Strafkammern, § 263 StPO)
- Urteilsverkündung, § 268 Abs. 2, 3 StPO
- Rechtsmittelbelehrung, § 35a StPO

a) Ladungsmängel

272   Werden **Ladungsmängel** (§§ 216–218 StPO) festgestellt bzw durch den Angeklagten oder seinen Verteidiger geltend gemacht, so ist zwischen **unterbliebener Ladung** und **Nichteinhaltung der Ladungsfrist** zu unterscheiden.

273   Erscheint der Angeklagte trotz unterbliebener Ladung zum Termin, so kann die Revision auf den Ladungsmangel nur gestützt werden, wenn der Angeklagte diesen in der Hauptverhandlung geltend gemacht und die Aussetzung beantragt hat.[306]

274   Gleiches gilt für die Nichteinhaltung der Ladungsfrist, § 217 Abs. 1, 2 StPO. Dies muss bis zum Zeitpunkt seiner Vernehmung zur Sache (§ 243 Abs. 5 StPO) geschehen. Wird ein solcher Antrag bis zu diesem Zeitpunkt gestellt und durch das Gericht gleichwohl abgelehnt, so liegt ein Verfahrensfehler vor, auf dem das Urteil regelmäßig beruht.[307] Zu beachten ist jedoch, dass der Angeklagte auf die Einhaltung der Frist verzichten kann (§ 217 Abs. 3 StPO), was im Protokoll zu vermerken ist. Für Ladungsmängel betreffend den Verteidiger gelten diese Grundsätze aufgrund der Verweisung des § 218 S. 2 StPO auf § 217 StPO entsprechend. Hier ist allerdings zu beachten, dass ein nicht geheilter Verstoß gegen § 218 S. 1 StPO grds. die Revision begründet.[308] Insbesondere bei Fehlen des Verteidigers kann nicht ausgeschlossen werden, dass bei seiner Anwesenheit die Hauptverhandlung anders verlaufen wäre.

> **Klausurtipp:** Keinen Ersatz für die förmliche Ladung bildet grds. eine aktenkundig gemachte Kenntnis des Verteidigers vom Termin.[309] Noch weniger genügt es, dass der Verteidiger auf andere Weise vom Termin erfahren hat, in dem er bspw die Akten eingesehen hat und daher rechtzeitig von dem Termin Kenntnis nehmen konnte. Das Fehlen einer förmlichen Ladung kann aber unschädlich sein, wenn der Verteidiger auf andere Weise rechtzeitig vom Hauptverhandlungstermin **zuverlässig Kenntnis** erlangt hat; die bloße Möglichkeit der Kenntnisnahme genügt jedoch nicht.[310]

b) Aufruf der Sache, Präsenzfeststellung, Entfernen der Zeugen

275   Der **Aufruf der Sache**, die **Präsenzfeststellung** wie auch das **Entfernen der Zeugen** bilden keine wesentlichen Förmlichkeiten der Hauptverhandlung. Etwaige Verfahrensfehler sind im Hinblick auf § 243 StPO nicht revisibel.[311]

c) Mitwirkung eines Dolmetschers

276   Bei der **Mitwirkung eines Dolmetschers** (§ 185 GVG) ist zu beachten, dass dieser vor Beginn seiner Übersetzertätigkeit darüber belehrt werden muss, dass er treu und gewissenhaft zu übertragen hat, § 189 GVG, §§ 72, 57 StPO entsprechend. Er ist zu beeiden (sog. Voreid), wobei er sich grds. auf einen bereits geleisteten allgemeinen Eid berufen

---

306 Meyer-Goßner § 216 Rn 9; HK-GS/Schulz § 216 Rn 6.
307 Meyer-Goßner § 217 Rn 12; HK-GS/Schulz § 217 Rn 5.
308 Meyer-Goßner § 218 Rn 15; HK-GS/Schulz § 218 Rn 5.
309 OLG München NJW 2006; 1366 Meyer-Goßner § 218 Rn 8.
310 BGHSt 36, 259, 261; BGH NStZ 2009, 48; OLG Koblenz NZV 2009, 469.
311 Meyer-Goßner § 243 Rn 36; HK-GS/Schork § 243 Rn 26.

kann, soweit er für Übertragungen der betreffenden Art im Allgemeinen beeidigt ist, § 189 Abs. 2 GVG.[312]

Fehler bei der Vereidigung stellen einen Verstoß gegen § 189 Abs. 2 GVG dar. Das Urteil   277
beruht regelmäßig auf einem solchen Fehler. Das Beruhen ist lediglich in Ausnahmefällen ausgeschlossen, bspw wenn sich der Dolmetscher über Jahre hinweg auf seinen allgemein geleisteten Eid berufen hat und dies nur einmal versehentlich unterblieben ist.[313]

d) Vernehmung des Angeklagten zu den persönlichen Verhältnissen

Die **Vernehmung des Angeklagten zu seinen persönlichen Verhältnissen** bildet eine we-   278
sentliche Förmlichkeit des Verfahrens,[314] dient zum einen der Identitätsfeststellung und zum anderen v.a. zur Abklärung der Verhandlungs- und Verteidigungsfähigkeit. Das Unterlassen oder eine fehlerhafte Feststellung der Personalien des Angeklagten stellt grds. einen Verstoß gegen § 243 Abs. 2 S. 2 StPO und damit einen Verfahrensfehler dar, der gerügt werden kann. Allerdings vermag ein solcher Fehler die Revision regelmäßig nicht zu begründen, da das Urteil darauf nicht beruht;[315] es sei denn, es ergeben sich Anhaltspunkte dafür, dass die in der Hauptverhandlung erschienene Person nicht mit der Person identisch ist, gegen die sich die Anklage und das Verfahren richtet.

> **Klausurtipp:** Werden bereits zu diesem Zeitpunkt neben der Identität des Angeklagten solche Umstände aus seinen persönlichen Verhältnissen ermittelt, die für den Schuld- oder Rechtsfolgenausspruch von Bedeutung sind (bspw Nettoeinkommen, Unterhaltsverpflichtungen etc.), so liegt ein Verstoß gegen § 243 Abs. 2, 5 StPO vor, weil die erforderliche Belehrung nach § 243 Abs. 5 StPO unterblieben ist. Da Angaben, die unter Verstoß gegen § 243 Abs. 5 StPO zustande gekommen sind, regelmäßig unverwertbar sind, beruht das Urteil zumeist auf dem Verstoß. Vertretbar ist es allerdings, das Beruhen auszuschließen, soweit der Angeklagte seine finanziellen Verhältnisse offenbart hat, später jedoch zu einer Freiheitsstrafe verurteilt wird, weil sich dies nicht auf den Rechtsfolgenausspruch ausgewirkt haben kann.

e) Verlesung der Anklageschrift und Mitteilung, ob Erörterungen nach den §§ 202a, 212 StPO stattgefunden haben

Wird die **Anklageschrift nicht verlesen**, so ist ein Verstoß gegen § 243 Abs. 3 S. 1 StPO   279
gegeben.[316] Das Urteil beruht idR auch auf diesem Verstoß, weil durch dieses Versäumnis der Zweck der Verlesung der Anklage beeinträchtigt wird. Dieser Zweck besteht v.a. darin, dem Angeklagten nochmals die gegen ihn erhobenen Vorwürfe zur Kenntnis zu bringen und bei Spruchkörpern mit Schöffen, da den Laienrichtern der Inhalt der Anklage nicht bekannt ist, diesen, wie auch der Öffentlichkeit den geschichtlichen Vorgang mitzuteilen, auf den sich das Verfahren bezieht.[317] Das Beruhen ist nur auszuschließen, wenn ausnahmsweise wegen der Einfachheit der Sach- und Rechtslage weder der Gang der Hauptverhandlung noch das Urteil irgendwie von dem Verfahrensmangel berührt

---

312 Fehlt ein Dolmetscher, was einen Verstoß nach § 185 Abs. 1 S. 1 GVG, § 259 Abs. 1 StPO darstellt, so wird das Beruhen des Urteils auf dem Verfahrensfehler gemäß § 338 Nr. 5 StPO grds. vermutet, BayObLG StV 2006, 520.

313 BGH NStZ 2005, 705; OLG Frankfurt StV 2006, 519; OLG Stuttgart NStZ-RR 2003, 88.

314 OLG Köln NStZ 1989, 44.

315 Meyer-Goßner § 243 Rn 37.

316 BGH NStZ 2011, 168.

317 BGH NStZ 2011 168; 2006, 649f; 2000, 214; HK-GS/Schork § 243 Rn 27.

worden sind.[318] In Strafverfahren wegen einer Vielzahl gleichförmiger Taten oder Tateinzelakte, die durch eine gleichartige Begehungsweise gekennzeichnet sind, ist dem Erfordernis der Verlesung des Anklagesatzes i.S.d. § 243 Abs. 3 S. 1 StPO Genüge getan, wenn dieser insoweit wörtlich vorgelesen wird, als in ihm die gleichartige Tatausführung, welche die Merkmale des jeweiligen Straftatbestands erfüllt, beschrieben und die Gesamtzahl der Taten, der Tatzeitraum sowie bei Vermögensdelikten der Gesamtschaden bestimmt sind. Einer Verlesung der näheren individualisierenden tatsächlichen Umstände der Einzeltaten oder der Einzelakte bedarf es in diesem Fall nicht.[319]

§ 243 Abs. 4 StPO sieht vor, dass der Vorsitzende nach Verlesung des Anklagesatzes mitteilt, ob Erörterungen nach den §§ 202a, 212 StPO stattgefunden haben, wenn deren Gegenstand die Möglichkeit einer Verständigung (§ 257c StPO) gewesen ist und wenn ja, deren wesentlichen Inhalt. Haben solche Erörterungen nicht stattgefunden und unterbleibt eine Mitteilung des Vorsitzenden über das Fehlen solcher Erörterungen im Ermittlungs- und Zwischenverfahren ist grds. von einem Verstoß gegen § 243 Abs. 4 StPO auszugehen (vgl Rn 478). Allerdings beruht das Urteil in diesem Fall nicht auf dem Verstoß, weil die Norm nicht den Zweck verfolgt, den Angeklagten über die Möglichkeit zu informieren, dass das Strafverfahren durch eine Verständigung iSv § 257c StPO beendet werden kann. Zweck ist vielmehr die Sicherung der Transparenz des Verständigungsverfahrens sowie Gewährleistung des Grundsatzes der Öffentlichkeit im Rahmen der Verfahrensverständigung.[320]

f) Belehrung des Angeklagten und Befragung zur Sache

280   Eine **unterlassene oder fehlerhafte Belehrung** des Angeklagten über sein Recht, Angaben machen oder verweigern zu können, stellt einen revisiblen Verstoß gegen § 243 Abs. 5 S. 1 StPO dar. Das Urteil beruht aber nicht auf dem Verstoß, wenn der Angeklagte seine Aussagefreiheit gekannt hat, oder dies zumindest nicht auszuschließen ist.[321]

281   Nach der Belehrung ist der Angeklagte im Falle seiner Aussagebereitschaft zur Sache (mündlich) zu vernehmen.[322] Wird der Angeklagte **zur Sache überhaupt nicht befragt,** so stellt sich dies als ein Verstoß gegen § 243 Abs. 5 S. 2 StPO dar, der mit der Aufklärungsrüge geltend gemacht werden kann. Eine unzulängliche Vernehmung des Angeklagten zur Sache kann jedoch ebenso wenig gerügt werden wie die unvollständige Befragung eines Zeugen.[323]

282   **Schriftliche Erklärungen des Angeklagten,** die dieser im anhängigen Verfahren zu der gegen ihn erhobenen Beschuldigung abgibt, können grds. verlesen werden, auch wenn er später Angaben verweigert. Dies gilt jedoch nur für schriftliche Erklärungen, die der Angeklagte selbst abgegeben hat.[324] Sie sind sogar zwingend im formellen Urkundsbeweis in die Hauptverhandlung einzuführen, wenn die Erklärung, bspw ein Geständnis, als Grundlage für das Urteil herangezogen werden soll.[325]

---

318   BGH NStZ 2006, 649f; OLG Köln NStZ-RR 2004, 48, 49; OLG Hamm NStZ-RR 1999, 276.
319   BGH NStZ 2011, 297.
320   OLG Celle StRR 2011, 406.
321   Meyer-Goßner § 243 Rn 39; HK-GS/Schork § 243 Rn 29.
322   BGH NRÜ 2008, 506 = NStZ 2008, 527.
323   Vgl aber BGH NStZ 2000, 439.
324   BGHSt 39, 305, 306.
325   BGH NRÜ 2008, 506 = NStZ 2008, 527, 528.

Revisionsrechtlich bedeutsam sind Konstellationen, in denen der **Verteidiger für den Angeklagten eine Erklärung zur Sache** abgibt. Erklärt der Verteidiger für den Angeklagten in der Hauptverhandlung, der Angeklagte sei geständig, wenn dieser zu einer Äußerung ausdrücklich nicht bereit ist, ist der Verteidiger oder der Angeklagte von dem Vorsitzenden zu befragen, ob die von dem Verteidiger abgegebene Erklärung als Einlassung des Angeklagten bzw für diesen anzusehen sei.[326] Ferner ist darauf hinzuweisen, dass die Erklärung in diesem Fall zum Gegenstand der Beweiswürdigung gemacht werden kann. Nur wenn der Verteidiger und/oder der Angeklagte die Frage bejahen, darf die Erklärung des Verteidigers zum Gegenstand der Beweiswürdigung gemacht werden. Die Erklärung des Verteidigers, sein Mandant trete der Anklage nicht entgegen, ist allerdings nicht ausreichend. Verneint der Verteidiger oder widerspricht der Angeklagte, so darf die Erklärung nicht als Beweismittel verwertet werden.[327] Diese Förmlichkeit kann nur durch das Sitzungsprotokoll bewiesen werden, weshalb diese Vorgänge zu protokollieren sind. Im Rahmen der Revision sind diesbezügliche Fehler als Verstoß gegen § 261 StPO zu rügen.

283

Bedient sich der Angeklagte bei seiner Einlassung in der Hauptverhandlung der Hilfe seines Verteidigers, indem der Verteidiger mit seinem Einverständnis für ihn eine **schriftlich vorbereitete Erklärung** abgibt und das Schriftstück sodann als Anlage zum Protokoll der Hauptverhandlung genommen wird, so ändert dies nichts daran, dass sich der Angeklagte damit mündlich geäußert und das Gericht den Inhalt dieser Äußerung in den Urteilsgründen festzustellen hat. Zum Bestandteil des Hauptverhandlungsprotokolls ist sie dadurch nicht geworden.[328] Der Text der Protokollanlage ist deshalb nicht geeignet darzulegen oder gar zu beweisen, wie sich der Angeklagte in der Hauptverhandlung eingelassen hat.[329] Diese Grundsätze haben auch zur Folge, dass ein auf Verlesung der Erklärung als Urkunde gerichteter Beweisantrag unzulässig ist, da er darauf abzielt, die Einlassung des Angeklagten zu ersetzen. Die Ablehnung eines solchen Antrags stellt deshalb auch keine Verletzung der Aufklärungspflicht dar.[330]

284

Verweigert der Angeklagte in vollem Umfang die Einlassung in der Hauptverhandlung, dürfen daraus für ihn keine nachteiligen Schlüsse gezogen werden.[331] Ein teilweises Schweigen des Angeklagten darf demgegenüber verwertet werden,[332] bspw wenn der Angeklagte teilweise an der Aufklärung des Sachverhalts mitwirkt, dann aber einzelne Tat- oder Begleitumstände nicht erwähnt (vgl Rn 504).

285

Nach der Vernehmung des Angeklagten zur Sache folgt die Beweisaufnahme (§ 244 Abs. 1 StPO), der Schwerpunkt einer jeden Hauptverhandlung. Dabei kommt das **Strengbeweisverfahren** zur Anwendung, wonach Tatsachen, die für die Schuld- oder Rechtsfolgenfrage von Bedeutung sind, nach den §§ 244 bis 256 StPO zu erheben sind.[333] Davon zu unterscheiden ist das **Freibeweisverfahren**, das für alle Beweiserhebungen außerhalb der Hauptverhandlung sowie in und während der Hauptverhandlung für die Feststellung von Prozessvoraussetzungen[334] und für die Klärung prozessualer Fragen gilt.[335] Die insoweit erforderlichen Entscheidungen sind unter Berücksichtigung

286

---

326 BGH NStZ 2007, 349.
327 BGH NStZ 2006, 408; OLG Saarbrücken NStZ 2006, 182.
328 BGH NStZ 2009, 173.
329 BGH NStZ 2009, 282.
330 BGH NStZ 2008, 349; 527.
331 BGHSt 34, 324, 326.
332 BGHSt 20, 298; BGH NStZ 2011, 357; Meyer-Goßner § 261 Rn 17.
333 Meyer-Goßner § 244 Rn 6; Kindhäuser § 21 Rn 3.
334 BGHSt 46, 349, 351.
335 Kindhäuser § 21 Rn 4.

der Aufklärungspflicht (§ 244 Abs. 2 StPO) zu treffen. Doppelrelevante Tatsachen, dh solche, die für die Schuld- oder Rechtsfolgenfrage bzw zur Klärung prozessualer Fragen dienen, müssen grds. im Strengbeweisverfahren festgestellt werden.[336]

Beweismittel im Strengbeweisverfahren sind: Zeugen, Urkunden, Sachverständige, Augenschein.

Die Verhandlungsleitung obliegt nach § 238 Abs. 1 StPO dem Vorsitzenden. Die Wahrnehmung des Fragerechts ist in § 240 Abs. 1, 2 StPO geregelt. Nehmen im Rahmen einer Hauptverhandlung vor dem Landgericht sowohl ein Staatsanwalt als auch eine Amtsanwältin teil und werden der Amtsanwältin Verfahrensrechte eingeräumt, indem diese Fragen an Zeugen stellen darf, so liegt hierin ein Verstoß gegen § 240 StPO, §§ 142 Abs. 1 Nr. 2, Nr. 3, Abs. 2, 145 Abs. 2 GVG. Das Urteil beruht jedoch nicht auf dem Verstoß, wenn sich den Urteilsgründen entnehmen lässt, dass das Gericht seine Überzeugung aufgrund der in die Hauptverhandlung eingeführten Beweismittel (und nicht durch die Wahrnehmung von Verfahrensrechten durch die Amtsanwältin) gebildet hat.[337]

g) Beweisaufnahme: Zeugenvernehmungen

287 Übersicht zum Ablauf einer Zeugenvernehmung:

- Feststellung Anwesenheit, § 243 Abs. 1 S. 2 StPO
- Vernehmung eines jeden Zeugen in Abwesenheit der übrigen Zeugen, § 58 StPO
- Belehrung zur Wahrheitspflicht, § 57 StPO
- Angaben zur Person, § 68 Abs. 1 StPO
- Belehrung gemäß § 52 StPO bei Vorliegen eines Aussageverweigerungsrechts
- Angaben zur Sache, § 69 Abs. 1 StPO
- Belehrung gemäß § 55 StPO bei einzelnen Fragen, soweit erforderlich
- Entscheidung über Vereidigung, § 59 StPO
- Entlassung, § 248 StPO

Die StPO enthält die Regelungen für die Vernehmung von Zeugen im wesentlichen in den §§ 48 bis 71 StPO. Dabei sieht § 58 Abs. 1 StPO vor, dass die Zeugen einzeln und in Abwesenheit der später zu hörenden Zeugen zu vernehmen sind. Hierbei handelt es sich um eine Ordnungsvorschrift, auf deren Verletzung die Revision grds. nicht gestützt werden kann.[338] Allerdings kann mit der Sachrüge die Beweiswürdigung angegriffen werden (§ 261 StPO), wenn sich das Urteil in seiner Begründung nicht mit dem Umstand auseinandersetzt, dass der Beweiswert der zeugenschaftlichen Angaben durch Anwesenheit anderer, noch nicht vernommener Zeugen, reduziert ist.

288 Nach § 57 StPO sind die Zeugen vor ihrer Vernehmung auf die Wahrheits- und Eidespflicht und die Folgen einer falschen Aussage hinzuweisen. Jedoch stellt auch § 57 StPO eine im Interesse des Zeugen erlassene Ordnungsvorschrift dar, auf deren Verletzung die Revision ebenfalls nicht gestützt werden kann.

---

336 HK-GS/König § 244 Rn 14. Geht es zunächst nur um eine Prozessfrage, so ist Freibeweis zulässig, dessen Resultate, sobald für die Schuldfrage von Bedeutung, im Strengbeweis überprüft werden müssen.
337 BGH, Beschl. v. 29.11.2011 – Az 3 StR 281 /11 = BeckRS 2012, 02325.
338 Es kommt allenfalls ein Verstoß gegen die Aufklärungspflicht (§ 244 Abs. 2 StPO) in Betracht, wenn geltend gemacht werden kann, dass der vernommene Zeuge bei Abwesenheit eines anderen Zeugen anders ausgesagt hätte, Meyer-Goßner § 244 Rn 15.

Für die Angaben zur Person, auf die sich die Wahrheitspflicht ebenfalls bezieht, gilt § 68 StPO. Es handelt sich hierbei um eine grds. nicht revisible Ordnungsvorschrift. Allerdings kommt eine Verletzung der Aufklärungspflicht (§ 244 Abs. 2 StPO) bei Vernehmung eines falschen Zeugen und ein Verstoß gegen § 68 Abs. 1 S. 1 StPO bei unberechtigter Geheimhaltung der Personalien vor dem Angeklagten und dem Verteidiger in Frage.[339]

289

aa) Zeugnisverweigerungsverweigerungsrechte

Zu beachten ist das Zeugnisverweigerungsrecht von Familienangehörigen nach § 52 Abs. 1 StPO, über das der jeweilige Zeuge zu belehren ist, § 52 Abs. 3 StPO. Die Art und Weise der Belehrung steht grds. im Ermessen des Vorsitzenden[340] und kann in abstrakter oder pauschalierter Form erfolgen. Dies gilt jedoch nicht, wenn nach pauschaler Belehrung erkennbar wird, dass der verweigerungsberechtigte Zeuge davon ausgeht, er habe kein Zeugnisverweigerungsrecht.[341] Unterbleibt eine Belehrung, so hat dies ein Verwertungsverbot bezüglich des Inhalts der zeugenschaftlichen Angaben zur Folge.[342] Das Urteil beruht auf diesem Verstoß, wenn die Aussage des Zeugen verwertet wurde und der Zeuge zur Sache etwas aussagen konnte. Das Beruhen auf dem Verfahrensfehler ist demgegenüber ausgeschlossen, wenn er rechtzeitig geheilt worden ist, wenn der Zeuge seine Rechte gekannt hat oder wenn sicher ist, dass er auch nach Belehrung ausgesagt hätte.[343] Der Nebenkläger kann einen Verstoß gegen § 52 Abs. 3 StPO nicht rügen, weil dieser dem Schutz des Zeugen dient.[344] Wird in die Hauptverhandlung die Bewertung des Vorsitzenden einer Strafkammer eingeführt, eine Zeugin sei **nicht** mit dem Angeklagten verlobt, kann dies vom Angeklagten nur dann zur Grundlage einer Verfahrensrüge gemacht werden, wenn er eine Entscheidung des Gerichts gemäß § 238 Abs. 2 StPO herbeigeführt hat.[345]

290

> **Klausurtipp:** Das Vorliegen eines Zeugnisverweigerungsrechts (bspw das Bestehen eines Verlöbnisses) kann im Freibeweisverfahren geklärt werden. In einer Klausur ist auf einen möglichen Verstoß gegen § 52 Abs. 3 StPO nur dann einzugehen, wenn Anhaltspunkte für ein Angehörigenverhältnis bestehen (!).

Problematisch ist die Reichweite des Zeugnisverweigerungsrechts eines Angehörigen dann, wenn **mehrere Personen beschuldigt** werden. Nach der Rspr ist der Angehörige eines Beschuldigten im Verfahren gegen einen Mitbeschuldigten nach § 52 StPO zur Verweigerung des Zeugnisses berechtigt, wenn der Sachverhalt, zu dem er aussagen soll, auch seinen Angehörigen betrifft und die Betroffenen in einem einheitlichen Verfahren wegen derselben prozessualen Tat förmlich Mitbeschuldigte gewesen sind.[346] Dieses einheitliche und unteilbare Zeugnisverweigerungsrecht wirkt auch dann noch fort, wenn die prozessuale Gemeinsamkeit durch Abtrennung des Verfahrens gegen den mitbeschuldigten Angehörigen oder nach Einstellung des Verfahrens gegen ihn gemäß § 170 Abs. 2 StPO oder § 205 StPO beendet worden ist. Erst wenn das Verfahren gegen den mitbeschuldigten Angehörigen durch dessen Verurteilung, Einstellung nach § 154 StPO,

291

---

339 BGHSt 23, 244; Meyer-Goßner § 68 Rn 23.
340 BGH NJW 1995, 1501, 1503.
341 BGH NStZ 2006, 647.
342 Meyer-Goßner § 52 Rn 32.
343 BGH, Beschl. v. 12.1.2011 – Az 1 StR 672/10 = BeckRS 2011, 02208.
344 BGH NStZ 2006, 350.
345 BGH NStZ 2010, 461.
346 BGH NStZ 1998, 469; BGH StV 2012, 193; BGH NStZ 2012, 221.

Freispruch oder Tod endgültig abgeschlossen ist, ist der Zeuge auch im Verfahren gegen dessen frühere Mitbeschuldigte nicht mehr zur Zeugnisverweigerung berechtigt;[347] denn der empfindliche Eingriff, den die Zeugnisverweigerung für die Wahrheitsfindung im Verfahren gegen diese Mitbeschuldigte bedeutet, ist in diesen Fällen vom Zweck des § 52 Abs. 1 StPO in Form der Erhaltung des Familienfriedens nicht mehr gerechtfertigt.

292   Verweigert ein Angehöriger zunächst unter Berufung auf das Zeugnisverweigerungsrecht Angaben zu Sache, sagt aber zu einem späteren Zeitpunkt dennoch aus, so darf dies nicht zulasten des Angeklagten verwendet werden. Nur so verbleibt dem Angehörigen die von § 52 StPO eingeräumte Entscheidungsfreiheit, ob und wann er Angaben zur Sache machen will, ohne hierdurch Schlüsse des Gerichts zulasten des Angeklagten befürchten zu müssen.[348]

293   Wird ein Zeuge über ein **nicht bestehendes Zeugnisverweigerungsrecht belehrt** und verweigert daraufhin die Aussage, liegt kein Verstoß gegen § 52 StPO sondern gegen § 244 Abs. 2 bzw § 245 StPO (bei präsenten Zeugen) vor.

294   Das Zeugnisverweigerungsrecht der sog. **Berufsgeheimnisträger** folgt aus § 53 StPO. Eine Belehrungspflicht besteht diesbezüglich nicht, da davon ausgegangen werden kann, dass der Zeuge seine Berufsrechte und -pflichten kennt. Das sog. Bankgeheimnis spielt im Strafverfahren grds. keine Rolle, da Bankangestellte in § 53 StPO nicht aufgeführt sind. Prüfungsrelevant ist auch die Auslegung des Begriffs des „Geistlichen" (§ 53 Abs. 1 Nr. 1 StPO). Nach der Rspr. ist eine staatliche Anerkennung der Religionsgemeinschaft nicht erforderlich. Vielmehr ist ausreichend, dass dem Betroffenen von der Religionsgemeinschaft die seelsorgerische Tätigkeit übertragen und ihm ein entsprechendes Amt – verbunden mit einer herausgehobenen Stellung innerhalb der Religionsgemeinschaft – anvertraut wurde.[349] Der Geistliche eines fremden Landes ist ebenfalls nicht über sein Zeugnisverweigerungsrecht nach § 53 StPO zu belehren, wenn er sich in Deutschland aufhält und hier eine Gemeinde betreut.[350] Im Rahmen des § 53 StPO sind revisibel die unrichtige Belehrung und der unrichtige Hinweis darauf, dass eine Entbindung nach § 53 Abs. 2 erfolgt ist.[351] Hat dies zur Aussage des Zeugen geführt, so ist die Revision begründet, wenn das Urteil auf ihr beruht, dh die Angaben des Zeugen in die Urteilsbegründung mit einbezogen wurden. Für Berufshelfer gelten die Besonderheiten des § 53a StPO.

BEACHTE: Krankenschwestern werden als Gehilfen des Arztes von §§ 53 Abs. 1 Nr. 1, 53a Abs. 1 StPO erfasst.[352]

295   Für **Richter, Beamte und andere Personen des öffentlichen Dienstes** gilt § 54 StPO. Ein Verstoß gegen diese Vorschrift kann mit der Revision jedoch nicht geltend gemacht werden, weil diese Norm eine reine Ordnungsvorschrift darstellt und ein Verstoß nicht den Rechtskreis des Angeklagten verletzt.

bb) Angaben zur Sache

296   § 69 Abs. 1 S. 1 StPO sieht vor, dass der Zeuge zu veranlassen ist, das, was ihm von dem Gegenstand seiner Vernehmung bekannt ist, im Zusammenhang anzugeben. Die Rege-

---

347   BGHSt 38, 96; BGH NRÜ 2009, 510 = NJW 2009, 2548; BGH StV 2012, 193; BGH NStZ 2012, 221.
348   BGH NStZ 2003, 443.
349   BGH NStZ 2010, 646; BVerfG NJW 2007, 1865 f.
350   BGH NStZ-RR 2010, 178.
351   BGHSt 42, 73.
352   OLG Hamm NStZ 2010, 164.

lung enthält zwingendes, unverzichtbares Recht, dessen Verletzung die Revision begründen kann. Bei einem Verstoß in der Hauptverhandlung kommt eine Rüge allerdings nur dann in Betracht, wenn gleichzeitig gegen § 244 Abs. 2 StPO verstoßen wurde.[353] Diese Vorgaben verbieten es jedoch nicht, die Zeugenvernehmung im Interesse des Zeugen und einer zügigen Verhandlungsführung angemessen zu strukturieren, insb. in einzelne Abschnitte zu gliedern.

Nach § 69 Abs. 2 StPO können ergänzend Fragen gestellt werden. Eine unzulässige Einflussnahme auf die Willensbildung des Zeugen ist aufgrund des Verweises des § 69 Abs. 3 StPO auf § 136a StPO untersagt.   297

cc) Auskunftsverweigerungsverweigerungsrecht

Gemäß § 55 Abs. 1 StPO hat ein Zeuge das **Recht zur Verweigerung der Auskunft**, wenn   298
die Beantwortung einer Frage ihm selbst oder einem der in § 52 StPO bezeichneten Angehörigen die Gefahr zuziehen würde, wegen einer Straftat oder einer Ordnungswidrigkeit verfolgt zu werden. § 55 StPO gibt dem Zeugen grds. nur das Recht, die Auskunft auf einzelne Fragen zu verweigern. Ausnahmsweise ist er zur umfassenden Verweigerung der Auskunft berechtigt, wenn seine gesamte in Betracht kommende Aussage mit einem möglicherweise strafbaren oder ordnungswidrigen eigenen Verhalten in so engem Zusammenhang steht, dass nichts übrig bleibt, was er ohne die Gefahr der Verfolgung wegen einer Straftat oder OWi aussagen könnte.[354] Die tatsächliche Beurteilung der Verfolgungsgefahr des § 55 Abs. 1 StPO durch den Tatrichter bindet das Revisionsgericht, das sie nur daraufhin zu prüfen hat, ob dem Tatrichter Rechtsfehler unterlaufen sind.[355]

Ist ein Zeuge bereits rechtskräftig verurteilt, so besteht ein Auskunftsverweigerungsrecht   299
nur dann, wenn sich die Befragung auf andere Taten iSd § 264 StPO richtet und wenn der Zeuge bei wahrheitsgemäßer Antwort zumindest Ermittlungsansätze gegen sich liefern müsste.[356] Eine Verfolgungsgefahr ist bspw auch dann nicht auszuschließen, wenn zwischen der abgeurteilten Tat und anderen Straftaten, deretwegen der Zeuge noch verfolgt werden könnte, ein so enger Zusammenhang besteht, dass die Beantwortung von Fragen zu der abgeurteilten Tat die Gefahr der Verfolgung wegen dieser anderen Taten mit sich bringt.[357] Der Umstand, dass der Angeklagte wahrheitsgemäße, ihn belastende Angaben des Zeugen möglicherweise zum Anlass nehmen könnte, den Zeugen anderer Straftaten zu bezichtigen, begründet dabei für den Zeugen grds. kein Auskunftsverweigerungsrecht. Ist nur der Schuldspruch rechtskräftig, besteht ein Auskunftsverweigerungsrecht, soweit der Zeuge strafzumessungsrelevante Umstände offenbaren müsste, die nicht bereits durch bindende Feststellungen vorgegeben sind. Wurde der Zeuge von dem gegen ihn gerichteten Tatvorwurf rechtskräftig freigesprochen, so kann er in dem gegen einen früheren Mitangeklagten gerichteten Strafverfahren die Auskunft nur bezüglich solcher Fragen verweigern, deren wahrheitsgemäße Beantwortung nach den Maßstäben des § 362 StPO die Gefahr der Wiederaufnahme des mit dem Freispruch abgeschlossenen Verfahrens besorgen lassen könnte.[358] Gleiches gilt für die Besorgnis

---

353 BGH NStZ 2011, 422; Meyer-Goßner § 69 Rn 13; aA HK-GS/Habetha § 69 Rn 7.
354 BGH NStZ 2002, 607, 608; KG NStZ 2011, 652; OLG Jena NStZ-RR 2011, 279.
355 BGH NStZ 2006, 178.
356 BGH NStZ 2007, 278.
357 BGH NJW 1999, 1413: „Teilstücke in einem mosaikartig zusammengesetzten Beweisgebäude"; KG NStZ 2011, 652; NStZ-RR 2010, 16; OLG Köln NStZ 2009, 586; Rinio JuS 2008, 600, 601.
358 BGH NStZ-RR 2005, 316.

der Einleitung eines neuen Ermittlungsverfahrens gegen den Zeugen wegen einer anderen Tat iSd § 264 StPO.[359]

300   Gemäß § 55 Abs. 2 StPO ist ein Zeuge über das Recht zur Verweigerung der Auskunft zu belehren.[360] Ein Unterlassen der Belehrung begründet die Revision des Angeklagten nicht, weil § 55 StPO nicht seinem Schutz sondern dem Schutz des Zeugen dient. Auch kann eine unrichtige Belehrung nicht gerügt werden, wenn der Zeuge die Auskunft nicht verweigert hat. Hat er sie verweigert, so ist § 245 StPO verletzt, wenn er präsent ist, sonst § 244 Abs. 2 StPO. Hat der Vorsitzende einem Zeugen unter Verletzung seines Beurteilungsspielraums zu Unrecht ein Auskunftsverweigerungsrecht gemäß § 55 StPO zugebilligt, so kann ein Verfahrensbeteiligter eine Verfahrensrüge hierauf nur dann stützen, wenn er in der Hauptverhandlung die Entscheidung als unzulässig beanstandet hat.[361]

dd) Vereidigung von Zeugen gemäß § 59 ff StPO

301   § 59 StPO bestimmt, dass Zeugen nur noch dann vereidigt werden, wenn das Gericht dies wegen der Bedeutung der Aussage oder zur Herbeiführung einer wahrheitsgemäßen Aussage für erforderlich hält (Nichtvereidigung als Regelfall). Nach hM muss die Tatsache der Vereidigung oder Nichtvereidigung als wesentliche Förmlichkeit in das Hauptverhandlungsprotokoll aufgenommen werden.[362]

> **Klausurtipp:** In einer Klausur empfiehlt es sich, das Problem aufzuwerfen und zu diskutieren. Wird die von der hM abweichende Auffassung vertreten, ist auf die möglichen Konsequenzen für die weitere Prüfung zu achten.

302   Die Entscheidung über die Vereidigung oder Nichtvereidigung trifft der Vorsitzende nach § 238 Abs. 1 StPO. Will der Angeklagte diese Anordnung des Vorsitzenden mit der Revision angreifen, setzt eine entsprechende Verfahrensrüge voraus, dass er die Entscheidung in der Hauptverhandlung beanstandet und gemäß § 238 Abs. 2 StPO einen Beschluss des Gerichts herbeigeführt hat.[363] Die Entscheidung, dass nicht vereidigt wird, bedarf dabei keiner Begründung. Gleiches gilt nach hM unter Bezugnahme auf § 59 Abs. 1 S. 2 StPO auch für die Ablehnung einer beantragten Vereidigung.[364] Ein solcher Antrag ist erforderlich, wenn eine unterbliebene Vereidigung später gerügt werden soll. Wird vereidigt, so bedarf die Entscheidung wegen des Wortlauts des § 59 Abs. 1 S. 2 StPO keiner Begründung.

303   Unterlässt der Vorsitzende eine Entscheidung über die Vereidigung (bspw, indem er vergisst darüber zu entscheiden), so kann dies nach hM auch ohne Anrufung des Gerichts gerügt werden.[365]

---

359   Wird allerdings gegen den nach § 55 StPO nicht belehrten Zeugen ein Strafverfahren durchgeführt, so ist seine frühere, unter Verstoß gegen § 55 StPO zustande gekommene Aussage in dem Verfahren gegen ihn nicht verwertbar, OLG Celle NStZ 2002, 386.

360   Zum Umfang vgl BGH NStZ-RR 2005, 269.

361   BGH NStZ 2007, 230.

362   BGH StraFo 2005, 204; Meyer-Goßner § 59 Rn 12; HK-GS/Habetha § 59 Rn 11; Feser JuS 2008, 229, 230; aA BGH NStZ 2009, 647, wonach der Entlassungsverfügung des Vorsitzenden konkludent entnommen werden kann, er habe die Voraussetzungen, vom regelmäßigen Verfahrensgang abzuweichen, als nicht gegeben angesehen.

363   BGH StV 2005, 310; NStZ 2005, 340; aA Meyer-Goßner § 59 Rn 13 HK-GS/Habetha § 59 Rn 14.

364   Meyer-Goßner § 59 Rn 11; Feser JuS 2008, 229; aA Sommer StraFo 2004, 296.

365   BGH StV 1992, 146; Meyer-Goßner § 59 Rn 13; Schlothauer StV 2005, 200; aA BGHSt 50, 282.

Vereidigungsverbote ergeben sich aus § 60 StPO. Wird ein Zeuge trotz eines bestehenden Vereidigungsverbotes vereidigt, so ist die Revision erfolgreich, wenn das Urteil auf dem Fehler beruht.[366] Dies ist dann der Fall, wenn das Gericht dem Zeugen glaubte und seine Aussage für die Entscheidung von Bedeutung war. Es kann dann nicht ausgeschlossen werden, dass das Gericht dem Zeugen weniger Glauben geschenkt hätte, wenn er unvereidigt geblieben wäre. Glaubt das Gericht dem Zeugen trotz Vereidigung nicht oder spielt die Aussage des Zeugen für die Entscheidung des Gerichts keine Rolle, wird das Beruhen in aller Regel zu verneinen sein.[367] Eine Rüge setzt nicht voraus, dass eine Entscheidung des Gerichts herbeigeführt wird. Eine Rügepräklusion gemäß § 238 Abs. 2 StPO tritt nicht ein.

Wird demgegenüber irrigerweise ein Vereidigungsverbot angenommen, so kann die Revision darauf gestützt werden, sofern das Urteil drauf beruht. Davon ist auszugehen, wenn das Urteil ergibt, dass die Aussage im Fall der Beeidigung anders gewürdigt worden wäre.[368] Um diesen Verstoß rügen zu können, muss eine Entscheidung des Gerichts herbeigeführt werden, da die Rüge sonst gemäß § 238 Abs. 2 StPO präkludiert ist.

Bei Angehörigen iSd § 52 StPO ist § 61 2. Hs. StPO zu beachten. Insoweit gelten die Ausführungen zu § 52 StPO entsprechend. Ein Beruhen des Urteils auf dem Unterbleiben der gebotenen Belehrung eines zur Verweigerung der Eidesleistung berechtigten Zeugen kann bspw dann ausgeschlossen werden, wenn mit Sicherheit davon auszugehen ist, dass der Zeuge auch nach Belehrung über sein Eidesverweigerungsrecht den Eid geleistet hätte.[369] Insoweit gelten dieselben Maßstäbe, wie für das Unterbleiben der Belehrung über ein Zeugnisverweigerungsrecht (vgl Rn 290).[370]

ee) Entlassung, § 248 StPO

§ 248 StPO sieht vor, dass ein vernommener Zeuge sich nur mit Billigung des Vorsitzenden entfernen darf (sog. Entlassungsentscheidung). Ein revisibler Verstoß hiergegen ist möglich, indem die Entscheidung über die Entlassung getroffen wird, obwohl einzelne Verfahrensbeteiligte nicht damit einverstanden sind. Diese müssen dann aber gegen die Entscheidung des Vorsitzenden remonstrieren und das Gericht anrufen, um sich eine mögliche Verfahrensrüge zu erhalten. Das Urteil beruht auf einem solchen Verstoß, wenn eine weitere Befragung der Beweisperson unterbunden wurde, was allerdings mit der zu erhebenden Rüge im Einzelnen vorzutragen ist.[371]

h) Beweisaufnahme: Fehler bei der Verwertung von Urkunden

Ein Urkundenbeweis ist zu erheben, wenn es im Rahmen der Beweisaufnahme auf den Inhalt eines Schriftstückes ankommt. Der gedankliche Inhalt der Urkunde soll ermittelt und verwertet werden.

BEACHTE: Kommt es nur auf das Vorhandensein oder auf die äußere Beschaffenheit des Schriftstückes an, so handelt es sich zwar ebenfalls um eine Urkunde. In die Beweisaufnahme

366 BGH NStZ-RR 2001, 18; 2002, 77.
367 BGH StV 2011, 454; aA OLG Frankfurt NStZ-RR 2003, 141.
368 BGH NStZ 2000, 265, 267.
369 BGH NStZ 2008, 171.
370 BGH NStZ 2008, 171, 172; StV 2002, 3.
371 Meyer-Goßner § 248 Rn 4.

wird das Schriftstück dann aber über den Augenschein eingeführt.[372] Beispiele sind hier etwa die Feststellung von Verfälschungsmerkmalen, Schriftvergleiche etc.

310   § 249 Abs. 1 S. 1 StPO bestimmt, dass Urkunden zur Feststellung ihres Inhalts **verlesen** werden. Unter Durchbrechung des Mündlichkeitsgrundsatzes eröffnet § 249 Abs. 2 StPO zur Verfahrensvereinfachung die Möglichkeit des Selbstleseverfahrens, bei dem die Anordnung und die Durchführung ordnungsgemäß protokolliert werden muss. Fehlt der Vermerk über die Einbeziehung des Beweisstoffs in die Verhandlung nach § 249 Abs. 2 S. 3 StPO, so ist die Inbegriffsrüge nach § 261 StPO eröffnet.[373]

311   Die Vorschrift, die in diesem Zusammenhang als Dreh- und Angelpunkt eines möglichen Verfahrensfehlers im Blickpunkt sein muss, ist **§ 250 StPO**. Beruht nämlich der Beweis einer Tatsache auf der Wahrnehmung einer Person, so ist diese in der Hauptverhandlung zu vernehmen. Der unmittelbare Eindruck von dem Zeugen und dem Sachverständigen ist gegenüber einer Niederschrift über deren Wahrnehmung vorrangig. Diese Vorschrift konkretisiert den im Strafprozess geltenden **Unmittelbarkeitsgrundsatz**.

312   Erfolgt eine Verlesung trotz des Verbotes, so liegt ein Verstoß gegen § 250 StPO vor, der in der Revision mit der Verfahrensrüge geltend gemacht werden muss.

> **Klausurtipp:** Der maßgebliche Obersatz lautet: „In Betracht kommt ein Verstoß gegen § 250 i.V.m. § 337 Abs. 1 StPO, indem die Niederschrift über … durch das Gericht verlesen wurde."

313   **ÜBERSICHT URKUNDENBEWEIS:**

Grundsatz:	Urkunden sind verlesbar, § 249 StPO
	Abgrenzung: Vorhalt als Vernehmungsmethode

Einschränkung: Wahrnehmungen einer Person: Vorrang des Personalbeweises, Unmittelbarkeitsgrundsatz des **§ 250 StPO**

Ausnahmen dieser Einschränkung:

§ 249 Abs. 1 S. 2   § 251   § 253   § 254   § 256   Schriftl. Erkl. des Angekl.

Verwertungsverbot des § 252 StPO

Ausnahme: Richterliche Vernehmung des Ermittlungsrichters

314   Der Urkundenbeweis vom sogenannten „**Vorhalt**" zu unterscheiden. Wenn einem Zeugen zur Unterstützung seiner Erinnerung Angaben in früheren Vernehmungsprotokollen oder anderen schriftlichen Erklärungen vorgehalten werden, liegt kein Urkundenbeweis vor. Es handelt sich dann um einen bloßen Vernehmungsbehelf, § 250 StPO ist nicht anwendbar. Entscheidender Unterschied ist, dass verwertbare Beweisgrundlage nur das ist, was der Zeuge auf den Vorhalt selbst erklärt. Erinnert sich also die Beweisperson und bestätigt den Inhalt des Vorhalts, so ist diese Aussage als Beweisergebnis verwertbar.

---

372   BGH NJW 2011, 3733.
373   BGH NStZ 2011, 300; 2010, 712 und NStZ-RR 2011, 20.

Erinnert sich aber die Beweisperson trotz des Vorhalts nicht mehr, dann ergeben sich daraus auch keine verwertbaren Informationen.

Zum Zwecke eines solchen Vorhalts dürfen Urkunden auch verlesen werden. Allerdings darf der Inhalt von Urkunden, die einem Verwertungsverbot unterliegen, nicht vorgehalten werden.

315

BEACHTE: Falls das Gericht den Inhalt einer Urkunde wörtlich in das Urteil aufnimmt, ohne dass die Urkunde im Urkundenbeweis in die Hauptverhandlung eingeführt worden ist (sondern vielmehr nur als bloßer Vernehmungsbehelf), so ist nicht etwa § 249 StPO, sondern § 261 StPO verletzt worden.[374] Denn das Gericht hat eine Erkenntnisquelle genutzt, die nicht Gegenstand der Beweisaufnahme in der Hauptverhandlung gewesen ist. Achten Sie dabei aber auch darauf, dass diese Urkunde natürlich auch über die Ausnahmen rechtsfehlerfrei in das Verfahren eingeführt werden kann.

316

Weiterhin ist wichtig, dass gemäß § 250 StPO der Unmittelbarkeitsgrundsatz nur für **Wahrnehmungen von Zeugen und Sachverständigen** gilt (Ausnahmen sogar dafür im beschleunigten Verfahren, § 420 StPO, und bei Einspruch gegen einen Strafbefehl, § 411 Abs. 2 S. 2 StPO). Dieser Vorrang des Personalbeweises kann in einzelnen Fällen zu Abgrenzungsproblemen führen.

317

BEISPIEL: Protokolle über Atemalkoholtests können Gegenstand des Urkundenbeweises sein. Dabei wird von einem Testgerät ein Protokoll über das Ergebnis einer Atemalkoholmessung ausgedruckt. Geht es nur um das Ergebnis, so kann das Protokoll im Urkundenbeweis eingeführt werden. Geht es um die Richtigkeit des Zustandekommens des Messergebnisses, wird die Vernehmung der Bediener des Testgeräts erforderlich werden.[375]

318

Über diese beschriebenen Abgrenzungen hinaus gibt es von dem Unmittelbarkeitsgrundsatz des § 250 StPO zahlreiche Ausnahmen.

319

Trotz des § 250 StPO dürfen verlesen werden:

§ 249 Abs. 1 S. 2 StPO: Verlesung von Niederschriften über Wahrnehmungen, die in einem Urteil mitgeteilt werden sowie richterliche Augenscheinsprotokolle

320

Verlesbar sind Urteile aller Gerichtsbarkeiten gegen den Angeklagten und gegen Dritte. Insbesondere darf dadurch Beweis erhoben werden, wie der Angeklagte oder ein Zeuge sich früher geäußert hat.[376]

Klausurtipp: Die Verlesung des Bundeszentralregisterauszugs ist nach § 249 Abs. 1 S. 2 StPO zulässig. Es handelt sich um eine Strafliste im Sinne der Vorschrift. Dies sollte in einer Klausur erkannt und benannt werden.

Richterliche Augenscheinsprotokolle müssen unter Beachtung der hierfür maßgeblichen Formvorschriften der §§ 168 d Abs. 1 S. 2, 168 c Abs. 5, 224, 225 StPO zustande gekommen sein.

321

§§ 251, 253 StPO: Verlesung von Vernehmungsniederschriften in Ausnahmefällen

322

§ 251 StPO unterscheidet dabei zwischen zu verlesenden nicht richterlichen Vernehmungsprotokollen (Abs. 1) und richterlichen Vernehmungsprotokollen (Abs. 2).

---

374 BGH StV 2000, 655; Meyer-Goßner § 249 Rn 30.
375 BGH, Beschl. v. 20.7.2004 – Az: 1 StR 145/04.
376 BGHSt 31, 323, 332.

323   Die Vernehmung eines Zeugen, Sachverständigen oder Mitbeschuldigten kann durch die Verlesung einer Niederschrift über die **nicht richterliche** Vernehmung ersetzt werden, wenn

Nr. 1:   Staatsanwalt **und** Verteidiger **und** Angeklagter zustimmen **oder**

Nr. 2:   der Zeuge, Sachverständige oder Mitbeschuldigte verstorben ist oder aus einem anderen Grund in absehbarer Zeit gerichtlich nicht vernommen werden kann **oder**

Nr. 3:   die Niederschrift das Vorliegen oder die Höhe eines Vermögensschadens betrifft.

Die Vernehmung eines Zeugen, Sachverständigen oder Mitbeschuldigten kann durch die Verlesung einer Niederschrift über die **richterliche** Vernehmung ersetzt werden, wenn

Nr. 1:   dem Erscheinen des Zeugen, Sachverständigen oder Mitbeschuldigten für eine längere oder ungewisse Zeit Krankheit, Gebrechlichkeit oder andere nicht zu beseitigende Hindernisse entgegenstehen **oder**

Nr. 2:   dem Zeugen oder Sachverständigen das Erscheinen in der Hauptverhandlung wegen großer Entfernung unter Berücksichtigung der Bedeutung seiner Aussage nicht zugemutet werden kann **oder**

Nr. 3:   Staatsanwalt **und** Verteidiger **und** Angeklagter einverstanden sind.

324   **Klausurtipp:** Relevant ist hier insb. § 251 Abs. 1 Nr. 2 StPO. Die Begriffe „absehbare Zeit" und „nicht vernommen werden kann" sind der Auslegung zugänglich und erfordern daher bei der Entscheidungsfindung in der Klausur eine gute Argumentation.

325   Die Frage, ob ein Zeuge **in absehbarer Zeit** gerichtlich nicht vernommen werden kann, erfordert eine Abwägung der Bedeutung der Sache und der Wichtigkeit der Zeugenaussage für die Wahrheitsfindung einerseits unter Berücksichtigung des Interesses an einer reibungslosen und beschleunigten Durchführung des Verfahrens andererseits unter Berücksichtigung der Pflicht zu erschöpfender Sachaufklärung.[377] Bei besonders wichtigen Zeugen ist auch eine mehrmonatige Verzögerung des Verfahrens hinzunehmen, wenn sich der Angeklagte nicht in Untersuchungshaft befindet. Kann allerdings ein Zeuge in der Hauptverhandlung nicht abschließend vernommen werden, können Aufklärungsgesichtspunkte die Verlesung von Niederschriften über frühere Vernehmungen rechtfertigen.[378]

326   Allein rechtliche Hindernisse erlauben eine Verlesung allerdings nicht. Wenn also ein Zeuge, der im Ermittlungsverfahren eine schriftliche Erklärung über seinen Verteidiger hat abgeben lassen, vor seiner Vernehmung in der Hauptverhandlung dem Gericht mitteilt, er werde sich auf sein Zeugnisverweigerungsrecht nach §§ 52 ff StPO oder sein umfassendes Auskunftsverweigerungsrecht gemäß § 55 StPO berufen und keinerlei Angaben machen, ist dies nicht als ein Fall anzusehen, in dem der Zeuge im Sinne der Nr. 2 „nicht vernommen werden kann". Nach BGH[379] darf in einem solchen Fall die Vernehmung nicht durch Verlesung von dem Zeugen stammender früherer schriftlicher Erklärungen gemäß § 251 Abs. 1 Nr. 2 StPO ersetzt werden.

---

377   OLG München NStZ-RR 2006, 111 f.
378   BGH NStZ 2008, 50.
379   NJW 2007, 2195.

Dagegen wird eine Verlesung dann für zulässig erachtet, wenn das Gericht von der Vernehmung absieht, weil für den Zeugen oder seine Familie bei wahrheitsgemäßer Aussage konkrete Gefahr für Leib oder Leben besteht; dies bedarf allerdings einer genauen Prüfung.[380]

327

> **Klausurtipp:** Besonders klausurrelevant ist hier die mögliche Verknüpfung mit einer Problematik aus dem Ermittlungsverfahren. Die nicht richterliche und auch die (ermittlungs-)richterliche Vernehmung, deren Niederschrift verlesen werden soll, müssen natürlich selbst formell korrekt erfolgt sein. Hier kann insb. die Prüfung des § 168 c StPO (Anwesenheitsrechte) oder der ordnungsgemäßen Zeugenbelehrung von Bedeutung sein. Prägen Sie sich daher in § 251 StPO in beiden Absätzen den Begriff „Vernehmung" ein, damit Sie sich der Möglichkeit dieser zusätzlichen Problematik bewusst sind.
>
> Dabei ist auch zu berücksichtigen, dass ein Mangel der verlesenen Vernehmung bis zum Zeitpunkt des § 257 StPO geltend gemacht werden muss, um sich später im Revisionsverfahren noch darauf berufen zu können.
>
> Zudem kann in Betracht kommen, dass eine fehlerhaft zustande gekommene richterliche Vernehmung ggf als nichtrichterliches Protokoll in das Verfahren eingeführt werden kann. Hier ist allerdings zu beachten, dass das Gericht analog § 265 Abs. 1 StPO auf diese geänderte rechtliche Einschätzung hinweisen muss (vgl Rn 434 ff).

328

In diesem Zusammenhang begründet es grds. die Revision, wenn der nach § 251 Abs. 4 StPO geforderte **Gerichtsbeschluss** nicht ergangen ist. Der Beschluss dient der Unterrichtung der Verfahrensbeteiligten über den Grund der Verlesung und der eindeutigen Bestimmung des Umfangs der Verlesung. Bei Kollegialgerichten soll er zudem unter Beachtung der Aufklärungspflicht die Meinungsbildung des gesamten Gerichts, und nicht nur des Vorsitzenden, über das einzuschlagende Verfahren sicherstellen und insb. den Schöffen den Ausnahmecharakter der Verlesung deutlich machen. Entscheidend ist insoweit, ob die (erneute) persönliche Vernehmung des Zeugen zur weiteren Aufklärung erforderlich ist oder ob die Verlesung der Niederschrift genügt.[381]

329

Das Urteil kann auf dem nicht ergangenen Gerichtsbeschluss beruhen, wenn sich den Verfahrensbeteiligten der Grund der Verlesung nicht erschlossen hat und damit die der Anordnung der Verlesung zugrunde liegenden Erwägungen rechtlich nicht überprüfbar sind bzw das Gericht die Verlesungsvoraussetzungen (im Gegensatz zum Vorsitzenden) möglicherweise verneint hätte.[382]

Ein Beruhen kann umgekehrt also ausgeschlossen sein, wenn der Grund der Vernehmung offensichtlich und allen Beteiligten bekannt war und die persönliche Vernehmung keine weitere Aufklärung erwarten lässt.[383]

330

BEACHTE: Wird ein (Auslands-)Zeuge nicht vernommen, sondern eine richterliche Vernehmungsniederschrift verlesen, so ist Folgendes zu beachten: Art. 6 Abs. 3d EMRK garantiert – als eine besondere Ausformung des Grundsatzes des fairen Verfahrens nach Art. 6 Abs. 1 S 1 EMRK – das Recht des Angeklagten, „Fragen an Belastungszeugen zu stellen oder stellen zu lassen". Ist die *unterbliebene* konfrontative Befragung eines Zeugen der Justiz zuzurechnen,

331

---

380 BGH NStZ 1993, 350; Meyer-Goßner § 251 Rn 11 – dies ist str., vgl Eisenberg, StV 1993, 624, daher in der Klausur auf jeden Fall diskutieren und auf andere Möglichkeiten gemäß § 172 Nr. 1a GVG usw. hinweisen!
381 BGH NStZ-RR 2007, 52; 2001, 261.
382 BGH NStZ 2011, 356; 2010, 649; NStZ-RR 2007, 52.
383 BGH NStZ 2010, 403.

kann eine Verurteilung auf dessen Angaben nur gestützt werden, wenn diese durch andere gewichtige Gesichtspunkte außerhalb der Aussage bestätigt werden.[384]

332   Der **Vorhalt nach § 253 StPO** ist ein Urkundenbeweis, mit dem der Inhalt der früheren Aussage zum Gegenstand der Hauptverhandlung wird. Er ist nur zulässig zur Gedächtnisstütze (Abs. 1)[385] oder zum Aufdecken von Widersprüchen (Abs. 2). Davon zu unterscheiden ist der einfache Vorhalt im Rahmen der Vernehmung des Angeklagten, des Zeugen oder des Sachverständigen. Er ist ein Vernehmungsbehelf. Während bei ihm nur verwertet werden darf, was der Vernommene auf den Vorhalt hin erklärt hat, wird im Falle des § 253 StPO der Inhalt der früheren Aussage zum Gegenstand der Hauptverhandlung.

Die Regelungen der §§ 251, 253 StPO gelten entsprechend für die Vorführung einer Videovernehmung von Zeugen, § 255a StPO.

333   **§ 254 Abs. 1 und Abs. 2: Verlesung richterlicher Vernehmungsniederschriften über ein Geständnis, § 254 Abs. 1 StPO oder über der Einlassung widersprechender Angaben, § 254 Abs. 2 StPO**

334   § 254 Abs. 1 StPO ermöglicht den Urkundenbeweis über ein früheres, im Rahmen einer richterlichen Vernehmung abgelegtes Geständnis des jetzigen Angeklagten. Eine polizeiliche Vernehmung erfüllt diese Anforderungen nicht. Allerdings kann, da § 254 Abs. 1 StPO kein weitergehendes Verbot aufstellt, der Polizeibeamte als Zeuge über den Inhalt der Vernehmung gehört werden.

335   **Klausurtipp:** Beachten Sie auch hier das mögliche „Einfallstor" für Verfahrensfehler. Die Vernehmung muss wieder formell ordnungsgemäß durchgeführt und protokolliert worden sein. Mängel der Vernehmung müssen vom Angeklagten oder Verteidiger bis zum Zeitpunkt des § 257 StPO geltend gemacht werden.

336   Dabei soll es nach hM gleichgültig sein, ob der Angeklagte die damalige Erklärung bereits als Beschuldigter oder noch als Zeuge abgegeben hat. Dies ist allerdings str. und in der Klausur zu diskutieren.[386]

337   **Klausurtipp:** Entscheidend ist auch hier, dass Sie sich mit der Problematik argumentativ auseinandersetzen. Gegen eine Verlesung könnte sprechen, dass der nun Angeklagte damals natürlich nicht gemäß § 136 Abs. 1 StPO als Beschuldigter belehrt wurde. Dafür ließe sich anführen, dass § 254 Abs. 1 StPO nur die Formulierung „in *einem* richterlichen Protokoll" enthält und somit beide Möglichkeiten eröffnet.

338   § 254 Abs. 2 erlaubt die Verlesung eines richterlichen Protokolls über die dortigen Erklärungen des Angeklagten zur Aufklärung von Widersprüchen zwischen den beiden Vernehmungen.

Ein Verstoß gegen § 254 StPO muss mit der Verfahrensrüge geltend gemacht werden.

339   **§ 256 StPO: Verlesung der Erklärungen von Behörden, Sachverständigen oder Ärzten in bestimmten Ausnahmefällen**

Die einzelnen Erklärungen, Atteste, Berichte und Gutachten, deren Verlesen als Ausnahme vom Unmittelbarkeitsgrundsatz möglich ist, ergeben sich aus dem Wortlaut des

---

384 BGH NStZ 2007, 166.
385 BGH NStZ 2011, 422.
386 Meyer-Goßner § 254 Rn 4; vgl zur Gegenposition: KK-Diemer § 254 Rn 3.

§ 256 StPO. Werden die genannten Urkunden unzulässig verlesen oder verwertet, kann ein Verstoß gegen § 250 StPO vorliegen,[387] werden sie unrichtig gewürdigt, ist § 261 StPO (Beweiswürdigung) tangiert,[388] und wäre eine persönliche Vernehmung geboten gewesen, kann § 244 Abs. 2 StPO verletzt sein (Aufklärungspflicht).

> **Klausurtipp:** Lesen Sie auch hier die Vorschrift ganz genau. Ein privatärztliches Attest etwa darf gemäß § 256 Abs. 1 Nr. 2 StPO nur bei Körperverletzungen verlesen werden, die nicht zu den schweren gehören (also §§ 223, 224, 229 StGB). Hier kann in einer Klausur wieder eine Verzahnung zum Strafrecht eingebaut werden. Klar erscheint bei der Regelung, dass eine Verlesung nicht zum Nachweis des schweren sexuellen Missbrauchs eines Kindes, zum Nachweis der von der Geschädigten erlittenen Tatfolgen oder zur Beurteilung der Glaubwürdigkeit des Angeklagten erfolgen kann.[389] Bei angeklagter Tateinheit zwischen einem Körperverletzungsdelikt und einer anderen Straftat wird eine Verlesbarkeit angenommen, wenn das Attest ausschließlich dem Nachweis der Körperverletzung oder des sie betreffenden Schuldumfangs dient.[390] Insgesamt ist eine Vernehmung des Arztes statt der Verlesung des Attestes dann erforderlich, wenn der unmittelbare Eindruck eine zuverlässigere Grundlage der richterlichen Überzeugungsbildung sein kann als die Verlesung. Im Kern kommt es also darauf an, ob die Vernehmung Gebot richterlicher Aufklärungspflicht ist, § 244 Abs. 2 StPO.[391]

340

Die zuletzt eingefügten § 256 Abs. 1 Nr. 1b und 5 StPO sollten beachtet werden. Danach sind nun Gutachten von in diesem Bereich vereidigten Sachverständigen und polizeiliche Ermittlungsberichte unter den dort genannten Voraussetzungen verlesbar.

341

Schriftliche Erklärungen des Angeklagten (nicht gesetzlich geregelt)

342

Schriftliche Erklärungen, die der Angeklagte im anhängigen Verfahren zu der gegen ihn erhobenen Beschuldigung abgibt, können verlesen werden, auch wenn er später Angaben verweigert. Dies gilt jedoch nur für schriftliche Erklärungen, die der Angeklagte selbst abgegeben hat. Hat er sich gegenüber einer anderen Person geäußert und hat diese die Äußerung schriftlich festgehalten, so handelt es sich bei deren Wiedergabe um eine Erklärung dieser Person. Diese ist daher über ihre Wahrnehmungen bei der Unterredung mit dem Angeklagten zu vernehmen, § 250 S. 1 StPO. Diese Grundsätze gelten auch dann, wenn die niederschreibende Person der Verteidiger ist.[392] Schriftliche Erklärungen, die der Angeklagte ohne Bezug zum Strafverfahren abgegeben hat, dürfen verlesen und verwertet werden, wenn nicht Beweiserhebungs- oder -verwertungsverbote entgegenstehen (vgl Rn 282 ff).

Verwertungsverbot des § 252 StPO

Die Regelung des § 252 StPO ergänzt die Vorschriften der §§ 52 ff StPO für den Fall der nachträglichen Zeugnisverweigerung. Hat ein Zeuge in einer früheren richterlichen oder nichtrichterlichen Vernehmung sein Zeugnisverweigerungsrecht nicht in Anspruch genommen, beruft sich aber vor der beabsichtigten Verlesung der Aussage doch hierauf,

343

---

387 BGH StraFo 2012, 64.
388 BGH StraFo 2011, 151.
389 BGH StraFo 2011, 95; BGH NStZ 2008, 474.
390 BGHSt 33, 389; Meyer-Goßner § 256 Rn 20.
391 BGH NStZ 2012, 226.
392 BGH NStZ 2002, 555.

so sperrt § 252 StPO die Verlesung. Die Regelung gilt auch für § 255a StPO und sperrt damit in gleicher Weise das Vorspielen einer Videovernehmung von Zeugen.

Prüfungsschema § 252: Voraussetzungen:

- Hat Zeuge ein Zeugnisverweigerungsrecht (§§ 52, 53, 53a, 54 StPO, nicht § 55 StPO)?
- Wurde er vor der Hauptverhandlung vernommen?[393]
- Verweigerung des Zeugnisses in der Hauptverhandlung

Folgen:

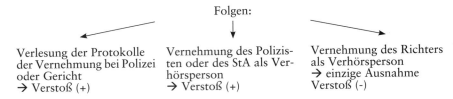

| Verlesung der Protokolle der Vernehmung bei Polizei oder Gericht → Verstoß (+) | Vernehmung des Polizisten oder des StA als Verhörsperson → Verstoß (+) | Vernehmung des Richters als Verhörsperson → einzige Ausnahme Verstoß (-) |

344   **Lerntipp:** Sie müssen genau auf die Begriffe achten. § 252 StPO nennt nur das Zeugnisverweigerungsrecht, findet also keine Anwendung, wenn dem Zeugen nur ein Auskunftsverweigerungsrecht gemäß § 55 zusteht.[394]

345   Klausurrelevanz kann hier der Umstand entfalten, dass grds. zwei Zeitpunkte maßgeblich sind: Der Zeitpunkt der Vernehmung im Ermittlungsverfahren und der (spätere) Zeitpunkt der Hauptverhandlung. In der Hauptverhandlung muss das Zeugnisverweigerungsrecht jedenfalls bestehen, dies ergibt sich schon aus dem Wortlaut des § 252 StPO. Im Fall des § 52 StPO sperrt § 252 StPO die Verlesung sowohl wenn das Angehörigenverhältnis vor als auch wenn es nach der früheren Vernehmung entstanden ist. Im Fall der §§ 53, 53a StPO ist § 252 StPO dagegen nur anwendbar, wenn schon bei der früheren Vernehmung ein Zeugnisverweigerungsrecht bestanden hat, nicht aber, wenn der Zeuge damals von der Schweigepflicht entbunden war.[395]

346   Nach hRspr enthält § 252 StPO nicht nur ein Verlesungsverbot, sondern auch ein Verwertungsverbot. Die Ergebnisse früherer Vernehmungen eines in der Hauptverhandlung berechtigt die Aussage verweigernden Zeugen dürfen weder durch Verlesen des Vernehmungsprotokolls oder eines früheren Urteils noch durch Vernehmung der Verhörpersonen noch durch Vorhalt an den Angeklagten oder andere Zeugen in die Hauptverhandlung eingeführt werden.[396] Zweck des § 252 StPO ist es nämlich, den zur Verweigerung des Zeugnisses Berechtigten bis zur Hauptverhandlung frei entscheiden zu lassen, ob seine frühere – vielleicht voreilige Aussage – verwertet werden darf.

347   **BEACHTE:** Einzige Ausnahme ist die Vernehmung der richterlichen Verhörsperson als Zeuge. Dies steht zwar eigentlich im klaren Widerspruch zum Wortlaut des § 252 StPO, rechtfertigt sich aber nach hRspr aus der aus § 251 StPO folgenden erhöhten und für den Zeugen erkennbaren Bedeutung der richterlichen gegenüber einer sonstigen Vernehmung.[397] Allerdings muss auch hier darauf geachtet werden, dass die damalige Vernehmung formell ordnungsge-

---

393   OLG Hamm, Beschl. v. 24.05.2011 – Az: 2 RVs 20/11 = BeckRS 2011, 16996 (keine Vernehmung bei Äußerungen im Rahmen eines Notrufs).
394   BGH NStZ 2002, 217, 218.
395   BGH StV 2012, 195.
396   BGH NStZ 2007, 652; 353; Ladiges JuS 2011, 226, 227; El-Ghazi JA 2012, 44.
397   BGH NJW 2004, 1605, 1607; dagegen aber HK-GS/König § 252 Rn 27; Beulke Rn 420, muss in der Klausur diskutiert werden; El-Ghazi JA 2012, 44, 46.

mäß war (Belehrung!). Außerdem ist verwertbar nur das, was der Richter über den Inhalt der früheren Aussage noch in Erinnerung hat.[398]

Der **Begriff der Vernehmung** iSd § 252 StPO ist weit auszulegen und umfasst auch Angaben bei einer nur informatorischen Befragung durch Polizeibeamte, bei der das Schutzbedürfnis des Zeugen sogar noch größer ist als bei einer mit der vorgeschriebenen Belehrung verbundenen förmlichen Vernehmung. Entscheidend ist, dass die Auskunftsperson von einem Staatsorgan in amtlicher Eigenschaft zu dem den Gegenstand des (nunmehrigen) Strafverfahrens bildenden Sachverhalt gehört worden ist.

348

Unter den Begriff der Vernehmung fällt auch die Befragung der Angehörigen des Angeklagten durch einen Vertreter der Jugendgerichtshilfe. Mitteilungen eines gemäß § 52 StPO zur Verweigerung des Zeugnisses berechtigten Zeugen gegenüber einem Sachverständigen über Zusatztatsachen, zu denen regelmäßig auch die Tatschilderung eines auf seine Glaubwürdigkeit zu begutachtenden Zeugen gehört, stehen einer Aussage iSd § 252 StPO gleich.[399] Auch ein Schriftstück, das ein Zeuge im Rahmen seiner früheren Vernehmung anfertigt, unterliegt der Sperre des § 252 StPO. Spontanäußerungen gehören allerdings nicht dazu.[400]

349

Verweigert ein Zeugnisverweigerungsberechtigter in der Hauptverhandlung das Zeugnis, so darf auch seine Einlassung in einem früheren, gegen ihn gerichteten Verfahren nicht gegen den nunmehr angeklagten Angehörigen verwendet werden. Das Verwertungsverbot aus § 252 StPO erstreckt sich auch auf den wegen Beteiligung an derselben Tat Mitangeklagten.

350

Die Geltendmachung eines Zeugnisverweigerungsrechts hindert den Zeugen aber nicht, nach ordnungsgemäßer Belehrung die Verwertung der bei einer nicht richterlichen Vernehmung gemachten Aussage mit (eindeutigem) Einverständnis zu gestatten. Dies gilt allerdings nicht für die Verwertung von Angaben, die von einem Zeugen im Rahmen einer zielgerichteten Befragung durch den Verteidiger getätigt wurden.[401]

351

Der Verzicht eines Zeugen auf das ihm als Angehörigen zustehende Zeugnisverweigerungsrecht – auch in der Form des Einverständnisses mit der Beweiserhebung über den Inhalt einer polizeilichen Vernehmung – kann auch außerhalb einer Hauptverhandlung erklärt werden. Bestehen Zweifel, ob der Zeuge die prozessualen Wirkungen seiner Verzichtserklärung erfasst hat, ist er vom Gericht über die Rechtslage in der Hauptverhandlung zu belehren. Das wirksame Einverständnis eines zeugnisverweigerungsberechtigten Zeugen mit der Verwertung einer früheren nichtrichterlichen Vernehmung führt dazu, dass die frühere Aussage durch die Vernehmung der Verhörsperson in die Hauptverhandlung eingeführt werden darf.[402] Dadurch wird der Unmittelbarkeitsgrundsatz des § 250 StPO nicht verletzt.

352

BEACHTE: Beruft sich ein Zeuge in der Hauptverhandlung zunächst auf sein Zeugnisverweigerungsrecht als Verlobter und sagt später gleichwohl zur Sache aus, um eine frühere richterliche Vernehmung zu entkräften, so macht er die früheren Vernehmungsinhalte zum Gegenstand seiner unter Verzicht auf sein Zeugnisverweigerungsrecht erfolgten Aussage in der

353

---

398 BGH NStZ 2010, 406.
399 BGH NStZ 2007, 353.
400 BGH NStZ 2007, 652; OLG Saarbrücken NJW 2008, 1396; Mosbacher JuS 2008, 688; Ladiges JuS 2011, 226, 227; El-Ghazi JA 2012, 44, 46.
401 BGH NStZ 2001, 49.
402 BGH NStZ-RR 2006, 181; El-Ghazi JA 2012, 44, 47.

Hauptverhandlung. Diese sind verwertbar, auch wenn er früher nicht über sein Zeugnisverweigerungsrecht belehrt wurde.

354   Der Angeklagte darf einen Verstoß gegen § 252 StPO auch dann rügen, wenn er selbst oder sein Verteidiger der Verwertung nicht widersprochen hat, da im Rahmen des § 252 StPO eine etwaige Einwilligung der Verfahrensbeteiligten unbeachtlich ist. Auch eine Präklusion der Rüge wegen Verzichts auf den in § 238 Abs. 2 StPO vorgesehenen Zwischenrechtsbehelf scheidet danach bei Eingriffen in die Entscheidungsfreiheit eines Zeugen aus.

355   Lerntipp: Die Regelung des § 252 StPO ist absoluter Pflichtfachstoff. Die Voraussetzungen und Besonderheiten dieser Regelung müssen Sie beherrschen!

i) Beweisaufnahme: Sachverständige

356   Sachverständige sind Personen, die bezüglich einer oder mehrerer zu beweisender Tatsachen eine dem Richter fehlende besondere Sachkunde besitzen.[403] Die diesbezüglichen Regelungen finden sich in den §§ 72 ff StPO. Sie ergänzen die Regelungen des Zeugenbeweises, die entsprechend anzuwenden sind, § 72 StPO.

357   Für eine revisionsrechtliche Aufgabenstellung ist insb. von Bedeutung, wie die von einem Sachverständigen ermittelten Anknüpfungstatsachen[404] in die Hauptverhandlung eingeführt werden. Hierbei wird zwischen Befundtatsachen und Zusatztatsachen unterschieden. **Befundtatsachen** sind solche Tatsachen, die der Sachverständige lediglich aufgrund seiner besonderen Sachkunde erkennen kann und die die Grundlage des zu erstattenden Gutachtens bilden.[405] Sie werden durch die gutachtliche Stellungnahme eingeführt. Verfahrensrechtlich ist auf die Einhaltung der §§ 72 ff StPO zu achten. **Zusatztatsachen** sind demgegenüber solche Tatsachen, die der Sachverständige während seiner Tätigkeit feststellt, ohne dass es hierfür besonderer Sachkunde bedarf,[406] wie bspw Angaben zum Tathergang durch die zu untersuchende Person. Diese Tatsachen sind nicht Bestandteil des Gutachtens. Der Sachverständige muss dazu deshalb als Zeuge vernommen werden. Dabei ist auf die Einhaltung der für die Vernehmung von Zeugen geltenden Vorschriften und mögliche Verwertungsverbote zu achten.

j) Beweisaufnahme: Augenschein

358   Augenschein ist jede sinnliche Wahrnehmung durch Sehen, Hören, Riechen, Schmecken oder Fühlen, soweit sie nicht einer der vorgenannten Strengbeweismittelarten unterfällt.[407] Soweit innerhalb der Hauptverhandlung Lichtbilder, Gegenstände etc. in (richterlichen) Augenschein genommen werden, wird dies Bestandteil der Hauptverhandlung und ist verwertbar. Im Protokoll ist die Tatsache der Augenscheinseinnahme zu vermerken.[408] Zur Ablehnung eines Beweisantrages auf Augenscheinseinnahme vgl Rn 419.

---

403   Kindhäuser § 21 Rn 80.
404   Anknüpfungstatsachen sind solche Tatsachen, die der Sachverständige seinem Gutachten zu Grunde legt.
405   BGHSt 18, 107, 108; Kindhäuser § 21 Rn 87.
406   BGHSt 18, 107, 108; Kindhäuser § 21 Rn 88.
407   BGHSt 18, 52, 53; Meyer-Goßner § 86 Rn 1; HK-GS/Neuhaus § 86 Rn 1; Kindhäuser § 21 Rn 104.
408   Meyer-Goßner § 86 Rn 17.

k) Beweisaufnahme: Aufklärungspflicht, § 244 Abs. 2 StPO

Im Gegensatz zum Zivilprozess (Dispositionsmaxime der Parteien) herrscht im Straf- 359
prozess die **Amtsaufklärungspflicht**. Das Gericht ist somit verpflichtet, die Beweisaufnahme auf alle Tatsachen und alle tauglichen und erlaubten Beweismittel zu erstrecken,
die für die Entscheidung von Bedeutung sind.[409] Auf die Befolgung dieser Pflicht haben
die Prozessbeteiligten einen Anspruch, die Verletzung der Pflicht kann einen relativen
Revisionsgrund zur Folge haben.

Die Aufklärungspflicht reicht so weit, wie aus den Akten, durch Anträge oder Anregun- 360
gen oder sonst durch den Verfahrensablauf bekannt gewordene Tatsachen das Gericht
zum Gebrauch von Beweismitteln drängen oder ihn nahe legen. Dabei hat das Gericht
eine verständige Würdigung der Sachlage vorzunehmen. Es muss nicht jedem Beweismittel nachgegangen werden, vielmehr nur den erkennbaren und sinnvollen Möglichkeiten zur Aufklärung des Sachverhalts. Wenn ein Beweisergebnis unsicher ist, wenn
Widersprüche in der Beweisaufnahme zu Tage treten, kann dies Anlass sein, weitere
Beweismittel zu nutzen.

Die Aufklärungspflicht ist verletzt, wenn das Gericht Ermittlungen unterlassen hat, zu 361
denen es sich aufgrund seiner Aufklärungspflicht gedrängt sehen musste. Wurde ein Beweisantrag gestellt, so geht es nicht um die Verletzung der Aufklärungspflicht nach
§ 244 Abs. 2 StPO, sondern um die Verletzung von § 244 Abs. 3–5 StPO (fehlerhafte
Bescheidung eines Beweisantrags).

> **Lerntipp:** Die Verletzung der Aufklärungspflicht nach § 244 Abs. 2 StPO ist von der Verlet- 362
> zung der Vorschriften über die Ablehnung eines Beweisantrags nach § 244 Abs. 3–5 StPO
> streng zu unterscheiden. Allerdings kann auch bei der Prüfung der Verletzung der Amts-
> aufklärungspflicht nach § 244 Abs. 2 StPO damit argumentiert werden, dass – ein Beweis-
> antrag unterstellt – dieser nach § 244 Abs. 3–5 StPO hätte abgelehnt werden müssen und
> somit auch die Aufklärungspflicht nicht verletzt worden sein kann.

Auf Widersprüche zwischen Urteilsfeststellungen und Sitzungsprotokoll kann eine Auf- 363
klärungsrüge nicht gestützt werden. Auch die Behauptung, das Gericht habe ein Beweismittel nicht hinreichend ausgeschöpft (z.B. dem Zeugen nicht die richtigen Fragen gestellt) kann eine Aufklärungsrüge in der Regel nicht begründen.

Die **Aufklärungsrüge** muss in der Revision darlegen, dass ein bestimmtes Beweismittel 364
ein bestimmtes Beweisergebnis erbracht hätte und dass sich die Erhebung des Beweises
dem Gericht aufdrängen musste. Zudem muss das Beruhen des Urteils auf dem Verstoß
begründet werden.

Die Regelung des § 257c Abs. 1 Satz 2 StPO besagt ausdrücklich, dass die Aufklärungs- 365
pflicht auch bei einer Verständigung im Strafverfahren zu beachten ist. Das Gericht und
die Verfahrensbeteiligten dürfen also nicht einfach eine bestimmte Rechtsfolge für ein
nicht näher aufgeklärtes Tatgeschehen vereinbaren.[410]

---

409 BVerfG NJW 2010, 2937.
410 Meyer-Goßner § 257c Rn 4; Kindhäuser § 19 Rn 6.

l) Beweisaufnahme: Fehler bei der Zurückweisung von Beweisanträgen[411]

366   ÜBERSICHT

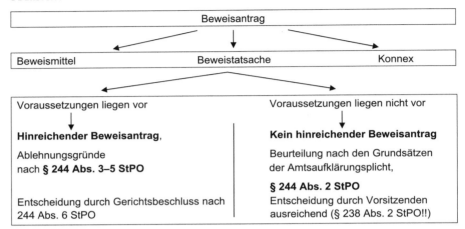

367   **Inhalt eines Beweisantrags**

Ein **Beweisantrag** ist das ernsthafte, unbedingte oder an eine Bedingung geknüpfte Verlangen eines Prozessbeteiligten, über eine die Schuld- oder Rechtsfolgenfrage betreffende Behauptung (**Beweistatsache**) **durch** bestimmte, nach der StPO zulässige **Beweismittel** Beweis zu erheben.

368   **Beweistatsache:** Um einen Beweisantrag anzunehmen, muss der Antragsteller eine bestimmte Tatsache, die bewiesen werden soll, möglichst konkret bezeichnen.[412] Dabei dürfen die Tatsachen nicht „ins Blaue hinein" behauptet werden, weil sonst die Qualität eines Beweisantrages fehlt und lediglich die Einordnung als Beweisermittlungsantrag in Frage kommt.

369   **Beweismittel:** Der Antragsteller muss das Beweismittel bestimmt bezeichnen. Bei Zeugen muss es dabei möglich sein, aus den Angaben heraus den Zeugen zu identifizieren und zu ermitteln.[413] Der Antrag auf Vernehmung des zuständigen Sachbearbeiters einer bestimmten Behörde ist eine ausreichende Bezeichnung des Beweismittels. Nichts anderes gilt für die Benennung des zuständigen Sachbearbeiters eines Unternehmens.[414] Ein Zeuge aber, der ohne konkrete Anhaltspunkte erst noch aus einem Personenkreis herausgefunden werden soll, ist noch nicht hinreichend individualisiert.

370   **Konnexität:** Zudem ist Konnexität iSe verbindenden Zusammenhangs zwischen Beweismittel und Beweisbehauptung erforderlich. Diese fehlt, wenn aus dem Antrag heraus nicht erkennbar ist, warum bspw ein Zeuge gerade zu diesem Beweisthema etwas bekunden können soll.[415]

---

411 Vgl zur weiteren Vertiefung: Cierniak/Pohlit, Die Rechtsprechung des Bundesgerichtshofs zum Beweisantragsrecht, NStZ 2011, 261 ff sowie die entsprechenden Aufsätze der Vorjahre.
412 BGH StV 2011, 208; NStZ-RR 2010, 181; StraFo 2010, 466, dazu Habetha StV 2011, 239 ff.
413 BGH NStZ 2010, 403.
414 OLG Köln NStZ-RR 2007, 150.
415 BGH NStZ 2011, 169; NStZ 2009, 171, 172.

Beweisermittlungsantrag

371

Besonders wichtig ist die **Abgrenzung zwischen einem Beweisantrag und einem Beweisermittlungsantrag.** Von einem **Beweisermittlungsantrag** ist auszugehen, wenn der Antragsteller keinen Beweisantrag stellen will oder kann, etwa weil ihm tatsächliche Anknüpfungspunkte für eine bestimmte Tatsachenbehauptung oder die Konnexität fehlen.

Der Beweisermittlungsantrag muss grds. nicht beschieden werden, ist allerdings im Rahmen der Aufklärungspflicht des § 244 Abs. 2 StPO vom Gericht zu beachten. Geht das Gericht einem Beweisermittlungsantrag nicht nach, muss es das Beweisersuchen entweder durch Beschluss nach § 244 Abs. 6 StPO oder durch Anordnung des Vorsitzenden nach § 238 Abs. 1 StPO zurückweisen. Die prozessleitende Verfügung des Vorsitzenden muss begründet werden, damit der Antragsteller weiß, weshalb seinem Beweisbegehren nicht nachgegangen wird.

372

> **Klausurtipp:** Die Abgrenzung zwischen Beweisantrag und Beweisermittlungsantrag sowie die daraus resultierenden Prüfungsfolgen sind höchst klausurrelevant.[416]

373

Wenn das Gericht zwischen Beweisantrag und Beweisermittlungsantrag fehlerhaft abgrenzt, gilt folgendes:

374

Liegt eigentlich nur ein Beweisermittlungsantrag vor, das Gericht geht aber von einem Beweisantrag aus, so kommt es darauf an, ob die Ablehnung des Antrags den Anforderungen der §§ 244 Abs. 3 und 4, 245 Abs. 2 StPO genügt. Ist dies nicht der Fall, so kann das Urteil auf diesem Fehler beruhen, wenn eine Verletzung der Aufklärungspflicht vorliegt oder das Verteidigungsverhalten durch die fehlerhafte Begründung maßgeblich beeinflusst worden ist.[417]

375

Liegt ein Beweisantrag vor, den das Gericht aber nur als Beweisermittlungsantrag eingeschätzt und abgelehnt hat, so ist allein durch die unterlassene Bescheidung des Beweisantrags ein Rechtsfehler gegeben.

376

BEISPIELE:

377

■ Aufstellung einer Beweisbehauptung „ins Blaue hinein":

Ob ein Beweisantrag ohne jeden tatsächlichen Anhaltspunkt und ohne jede begründete Vermutung aufs Geratewohl ins Blaue hinein gestellt wird und daher allenfalls als Beweisermittlungsantrag nach Amtsaufklärungsgrundsätzen beschieden werden muss, ist aus Sicht eines verständigen Antragstellers unter Berücksichtigung der von ihm nicht infrage gestellten Tatsachen zu beurteilen.[418]

Dabei ist es einem Prozessbeteiligten grds. nicht verwehrt, auch solche Tatsachen unter Beweis zu stellen, die er lediglich für möglich hält. Die Ablehnung eines Beweisantrages als auf das „Geratewohl" gestellt wird jedoch nur ausnahmsweise in Betracht kommen und erfordert einen hohen argumentativen Aufwand des Tatrichters. Von besonderer Bedeutung dabei ist, ob der Antragsteller auf Befragen eine plausible Antwort über seine Wissensquellen oder die Gründe für seine Vermutung geben kann.

■ Fehlen einer hinreichend bestimmten Tatsache:

Ein auf die Vernehmung eines Zeugen gerichteter Beweisantrag setzt die Bezeichnung bestimmter Beweistatsachen voraus, die dem Zeugenbeweis zugänglich sind, wobei ein Zeuge

---

416 Vgl hierzu Ellbogen JA 2007, 880 ff.
417 BGH NStZ 2010, 403.
418 BGH NStZ 2008, 52; 474; 2006, 405.

grds. nur über seine eigenen Wahrnehmungen vernommen werden kann. Gegenstand des Zeugenbeweises können somit nur solche Umstände und Geschehnisse sein, die mit dem benannten Beweismittel unmittelbar bewiesen werden können. Soll aus den Wahrnehmungen auf ein bestimmtes weiteres Geschehen geschlossen werden, ist nicht dieses weitere Geschehen, sondern nur die Wahrnehmung des Zeugen tauglicher Gegenstand des Zeugenbeweises. Die Trennung von Beweistatsache und Beweisziel ist deswegen von besonderer Bedeutung, weil allein durch sie eine sinnvolle Anwendung der Ablehnungsgründe des § 244 Abs. 3 StPO ermöglicht wird.[419]

Um einen bloßen Beweisermittlungsantrag handelt es sich folglich auch dann, wenn keine bestimmte Tatsache behauptet, sondern Beweis darüber verlangt wird, ob, warum, wann, wie oder wo sie eingetreten ist.

- Negativtatsachen:

Werden Negativtatsachen behauptet, liegt regelmäßig kein Beweisantrag vor, weil lediglich ein Beweisziel angegeben wird. Bei einfach gelagerten Abläufen kommt aber gleichwohl eine Einordnung als Beweisantrag in Frage.[420]

378   **BEACHTE:** Da die Trennung von Beweistatsache und Beweisziel notwendig ist, liegt grds. dann, wenn Negativtatsachen in das Wissen eines Zeugen gestellt werden, die Annahme einer bloßen Beweisanregung nahe. Enthält der Antrag jedoch die Behauptung, dass die Negativtatsache der unmittelbaren eigenen Wahrnehmung des Zeugen zugänglich gewesen sei, kann diese Beweisthema sein, ohne dass der Charakter des auf die Vernehmung des Zeugen gerichteten Antrags als Beweisantrag gefährdet ist.[421]

379   **Bedingter Beweisantrag und Hilfsbeweisantrag**

Abzugrenzen bzw zu unterscheiden ist der Beweisantrag auch von dem bedingten Beweisantrag und von dem Hilfsbeweisantrag.

380   **Bedingter Beweisantrag:** Ein solcher liegt vor, wenn der Beweisantrag für den Fall des Eintretens eines bestimmten Ereignisses oder einer bestimmten Prozesssituation gestellt wird, wenn etwa das Gericht einen bestimmten Zeugen für glaubwürdig erachtet oder nicht. Über einen solchen Antrag ist nur zu entscheiden, wenn die Bedingung eintritt.

381   **Hilfsbeweisantrag:** Gegenüber dem bedingten Beweisantrag wird der Hilfsbeweisantrag regelmäßig von der Entscheidung über einen verfahrensabschließenden Hauptantrag abhängig gemacht, insb. von einem Freispruch oder der Verurteilung zu einer bestimmten Rechtsfolge. Hilfsbeweisanträge sind zulässig[422] und müssen – so sie für den Fall eines bestimmten Urteilsausspruchs gestellt worden sind – grds. erst in den Urteilsgründen beschieden werden. Wegen Widersprüchlichkeit unzulässig ist allerdings ein Hilfsbeweisantrag, der sich ausweislich der zu beweisenden Behauptung gegen den Schuldspruch richtet, aber nur für den Fall einer bestimmten Rechtsfolgenentscheidung als gestellt gelten soll.[423]

382   **Verfahren**

Der Beweisantrag muss in der Hauptverhandlung mündlich gestellt werden. Das Gericht kann gemäß § 257a StPO jedoch anordnen, dass der Antrag schriftlich gestellt wird.

---

419   BGH NStZ 2007, 112 f.
420   Vgl BGH NStZ 2008, 708 zu einer positiven Schlussfolgerung bei Negativformulierung der Beweisbehauptung.
421   BGH NStZ-RR 2005, 78.
422   Zum Umfang der Aufklärungspflicht des Gerichts vgl BGH NStZ 2007, 165.
423   BGHSt 40, 287; BGH NStZ 1995, 246.

Der Antragsteller muss zur Antragstellung berechtigt sein. Das ist neben dem Angeklagten, seinem Verteidiger und der Staatsanwaltschaft auch der Privatkläger, der Nebenkläger im Rahmen seiner Anschlussberechtigung, im Verfahren gegen Jugendliche zudem die Erziehungsberechtigten und die gesetzlichen Vertreter. 383

Das Gericht ist gemäß § 246 Abs. 1 StPO verpflichtet, vom Beginn der Hauptverhandlung bis zum Beginn der Urteilsverkündung Beweisanträge entgegenzunehmen und darüber zu entscheiden, auch wenn die Urteilsberatung bereits abgeschlossen und der neue Termin lediglich für die Verkündung des Urteils vorgesehen ist. Der Vorsitzende trifft im Rahmen der ihm gemäß § 238 StPO obliegenden Verfahrensleitung sowie nach dem Grundsatz der Prozessökonomie die Entscheidung über einen Beweisantrag dann, wenn eine zuverlässige Entscheidungsgrundlage besteht, längstens aber bis zum Schluss der Beweisaufnahme, § 258 Abs. 1 StPO. Aus Gründen des fairen Verfahrens kann ausnahmsweise eine zeitnahe Bescheidung geboten sein.[424] 384

Über einen Beweisantrag ist durch zu begründenden Gerichtsbeschluss in der Hauptverhandlung zu befinden (§ 244 Abs. 6 StPO). Von diesem Grundsatz darf nur abgewichen werden, wenn es sich bei dem Antrag um einen Hilfsbeweisantrag handelt. 385

Ablehnung eines Beweisantrags, § 244 Abs. 3 bis 5 StPO 386

Ein Beweisantrag darf nur aus den in § 244 Abs. 3 bis 5 StPO genannten Gründen abgelehnt werden. Dabei ist der Antrag zuvor über seinen Wortlaut hinaus auszulegen, um genau feststellen zu können, worauf der Beweisantrag bei richtiger Würdigung abzielt. Bei mehreren Auslegungsmöglichkeiten muss die dem Antragsteller günstigere gewählt werden.[425] Die Begründung der Ablehnung eines Beweisantrags muss über den reinen Gesetzeswortlaut hinausgehen.

Insbesondere darf ein Beweisantrag nicht mit der Begründung abgelehnt werden, das Gegenteil der Beweistatsache sei schon erwiesen oder die Beweiserhebung verspreche keinen Erfolg (**Verbot der Beweisantizipation**). Es erscheint regelmäßig nicht sachgerecht, die Ablehnung eines Beweisantrages vorsorglich auf mehrere Ablehnungsgründe zu stützen.[426] 387

Das Gericht muss auch im Rahmen eines Beschlusses begründen, wenn es anstelle des benannten Beweismittels ein schlechteres verwendet (sogenannte Teilablehnung des Beweisantrages[427]). Dies muss jedoch anders beurteilt werden, wenn das schließlich verwendete Beweismittel als gleichwertig bezeichnet werden kann. 388

> **Klausurtipp:** Das Auswechseln von Ablehnungsgründen im Revisionsverfahren ist grds. unzulässig. Wenn die Ablehnung des Antrags mit dem vom Tatgericht gewählten Ablehnungsgrund nicht hätte erfolgen dürfen, liegt damit ein Verstoß gegen § 244 Abs. 3 StPO vor. Das Beruhen des Urteils auf diesem Fehler darf dann nicht deshalb verneint werden, weil der Beweisantrag möglicherweise mit anderer Begründung hätte abgelehnt werden dürfen. Entscheidendes Argument: Der Angeklagte hätte bei richtiger Begründung sein Verteidigungsverhalten im Anschluss anders gestalten können. 389

---

424 BGH wistra 2011, 115.
425 Meyer-Goßner § 244 Rn 39.
426 BGH NStZ 2004, 51.
427 BGH StV 1996, 411.

Ausnahmen:[428]

a) Das Beruhen des Urteils auf dem Fehler kann ausgeschlossen sein, wenn der Tatrichter die Beweistatsache als wahr unterstellt hat.

b) Bei Hilfsbeweisanträgen, die vom Tatgericht im Urteil mit falscher Begründung abgelehnt werden, kann das Revisionsgericht ein „Beruhen" verneinen, wenn der Antrag mit anderer Begründung im Urteil rechtsfehlerfrei hätte abgelehnt werden können. Die Gesichtspunkte für die mögliche andere (richtige) Ablehnung müssen allerdings entweder auf der Hand liegen oder sich aus den Gründen des Urteils ergeben.[429]

Ablehnungsgrund: Unzulässigkeit der Beweiserhebung, § 244 Abs. 3 S. 1 StPO

390 Unzulässig ist die Beweiserhebung mit in der StPO nicht zugelassenen Beweismitteln (z.B. Privatkläger, Mitangeklagte).

391 Ebenso kann mit diesem Grund eine Beweiserhebung über Themen abgelehnt werden, die nicht Gegenstand einer Beweisaufnahme sein können wie etwa eine Beweiserhebung über die schuldangemessene Höhe der Strafe.

BEISPIELE:

- Hilfsbeweisantrag, der sich gegen den Schuldspruch richtet, aber nur für den Fall einer bestimmten Rechtsfolgenentscheidung gestellt wird (z.B.: Wenn das Gericht von einem besonders schweren Fall des Diebstahls ausgeht, soll der Zeuge X dazu vernommen werden, dass der Angeklagte zur Tatzeit bei ihm und nicht am Tatort war);
- Beweiserhebung über Bestand und Auslegung des inländischen Rechts und seine Anwendung auf den Entscheidungsfall;
- Wahrnehmungen der erkennenden Richter oder sonstiger Verfahrensbeteiligter in der laufenden Verhandlung;[430]
- Mitteilungen des Angeklagten an seinen amtierenden Verteidiger vor der Hauptverhandlung.[431]

392 **Klausurtipp:** Die Beweiserhebung ist insb. dann unzulässig, wenn sie gegen ein Beweisthema- oder Beweismittelverbot verstoßen würde. Hier ist in der Klausur eine Verknüpfung mit einem möglichen Fehler im Ermittlungsverfahren denkbar.

393 **BEISPIELE FÜR BEWEISMITTELVERBOTE:**[432]

- Zeugnisverweigerungsrechte (§§ 52, 53, 54 StPO, darauf gründend auch §§ 81c, 96, 250 und 252 StPO). Allerdings muss das Gericht den Zeugen natürlich laden und persönlich zu seiner Aussagebereitschaft befragen. Erst wenn er das Zeugnis verweigert, besteht das Beweismittelverbot.
- Beweis durch verbotene Methoden (§§ 136a, 69 Abs. 3 StPO), durch Unterlassen gesetzlich vorgeschriebener Belehrungen (§§ 52 Abs. 3 S. 1, 81c Abs. 3 S. 2 StPO) oder durch andere Verstöße gegen gesetzliche Vorschriften erlangt.

Ablehnungsgrund: Offenkundigkeit der Beweisbehauptung, § 244 Abs. 3 S. 2 StPO

---

428 Meyer-Goßner § 244 Rn 86.
429 BGH NStZ 2008, 116.
430 Zur Bescheidung eines Beweisantrages auf Vernehmung von Mitgliedern des erkennenden Gerichts als Zeugen vgl BGH NStZ 2003, 558.
431 BGH StV 2008, 284.
432 Vgl Meyer-Goßner § 244 Rn 49.

Ein Beweisantrag darf mit der Begründung, die Beweiserhebung sei wegen Offenkundigkeit überflüssig, nur abgelehnt werden, wenn die Beweistatsache oder ihr Gegenteil allgemein- oder gerichtskundig ist. **394**

- **Allgemeinkundig** ist, wovon verständige und erfahrene Menschen ohne Weiteres Kenntnis haben oder worüber sie sich aus allgemein zugänglichen zuverlässigen Quellen ohne besondere Fachkenntnisse unschwer unterrichten können (z.b. geographische Verhältnisse, geschichtlich erwiesene Tatsachen).

- **Gerichtskundig** ist, was der Richter im Zusammenhang mit seiner amtlichen Tätigkeit zuverlässig in Erfahrung gebracht hat. Dabei genügt die Kenntnis bei einem Gerichtsmitglied der Kammer, der diese aber den anderen vermitteln muss. Auf den Einzelfall bezogene richterliche Wahrnehmungen, die für die Überführung eines Angeklagten von wesentlicher Bedeutung sind (z.b. den Angeklagten belastendes Geständnis eines Mitangeklagten), dürfen grds. nicht als gerichtskundig behandelt werden.[433]

Ablehnungsgrund: Bedeutungslosigkeit der Beweisbehauptung, § 244 Abs. 3 S. 2 StPO

Eine Beweisbehauptung über Tatsachen ist aus tatsächlichen Gründen bedeutungslos, wenn zwischen ihnen und dem Gegenstand der Urteilsfindung keinerlei Sachzusammenhang besteht. Sie ist auch bedeutungslos, wenn sie trotz eines solchen Zusammenhanges selbst im Falle ihres Erwiesenseins die Entscheidung nicht beeinflussen könnte, weil die unter Beweis gestellten Tatsachen nur mögliche, nicht zwingende Schlüsse zulassen und das Gericht den möglichen Schluss nicht ziehen will, weil es ihn im Hinblick auf die gesamte Beweislage für falsch hält.[434] **395**

Aus rechtlichen Gründen bedeutungslos ist eine Beweistatsache, wenn sie die Merkmale des in Rede stehenden Tatbestandes nicht tangiert und für mögliche Rechtsfolgen ohne Relevanz ist.

Der Beschluss, mit dem ein Beweisantrag wegen Bedeutungslosigkeit der behaupteten Tatsache abgelehnt wird, hat die Erwägungen anzuführen, aus denen der Tatrichter ihr keine Bedeutung für den Schuld- oder Rechtsfolgenausspruch beimisst.[435] Geht es um die Glaubwürdigkeit eines Zeugen, bedarf es deshalb der Begründung, warum die zu beweisende Tatsache das Gericht auch im Falle ihres Nachweises unbeeinflusst lassen würde. **396**

Ablehnungsgrund: Erwiesenheit der Beweisbehauptung, § 244 Abs. 3 S. 2 StPO

Ist das Gericht aufgrund der bereits durchgeführten Beweisaufnahme von der Richtigkeit der Beweistatsache bereits so überzeugt, dass es sie dem Urteil ohne weitere Beweisaufnahme zugrunde legen will, braucht kein weiterer Beweis erhoben werden. Selbstverständlich dürfen sich die Urteilsgründe später nicht dazu in Widerspruch setzen. Eine Auseinandersetzung mit der Beweistatsache in den Urteilsgründen kann erforderlich werden, wenn die Beweiswürdigung ohne deren Erörterung lückenhaft bleibt.[436] **397**

433 BGH NStZ-RR 2007, 116.
434 BGH NStZ-RR 2010, 211; BGH StraFo 2010, 466; HK-GS/König § 244 StPO Rn 51.
435 BGH StraFo 2011, 227; OLG Düsseldorf StV 2011, 80.
436 BGH NStZ 2011, 472, dies gilt auch bei der Ablehnung wegen Wahrunterstellung.

398   ⎸**Klausurtipp:** Sie müssen hier den Ablehnungsbeschluss genau lesen. Die konkrete Beweisbehauptung muss für das Gericht bereits erwiesen sein, nicht das Gegenteil der Beweistatsache. Sonst würde gegen das Verbot der Beweisantizipation verstoßen.

Ablehnungsgrund: Wahrunterstellung, § 244 Abs. 3 S. 2 StPO

399   Wenn das Gericht die Beweistatsache so behandelt als wäre sie wahr, ist eine Beweiserhebung überflüssig. Dabei kann es nur um entlastende Tatsachen gehen. Aus als wahr
unterstellten Tatsachen dürfen keine Schlüsse zuungunsten des Angeklagten gezogen
werden.

400   Bei vorrangiger Sachaufklärung ist die Ablehnung eines Beweisantrags aufgrund Wahrunterstellung nicht statthaft. Die Ablehnung hat daher zu unterbleiben, wenn es wegen
konkreter Anhaltspunkte möglich ist, dass die zugunsten des Angeklagten wirkende Beweisbehauptung widerlegt werden kann oder wenn es um die Aufklärung näherer Umstände für divergierende Angaben eines zentralen Belastungszeugen geht.[437]

401   Nach Wahrunterstellung einer Beweistatsache darf diese nicht ohne vorherigen entsprechenden Hinweis an den Angeklagten im Urteil als erwiesen angesehen und zum Nachteil
des Angeklagten verwertet werden.[438]

402   Eine Wahrunterstellung muss die behaupteten Tatsachen in ihrem wirklichen Sinn und
vollen Inhalt ohne jede Einschränkung oder Verschiebung oder sonstige Änderung erfassen. Tritt der Verteidiger der auf Wahrunterstellung gestützten Ablehnung eines Beweisantrags in der Hauptverhandlung nicht entgegen, obschon er erkennt, dass das Gericht einem Missverständnis über den Umfang des Antrags unterlegen ist, verwirkt er
insoweit sein Rügerecht in der Revisionsinstanz. Ansonsten obliegt dem Verteidiger allerdings bei mangelhafter Ablehnung des Beweisantrags keine Pflicht, das Gericht auf
einen Rechtsfehler hinzuweisen.

Ablehnungsgrund: Völlige Ungeeignetheit des Beweismittels, § 244 Abs. 3 S. 2 StPO

403   Ein Beweismittel ist völlig ungeeignet, wenn das Gelingen des Beweises durch das Beweismittel von vornherein gänzlich ausgeschlossen erscheint, das Beweisergebnis sich
also nach sicherer Lebenserfahrung nicht erzielen lässt, so dass sich die Erhebung des
Beweises in einer reinen Förmlichkeit erschöpfen würde.[439]

404   **BEISPIELE ZU ZEUGEN:**

- Ein Zeuge ist völlig ungeeignet, wenn er nur zu Vorgängen aussagen soll, die sich im Inneren eines anderen Menschen abgespielt haben sollen. Ein Zeuge, der zum Beweis innerer
Tatsachen benannt worden ist, ist allerdings dann wieder ein geeignetes Beweismittel, wenn
er möglicherweise äußere Umstände bekunden kann, die Schlussfolgerungen auf innere
Tatsachen zulassen.[440]

- Ein Zeuge ist völlig ungeeignet, wenn er aus Krankheitsgründen generell nicht aussagen
kann oder will.

- Bei der Annahme, ein Zeuge sei ungeeignet, weil er sich wegen des Zeitablaufs voraussichtlich an die Beweistatsache nicht mehr erinnern könne, ist ein sehr strenger Maßstab
anzulegen. Insofern kommt es darauf an, ob Umstände vorliegen, die eindeutig dagegen

---

437 BGH NStZ 2011, 106; 2007, 282, allerdings str., s. Meyer-Goßner § 244 Rn 70.
438 BGH NJW 2007, 2566.
439 BGH NStZ-RR 2010, 211.
440 BGH NStZ 2008, 580.

sprechen, er könne im Falle einer Aussage vor Gericht etwas zur Sachaufklärung beitragen.[441]

BEISPIELE ZU SACHVERSTÄNDIGEN:

405

- Bei der Prüfung der völligen Ungeeignetheit einer sachverständigen Begutachtung ist zwar in Grenzen eine Vorwegnahme der Beweiswürdigung und dabei auch Freibeweis zulässig. Die bloße Annahme, der Sachverständige werde die Beweisbehauptung nicht bestätigen, reicht nicht aus. Es muss vielmehr feststehen, dass das Gutachten zu keinem verwertbaren Beweisergebnis führen kann.[442]

- Ein Sachverständiger ist dann ein ungeeignetes Beweismittel, wenn auszuschließen ist, dass er sich zur vorgelegten Beweisfrage sachlich überhaupt äußern kann. Geeignetes Beweismittel ist er dagegen auch dann, wenn die vorhandenen Anknüpfungstatsachen ihm die Darlegung solcher Erfahrungssätze oder Schlussfolgerungen erlauben, die für sich allein die unter Beweis gestellte Behauptung lediglich wahrscheinlicher machen.

- Ein Antrag auf Einholung eines polygraphischen Sachverständigengutachtens (Lügendetektor) ist wegen der erheblichen grundsätzlichen Einwände betreffend den sog. Kontrollfragentest ungeeignet.[443]

Ablehnungsgrund: Unerreichbarkeit des Beweismittels, § 244 Abs. 3 S. 2 StPO

Das Beweismittel ist unerreichbar, wenn alle Bemühungen des Gerichts zu dessen Beibringung erfolglos gewesen sind und keine begründeten Aussichten bestehen, es in absehbarer Zeit herbeizuschaffen. Das Maß der erforderlichen Nachforschungen richtet sich immer nach der Bedeutung des Beweismittels für die Wahrheitsfindung, der Schwere des Tatvorwurfs, dem Wert des Beweismittels und auch dem Grundsatz der Verfahrensbeschleunigung.[444]

406

Probleme ergeben sich auch bei der **Benennung von Verdeckten Ermittlern, Informanten und V-Männern als Zeugen in der Hauptverhandlung.** In entsprechender Anwendung des § 96 StPO wird von den jeweiligen Behörden regelmäßig keine Auskunft über Namen und Anschrift dieser oft geheim gehaltenen Zeugen erteilt (sogenannte **Sperrerklärung**). Ein Informant darf so lange nicht als unerreichbares Beweismittel angesehen werden, als nicht eine Sperrerklärung der obersten Dienstbehörde vorliegt, die auch vom Gericht in sorgfältiger Weise hinterfragt und überprüft worden ist.

407

Das Gericht muss dabei alle in Betracht kommenden Möglichkeiten nutzen, um eine Beseitigung der Sperrerklärung zu bewirken. So kommt der Ausschluss des Angeklagten (§ 247 StPO) und der Öffentlichkeit (§ 172 Nr. 1a GVG) oder eine audiovisuelle Vernehmung (§ 247a StPO) in Betracht, wobei auch die Nennung von Namen und Anschrift verhindert werden kann (§ 68 Abs. 2, Abs. 3 S. 1 StPO). Zuletzt ist noch eine Vernehmung vor dem beauftragten oder dem ersuchten Richter zu prüfen (§ 223 Abs. 1 StPO). Zumeist wird aber der Kontaktmann der gefährdeten Person bei der Polizei als Zeuge vom Hörensagen vernommen. Dies ist als unmittelbare Beweisaufnahme möglich.[445]

Liegt eine Sperrerklärung vor und kennt das Gericht aber aus sonstigen Quellen doch die Identität des Zeugen, steht die Sperrerklärung einer Ladung und Vernehmung nicht entgegen; § 244 Abs. 3 StPO ist dann nicht einschlägig. Allerdings kann dann von der

408

---

441 BGH StraFo 2009, 385.
442 Z.B., wenn es nicht möglich ist, dem Sachverständigen die erforderlichen Grundlagen für sein Gutachten zu verschaffen, vgl BGH NStZ 2009, 48.
443 BGH NStZ 2011, 474; BGHSt 44, 308, 323 ff.
444 Meyer-Goßner § 244 Rn 62a.
445 BVerfG NJW 2001, 2245.

zuständigen Behörde die Aussagegenehmigung nach § 54 StPO versagt werden. Dies macht das Beweismittel dann auch bei bestehender Erreichbarkeit unzulässig.

409   Von der Unerreichbarkeit eines Beweismittels kann ausgegangen werden, wenn ein Zeuge wegen seines psychischen Zustandes zur Zeit der vorgesehenen Vernehmung nicht verhandlungs- und vernehmungsfähig ist und eine Besserung vor Ablauf von ca. ¼ Jahr nicht zu erwarten ist.[446]

Ausnahmsweise kann nach § 244 Abs. 3 S. 2 StPO auch ein Beweisauftrag auf Vernehmung eines Auslandszeugen zurückgewiesen werden, wenn der Zeuge zwar für eine kommissarische oder audiovisuelle Vernehmung im Wege der Rechtshilfe zur Verfügung steht, das Gericht aber aufgrund der besonderen Beweislage schon vorweg überzeugt ist, dass eine solche Aussage zur Sachaufklärung und Beweiswürdigung nichts beitragen kann. In einem solchen Fall kann ausnahmsweise ein Beweisantrag nach § 244 Abs. 3 S. 2 StPO (statt auf der sachlich eigentlich vorrangigen Vorschrift des § 244 Abs. 5 S. 2 StPO) wegen Ungeeignetheit des Beweismittels abgelehnt werden. Hierbei muss der Tatrichter sein Ermessen aber korrekt ausüben.[447]

Ablehnungsgrund: Prozessverschleppungsabsicht, § 244 Abs. 3 S. 2 StPO

410   Nach der Rspr des BGH[448] hat die Ablehnung eines Beweisantrags wegen Verschleppungsabsicht nach § 244 Abs. 3 S. 2 StPO in **objektiver** Hinsicht zwei Voraussetzungen:

- Die verlangte Beweiserhebung kann nichts Sachdienliches zugunsten des Antragstellers erbringen und
- sie muss geeignet sein, den Abschluss des Verfahrens wesentlich hinauszuzögern.

In **subjektiver** Hinsicht muss sich der Antragsteller der Nutzlosigkeit der Beweiserhebung bewusst sein und mit dem Antrag ausschließlich die Verzögerung des Verfahrensabschlusses bezwecken.

411   Hat ein Verteidiger den Beweisantrag gestellt, so kommt es darauf an, ob dieser in Verschleppungsabsicht handelt oder sich die Absicht des Angeklagten zu eigen macht.

412   Der Tatrichter kann seine Überzeugung auf der Grundlage aller dafür erheblichen Umstände gewinnen. Der späte Zeitpunkt der Antragstellung für sich allein ist kein ausreichendes Anzeichen für ein Bewusstsein von der Nutzlosigkeit der beantragten Beweiserhebung. Die maßgeblichen Gründe für die Ablehnung muss der Tatrichter in dem Beschluss – regelmäßig nach Art eines Indizienbeweises – darlegen.

413   Der Vorsitzende kann den Verfahrensbeteiligten eine Frist zur Stellung von Beweisanträgen setzen. § 246 Abs. 1 StPO steht dem nicht entgegen. Wird nach der gesetzten Frist ein Beweisantrag gestellt, kann dies ein Indiz für die innere Tatsache der Verschleppungsabsicht darstellen, wenn der Antragsteller die Gründe für die verspätete Antragstellung nicht nachvollziehbar und substantiiert darlegen kann und auch die Aufklärungspflicht nach § 244 Abs. 2 StPO nicht zur Beweiserhebung drängt.[449] Macht der Vorsitzende von der Möglichkeit der Fristsetzung Gebrauch, ist die Anordnung nach § 273 Abs. 3 S. 1 StPO zu protokollieren. Die Verfahrensbeteiligten sind darauf hinzuweisen, dass eine Ablehnung der Beweisanträge, die nach Fristablauf gestellt wurden, wegen Verschleppungsabsicht bei Vorliegen der weiteren Voraussetzungen möglich ist.

---

446   BGH NStZ 2003, 562, vgl zur Unerreichbarkeit auch OLG München NStZ-RR 2007, 50.
447   BGH NJW 2010, 2365.
448   BGH NStZ 2011, 646; NStZ-RR 2009, 21.
449   BGH NStZ 2009, 169.

Wurde der Hinweispflicht entsprochen, ist das Gericht dennoch verpflichtet, über danach eingehende Beweisanträge in gesetzlich vorgesehener Weise zu entscheiden.[450] In Ausnahmefällen können sie wie Hilfsbeweisanträge auch erst im Urteil wegen Verschleppungsabsicht abgelehnt werden.[451]

Hat der Tatrichter sich eine entsprechende Überzeugung von der Prozessverschleppungs- **414**
absicht gebildet und diese unter Würdigung aller maßgeblichen Umstände im Ablehnungsbeschluss dargelegt, prüft das Revisionsgericht nur, ob die Erwägungen in tatsächlicher Hinsicht tragfähig und rechtlich zutreffend sind. Auf die hypothetische Erwägung, ob das Revisionsgericht selbst den Beweisantrag abgelehnt hätte, kommt es nicht an.

Ablehnungsgrund: eigene Sachkunde des Gerichts bei Sachverständigenbeweis, § 244 Abs. 4 S. 1 StPO:

Grds. gelten für Sachverständigenbeweisanträge ebenfalls die Ablehnungsgründe des **415**
§ 244 Abs. 3 StPO. Zusätzlich kann das Gericht einen solchen Beweisantrag nach § 244 Abs. 4 S. 1 StPO wegen eigener Sachkunde ablehnen.

BEISPIELE: **416**

- Die Beurteilung der Glaubwürdigkeit des Angeklagten gehört zum Wesen richterlicher Rechtsfindung, so dass entsprechende Beweisanträge abgelehnt werden können.
- Bei der Beurteilung der Glaubhaftigkeit einer Zeugenaussage benötigt der Richter grds. nicht die Hilfe eines Sachverständigen. Das gilt auch für die Aussagen eines kindlichen oder jugendlichen Zeugen, das Opfer eines Sexualdelikts geworden ist. Dabei darf sich das Gericht, zumal eine erfahrene Jugendschutzkammer, die Aussagebeurteilung in aller Regel auch bei Angaben zu Taten in der frühen Kindheit des Zeugen zutrauen, wenn nicht besondere Umstände die Einholung eines Gutachtens gebieten (z.B. Auffälligkeiten im Aussageverhalten, Opfer im Kleinkindalter).
- Die Frage der Schuldfähigkeit, §§ 20, 21 StGB, verlangt nach einer sachverständigen Begutachtung, wenn Anzeichen dafür vorliegen, dass der Angeklagte in geistiger Hinsicht von der Norm abweicht.[452] Andernfalls kann das Gericht die eigene Sachkunde der Ablehnung eines Antrags zugrunde legen.

Die eigene Sachkunde des Gerichts muss im den Beweisantrag ablehnenden Beschluss **417**
näher dargelegt werden.[453]

Die mögliche Ablehnung eines Beweisantrags wegen eigener Sachkunde des Gerichts er- **418**
fährt gesetzliche Ausnahmen in §§ 80a, 81, 246a StPO und § 73 JGG.

Ablehnungsgrund bei Augenschein und Auslandszeugen: zur Wahrheitsfindung nicht erforderlich, § 244 Abs. 5 StPO:

Ein Zeuge im Ausland braucht nicht geladen zu werden, wenn das Gericht dies für die **419**
Erforschung der Wahrheit nicht für erforderlich hält, § 244 Abs. 5 S. 2 StPO.[454] Zudem ist von Unerreichbarkeit nach § 244 Abs. 3 StPO auszugehen, wenn bisherige Bemühungen, den Zeugen zum Erscheinen zu veranlassen, erfolglos geblieben sind und auch in

---

450 BGH NJW 2011, 2821.
451 BGH NJW 2005, 2466, 2468 f.
452 BGH NStZ-RR 2009, 115.
453 BGH NStZ 2009, 346.
454 BGH NStZ 2011, 231; 2011, 646: Wird ein Antrag wegen Prozessverschleppungsabsicht abgelehnt, so kann die Annahme der Prozessverschleppung die Ablehnung eines Antrags auf Vernehmung eines Auslandszeugen umfassen und sodann nach § 244 Abs. 5 S. 2 StPO zulässig sein; s. zum Thema auch vertiefend: Rose NStZ 2012, 18 ff.

Zukunft kein Erfolg zu erwarten ist. Allerdings sind zuvor alle möglichen Mittel auszuschöpfen (Ladung durch den Aufenthaltsstaat, über Konsularvertretung, bei sicherem Geleit, audiovisuelle Vernehmung im Wege der Rechtshilfe[455]).

Ob die Ladung und Vernehmung eines Auslandszeugen geboten ist, kann nur unter Berücksichtigung der jeweiligen Besonderheiten des Einzelfalles beurteilt werden.[456] Die Vernehmung wird umso notwendiger sein, je ungesicherter das bisherige Beweisergebnis erscheint, je größer die Unwägbarkeiten sind und je mehr Zweifel hinsichtlich des Werts der bisher erhobenen Beweise überwunden werden müssen. Dies gilt insb. dann, wenn der Auslandszeuge Vorgänge bekunden soll, die für den Schuldvorwurf von zentraler Bedeutung sind.

420   Maßgeblich für die Ablehnung eines Beweisantrages auf Einnahme eines Augenscheins gemäß § 244 V 1 StPO ist allein die Sachaufklärungspflicht des Gerichts, auf die die Worte „pflichtgemäßes Ermessen" hinweisen.

> **Klausurtipp:** Dient der Antrag auf Einnahme eines Augenscheins (bspw Tatort) der Widerlegung der Angaben des einzigen Hauptbelastungszeugen, so muss diesem Antrag regelmäßig gefolgt werden.[457]

Ablehnungsgründe bezüglich der Vernehmung eines weiteren Sachverständigen, nachdem bereits ein Sachverständiger gehört wurde, gemäß § 244 Abs. 4 StPO:

421   Die Ablehnung eines Beweisantrages zur Vernehmung eines **weiteren** Sachverständigen richtet sich nach § 244 Abs. 4 S. 2 StPO. Der Antrag auf Einholung eines weiteren Gutachtens darf danach mit der Begründung abgelehnt werden, das Gegenteil der behaupteten Tatsache sei durch das frühere Gutachten bereits bewiesen. Voraussetzung ist allerdings, dass dieser Beweis zur Überzeugung des Tatgerichts allein durch das frühere Gutachten zu demselben Beweisthema geführt ist, nicht aufgrund anderer Beweismittel oder einer Gesamtwürdigung der bisherigen Beweisaufnahme.

Ausnahmen gemäß § 244 Abs. 4 S. 2 StPO:

- Sachkunde des früheren Gutachters zweifelhaft
- Früheres Gutachten geht von unzutreffenden tatsächlichen Voraussetzungen aus
- Früheres Gutachten enthält Widersprüche
- Neuer Sachverständiger verfügt über im Vergleich zu dem früheren Gutachter überlegene Forschungsmittel
  Bei Vorliegen einer solchen Ausnahme darf die Einholung eines weiteren Gutachtens somit nicht abgelehnt werden. Erfolgt dies dennoch, wird gegen die Aufklärungspflicht nach § 244 Abs. 2 StPO verstoßen.

Ablehnungsgründe bei präsenten Beweismitteln, § 245 StPO

422   Ausweislich der Regelung des § 245 Abs. 1 StPO sind präsente Beweismittel:

- § 245 Abs. 1, 1. Alt.: gerichtlich geladene Zeugen und Sachverständige
- § 245 Abs. 1, 2. Alt.: sonstige herbeigeschaffte Beweismittel (Urkunden, Augenscheinsgegenstände), soweit sie von der Staatsanwaltschaft vor der Hauptverhandlung und vom Gericht bis zum Schluss der Beweisaufnahme herbeigeschafft sind

---

455 Meyer-Goßner § 244 Rn 63.
456 BGH NStZ 2007, 349.
457 Meyer-Goßner § 244 Rn 78.

- § 245 Abs. 2: vom Angeklagten oder der Staatsanwaltschaft geladene (§§ 220, 38 StPO!) und auch erschienene Zeugen und Sachverständige

Revisionsrechtlich maßgeblich sind die Fälle, in denen von der Erhebung präsenter Beweismittel abgesehen wird.

> **Lerntipp:** Strukturell logisch und leicht zu merken ist der wichtige Grundsatz, dass präsente   423
> Beweismittel, auf die also sogleich zugegriffen werden kann, nur unter den (im Vergleich
> zu § 244 Abs. 3–5 StPO engeren) Voraussetzungen des § 245 StPO abgelehnt werden können.

Für die beiden Alternativen des § 245 Abs. 1 StPO sieht das Gesetz zwei Möglichkeiten   424
vor:

- Unzulässigkeit der Beweiserhebung: Davon ist auszugehen, wenn auch ein entsprechender Beweisantrag als unzulässig abzulehnen wäre
- Verzicht der Beteiligten

§ 245 Abs. 2 StPO beschreibt in S. 2 und 3 der Vorschrift die Möglichkeit, aus welchen Gründen ein Beweisantrag in Bezug auf vom Angeklagten oder der Staatsanwaltschaft geladene und auch erschienene Zeugen und Sachverständige abgelehnt werden kann (Beweiserhebung unzulässig, Tatsache bereits erwiesen oder offenkundig, ohne Zusammenhang zum Gegenstand der Urteilsfindung, Beweismittel völlig ungeeignet[458] oder Antrag in Verschleppungsabsicht).

m) Fristüberschreitung nach § 229 StPO

Die Regelung des § 229 StPO bestimmt die Höchstdauer der Unterbrechung einer Haupt-   425
verhandlung. Danach kann die Hauptverhandlung grds. für drei Wochen unterbrochen werden. Abs. 2 der Regelung bestimmt, dass die Hauptverhandlung immer dann bis zu einem Monat unterbrochen werden kann, wenn sie an mindestens zehn Verhandlungstagen stattgefunden hat. Für die Berechnung der Fristen ist § 43 StPO zu beachten.

§ 229 Abs. 3 StPO hemmt den Ablauf der Unterbrechungsfrist nicht nur, wenn – wie   426
nach der früheren Regelung – der Angeklagte wegen Krankheit nicht in der Hauptverhandlung erscheinen kann. Die Hemmung tritt nun auch ein, wenn ein Richter oder Schöffe wegen Krankheit nicht teilnehmen kann. Voraussetzung bleibt allerdings wie bisher, dass die Hauptverhandlung bereits an zehn Tagen stattgefunden hat.

Als Termin, der zur fristwahrenden Fortsetzung der Hauptverhandlung geeignet ist, gilt nur ein solcher, in dem zur Sache verhandelt worden ist. Das Verfahren muss in diesem Termin sachlich gefördert worden sein.[459] Das Verlesen des Auszugs aus dem Bundeszentralregister ist hierfür auch nach der gesetzlichen Neuregelung des § 229 StPO weiterhin ausreichend. Wenn eine Hauptverhandlung aufgrund unvorhersehbarer Ereignisse nur in wesentlich geringerem Umfang als vorgesehen gefördert werden kann, so kann ausnahmsweise auch eine Entscheidung über die Unterbrechung des Verfahrens nach § 228 Abs. 1 StPO ausreichend sein.[460]

BEACHTE: Keine fristwahrende Wirkung haben sogenannte Schiebetermine. Eine Umgehung   427
des § 229 StPO ist bei Einführung minimal neuen, willkürlich aufgeteilten Prozessstoffs an-

---

458 BGH StV 2011, 711: Aussagepsychologischer Sachverständiger ist nicht allein deshalb ein ungeeignetes Beweismittel, weil er während der Hauptverhandlung nicht anwesend war.
459 BGH NStZ 2006, 710.
460 Vgl dazu BGH NStZ 2009, 168.

genommen worden, die offenkundig nur zu dem Zweck erfolgte, die fristwahrende Wirkung herbeizuführen und hinter dem der Gesichtspunkt der Verfahrensförderung als völlig bedeutungslos zurücktrat.[461] Es gilt dabei nach der Rspr des BGH[462] der Grundsatz, dass eine Erörterung von Verfahrensfragen zumindest dann ausreicht, wenn der Sitzungstag nicht von vornherein als sogenannter Schiebetermin konzipiert war. Eine Verhandlung zur Sache liegt allerdings nur vor, wenn das Verfahren inhaltlich auf den abschließenden Schuldspruch hin gefördert wird. Unzulässig ist es auch, einheitliche Verfahrensvorgänge, insb. Beweisaufnahmen, willkürlich in mehrere kurze Verfahrensabschnitte zu zerstückeln.[463] Offengelassen hat der BGH die Frage, ob allein die Erörterung einer verfahrensbeendenden Absprache ausreichend sein kann.

> **Klausurtipp:** Diskutieren Sie das Problem, wenn nur ein kurzer Termin stattfindet, denn in der Literatur werden die Anforderungen teilweise strenger formuliert.[464]

428   Wird die Frist des § 229 StPO überschritten, so beruht das Urteil in der Regel auf diesem Verfahrensmangel, nur in Ausnahmefällen kann dies ausgeschlossen werden.[465]

n) Widerspruchs- und Beanstandungserfordernisse

429   Der Verteidigung wird mittels zunehmender Widerspruchs- und Beanstandungsverpflichtungen eine – durch einen Rügeverlust sanktionierte – Mitverantwortung für den Prozessverlauf auferlegt (vgl Rn 159 ff). Hierbei gilt es zwischen dem Widerspruch als Ausprägung des § 257 StPO und der Beanstandung gemäß § 238 Abs. 2 StPO zu unterscheiden.

Widerspruch gemäß § 257 StPO

430   Nach BGH[466] bildet der Widerspruch die Grundlage für ein Verwertungsverbot wegen Verletzung von Beschuldigtenrechten. Erfolgt kein Widerspruch, so besteht kein Verwertungsverbot und die Beschuldigtenvernehmung darf in die Hauptverhandlung eingeführt werden. Diese sogenannte Widerspruchslösung gilt vornehmlich für Verwertungsverbote bei Verletzung von Beschuldigtenrechten, ist zwischenzeitlich aber ausgedehnt worden. So ist das Widerspruchserfordernis angenommen worden

- bei der unterbliebenen oder fehlerhaften Belehrung über das Schweigerecht nach §§ 136 Abs. 1, 163a Abs. 4 StPO,[467]
- bei der Telefonüberwachung nach §§ 100a, 100b StPO,[468]
- beim Einsatz eines verdeckten Ermittlers ohne richterliche Entscheidung,[469]
- bei Verstößen gegen die Benachrichtigungspflicht des § 168c StPO,[470]
- bei einem Verstoß gegen die Belehrungspflicht über das Recht auf konsularischen Beistand gem. Art. 36 WÜK,[471]

---

461 BGH NStZ 2008, 115.
462 BGH NStZ 2011, 532; 2009, 168, 225; NStZ-RR 2009, 288.
463 BGH StraFo 2011, 227, 395.
464 HK-GS/Temming § 229 StPO Rn 14; KK-Tolksdorf § 229 Rn 6a.
465 BGH NStZ 2008, 115; StV 1994, 5.
466 BGHSt 38, 214, 225, 226.
467 BGHSt aaO.
468 BGH StV 2001, 545.
469 BGH StV 1996, 529.
470 BGH NStZ-RR 2002, 110.
471 BGH NStZ 2008, 55, 56.

■ bei einem Verstoß gegen den Richtervorbehalt und unrechtmäßiger Annahme von Gefahr im Verzug bei § 81a StPO.[472]

Eine Belehrung über das Widerspruchsrecht ist grds. nicht vorgesehen, hat aber zu erfolgen, wenn der Angeklagte nicht über einen Verteidiger verfügt. Letztmöglicher Zeitpunkt ist derjenige nach § 257 StPO, somit die Erklärungsmöglichkeit nach Erhebung des entsprechenden Beweismittels.

Beanstandung nach § 238 Abs. 2 StPO

Die Anrufung des Gerichts eröffnet dem Gericht die Möglichkeit, eine von dem Vorsitzenden getroffene rechtsfehlerhafte Entscheidung zu korrigieren. Eine Revisionsrüge kann dann grds. nur erhoben werden, wenn der betreffende Verfahrensfehler von dem Gericht insgesamt und nicht nur von dem Vorsitzenden herbeigeführt wurde. Die Verfahrensrüge ist dann also nur zulässig, wenn der Beschwerdeführer von dem Zwischenrechtsbehelf des § 238 Abs. 2 StPO Gebrauch gemacht hat, sonst ist das Recht verwirkt.

431

Dies kommt in Betracht

432

■ bei der Zurückweisung von Fragen gemäß § 241 Abs. 2 iVm § 240 Abs 2 StPO (etwa bei Differenzen über die Reichweite eines Auskunftsverweigerungsrechts),

■ bei einer Vorabentscheidung über einen Beweisermittlungsantrag,[473]

■ bei einer aus Sicht der Verteidigung verfrühten Entlassung eines Zeugen oder Sachverständigen,

■ bei nicht korrekter Vernehmung von Zeugen oder dem Angeklagten,

■ bei sitzungspolizeilichen Maßnahmen (hier: Entfernung von Zuhörern aus dem Sitzungssaal; Verbot ihrer weiteren Teilnahme an der Hauptverhandlung), die zugleich richterliche Sachleitung darstellen; es bleibt eine Rügemöglichkeit nach § 338 Nr. 6 StPO iVm §§ 176ff. GVG nur dann erhalten, wenn eine Entscheidung nach § 238 Abs. 2StPO herbeigeführt worden ist,[474]

■ bei einer in die Hauptverhandlung eingeführten Bewertung des Vorsitzenden einer Strafkammer, eine Zeugin sei nicht mit dem Angeklagten verlobt, weshalb ein Aussageverweigerungsrecht nach § 52 StPO nicht anerkannt werde.[475]

Allerdings gibt es von dieser Ausnahmeregelung wiederum „Rückausnahmen": Auch ohne Zwischenrechtsbehelf bleibt die Rüge zulässig, wenn

433

■ der Fehler des Vorsitzenden bei der Urteilsfindung fortwirkt,

■ der nicht verteidigte Angeklagte den Zwischenrechtsbehelf nicht kennt,

■ der Vorsitzende eine unverzichtbare Verfahrenshandlung unterlassen hat (z.B. Belehrung über Zeugnisverweigerungsrecht oder fehlende Entscheidung zur Frage einer Vereidigung des Zeugen, unterbliebene Entscheidung über einen Beweisantrag) oder

■ der Vorsitzende sich über eine Verfahrensvorschrift hinweggesetzt hat, die keinen Entscheidungsspielraum zulässt.[476]

---

472 OLG Hamburg NJW 2008, 2597 ff.
473 BGH NStZ 2009, 401.
474 BGH NStZ 2008, 582.
475 BGH, Beschl. v. 9.3.2010 – 4 StR 606/09 = BeckRS 2010, 10469.
476 S. hierzu auch oben Rn 168 ff.

o) Rechtlicher Hinweis

434   Nach § 265 StPO muss der Angeklagte darauf hingewiesen werden, wenn er aufgrund eines anderen Strafgesetzes als in der vom Gericht zugelassenen Anklage verurteilt werden soll.

435   Ausgangspunkt dieser Vorschrift ist die Regelung des § 264 StPO. Danach ist Gegenstand der Urteilsfindung die in der Anklage bezeichnete Tat. Will das Gericht den Angeklagten nun abweichend hiervon verurteilen, muss es § 265 StPO beachten und die entsprechenden Hinweispflichten einhalten.

436   § 265 StPO dient der Sicherung der umfassenden Verteidigung des Angeklagten und seinem Schutz vor Überraschungsentscheidungen. Es handelt sich um einen gesetzlich geregelten Fall der Fürsorgepflicht.

437   Zu unterscheiden sind:

- ■ Anwendung eines anderen Strafgesetzes: **§ 265 Abs. 1 StPO**
- ■ Straferhöhende Umstände oder solche, die die Verhängung einer Maßregel rechtfertigen: **§ 265 Abs. 2 StPO.**
- ■ Änderung eines tatsächlichen Umstandes: **nicht gesetzlich geregelt, aber § 265 Abs. 1 StPO entsprechend anwendbar.**
- ■ Einbeziehung einer anderen prozessualen Tat: Kein Fall des § 265 StPO, sondern nur über die Nachtragsanklage nach **§ 266 StPO** oder durch eine Verbindung von Verfahren zu lösen. Erfolgt eine Aburteilung wegen einer anderen prozessualen Tat ohne Nachtragsanklage oder Verbindung, fehlt es an der Verfahrensvoraussetzung einer wirksamen Anklage (vgl Rn 101 f).

Anwendung eines anderen Strafgesetzes: § 265 Abs. 1 StPO

438   Nach **§ 265 Abs. 1 StPO** ist ein Hinweis erforderlich, wenn der Angeklagte im Schuldspruch anders verurteilt werden soll als in der Anklageschrift vorgesehen oder anders ausgedrückt: Wenn der Angeklagte aufgrund eines Strafgesetzes verurteilt werden soll, das anstatt oder neben dem in der Anklage bezeichneten Strafgesetz für den Schuldspruch in Frage kommt. Der Hinweis muss protokolliert werden, § 273 Abs. 1 StPO.

439   **BEISPIELE:**

- ■ Anwendung eines anderen Straftatbestandes
- ■ Änderung der Schuldform
- ■ abweichende Begehungs- bzw Teilnahmeformen
- ■ Sonderfall: Anwendung eines milderen Strafgesetzes: Dieser Sonderfall muss in der Klausur diskutiert werden. In der Regel ist das mildere Strafgesetz ein anderes im Sinne des § 265 Abs. 1 StPO. Ausnahmsweise gilt das nicht, wenn nur ein erschwerender Umstand wegfällt, der die Verteidigung des Angeklagten nicht berührt, z.B. § 242 StGB statt § 244 StGB[477]

440   **Klausurtipp:** In einer Klausur werden in der Regel Grenzfälle relevant, die dann zu diskutieren sind. So etwa der Übergang von § 316 StGB zu § 323c StGB, Vollendung statt Versuch, Fahrlässigkeit statt Vorsatz, Wahlfeststellung.

Entscheidend ist, dass Sie sich mit dem Problem argumentativ auseinandersetzen.

---

[477] BGH NStZ 2008, 342; zur str. Frage der Erforderlichkeit eines Hinweises bei Berücksichtigung von nach §§ 154, 154a StPO eingestellten Taten vgl BGH NStZ 2004, 277.

Inhaltlich muss der Hinweis den Angeklagten und seinen Verteidiger in die Lage versetzen, die Verteidigung auf den neuen rechtlichen Gesichtspunkt einzustellen. Der Hinweis nach § 265 Abs. 1 StPO auf eine andere rechtliche Beurteilung desselben historischen Vorgangs im Sinne des § 264 StPO wird dabei nicht deshalb entbehrlich, weil Staatsanwaltschaft und Verteidigung in ihren Schlussvorträgen die von der Anklage abweichende rechtliche Beurteilung zu Grunde gelegt haben. Hinweise anderer Verfahrensbeteiligter reichen nach dem Zweck der Vorschrift nicht aus, wenn sich das Gericht diese nicht zu eigen macht.

441

Nennt ein Gesetz mehrere gleichwertige Begehungsweisen – etwa einzelne Mordmerkmale – so ist ein Hinweis des Gerichts nach § 265 Abs. 1 StPO nur dann ausreichend, wenn er angibt, welche Begehungsform das Gericht in Erwägung zieht.[478] Allerdings ist zu berücksichtigen, dass, auch wenn § 211 und § 212 trotz des ihnen gemeinsamen Tatbestandes der vorsätzlichen Tötung eines Menschen andere Strafgesetze i.S.v. § 265 I StPO sind, es den Bestand eines auf § 212 StGB gestützten Schuldspruchs regelmäßig nicht gefährdet, wenn bei einem auf § 211 StGB gestützten Anklagevorwurf ein entsprechender Hinweis unterblieben ist.[479]

442

Kein Hinweis ist nach der Rechtsprechung erforderlich bei dem Übergang zu einer gleichartigen Begehungsform (z.B. bei § 224 StGB von gefährlichem Werkzeug zur Waffe). In einer Klausur sollte diese Problematik gleichwohl erkannt und diskutiert werden.

443

Straferhöhende Umstände oder solche, die die Verhängung einer Maßregel rechtfertigen: § 265 Abs. 2 StPO

Nach § 265 Abs. 2 StPO ist ein Hinweis bei in Betracht kommenden, die Strafbarkeit erhöhenden oder Maßregeln der Besserung und Sicherung (vgl §§ 61 ff. StGB) rechtfertigenden Umständen erforderlich, soweit sich diese erst in der Hauptverhandlung ergeben haben.

444

Straferhöhend sind Qualifikationen und benannte Regelbeispiele. Erforderlich ist, dass die Strafschärfung an gesetzlich bestimmte Unstände anknüpft, also entweder (Qualifikation) ein weiteres Tatbestandsmerkmal hinzutritt oder ein benanntes Regelbeispiel erfüllt sein kann. Bei unbenannten Regelbeispielen fehlt es an dieser Voraussetzung. Auch der Wegfall straferhöhender oder strafmildernder Umstände begründet keine Hinweispflicht.

445

> **Klausurtipp:** Das unbenannte Regelbeispiel als straferhöhender Umstand ist eine Problematik im Rahmen des § 265 Abs. 2 StPO, die Sie erkennen und in der Klausur diskutieren müssen.[480]

446

Wird auf die Möglichkeit der Anordnung einer Maßregel der Besserung und Sicherung wie etwa der Sicherungsverwahrung weder in der Anklageschrift noch im Eröffnungsbeschluss hingewiesen, muss der erforderliche Hinweis gemäß § 265 Abs. 2 StPO förmlich in der Hauptverhandlung ergehen. Dabei muss der Hinweis dem Angeklagten in einer solchen Form erteilt werden, dass dieser eindeutig sehen kann, auf welche Maßregel das Gericht zu erkennen gedenkt. Das Urteil wird in diesen Fällen allerdings aus diesem

447

---

478 BGH NStZ 2011, 475: Änderung der Begehungsform bei § 211 StGB; BGH StraFo 2011, 401: vorsätzliche oder fahrlässige Tatbegehung bei Vollrausch.
479 BGH NStZ 2008, 302.
480 Vgl zur Problematik auch Meyer-Goßner § 265 Rn 19.

Grund nur aufgehoben, soweit z.B. die Unterbringung des Angeklagten in der Sicherungsverwahrung angeordnet worden ist.[481]

Entsprechende Anwendung von § 265 Abs. 1, 2 StPO

448   Eine entsprechende Anwendung von § 265 Abs. 1, 2 StPO kommt bei einer Änderung der gesamten Tatrichtung in Frage, selbst wenn der rechtliche Vorwurf unberührt bleibt. Zwar führt dies nicht im Sinne des § 265 Abs. 1 StPO zur Anwendung eines anderen Strafgesetzes. Gleichwohl ist wegen dieser erheblichen Veränderung entsprechend Abs. 1 ein Hinweis erforderlich, um dem Angeklagten die umfassende Verteidigung zu ermöglichen.

449   Die geänderten Tatsachen müssen für die Tatbestandsmerkmale der betreffenden Strafnorm relevant sein. Das kommt etwa in Betracht, wenn sich die tatsächlichen Grundlagen des Schuldvorwurfs ändern,[482] ein anderes Opfer durch dieselbe Tat betroffen oder ein anderer Mittäter beteiligt gewesen sein soll. Auch eine andere Tatzeit erfordert in der Regel einen Hinweis. Bei einer – durch die Natur der Sache bedingten – zum tatsächlichen Geschehensablauf ungenauen Fassung der Anklageschrift ist ein Hinweis entsprechend § 265 StPO grds. nicht vorgeschrieben, wenn sich im Laufe der Hauptverhandlung nähere Konkretisierungen von Einzelfällen durch genauere Beschreibungen von Tatmodalitäten oder Begleitumständen ergeben. Ein Hinweis kann aber dann geboten sein, wenn das Gericht anstelle nicht näher konkretisierter Taten in einem bestimmten Tatzeitraum nun von nach Zeit, Ort und Tatbegehung bestimmten Taten ausgehen will.[483] Hat etwa ein Angeklagter für die in der Anklage bezeichnete Tatzeit ein Alibi, so darf das Gericht keine andere Tatzeit feststellen, ohne den Angeklagten vorher auf diese Möglichkeit hinzuweisen.[484]

450   Der Rechtsgedanke des § 265 StPO ist auch im Rahmen der Verständigung im Sinne des § 257c StPO zu berücksichtigen. Einerseits kann aufgrund von Aussagen bei Anbahnung einer letztlich fehlgeschlagenen Verständigung ein Hinweis darauf erforderlich werden, dass an dem Inhalt der Äußerung nicht mehr festgehalten wird. Andererseits werden durch eine erfolgreiche Verständigung die Hinweispflichten des § 265 StPO nicht relativiert oder gar verdrängt.[485]

451   Bei der Änderung eines tatsächlichen Umstandes ist nicht immer ein förmlicher Hinweis im Sinne des § 265 Abs. 1 StPO erforderlich. Es muss aber jedenfalls für den Angeklagten deutlich werden, dass das Gericht den neuen Umstand seiner Entscheidung zugrunde legen könnte.

Eine entsprechende Anwendung von § 265 Abs. 1 StPO auf Nebenstrafen und Nebenfolgen kommt dann in Betracht, wenn deren Verhängung die Feststellung besonderer Umstände voraussetzt, die über den Straftatbestand hinausgehen.

452   § 265 Abs. 3 StPO gewährt dem Angeklagten einen Aussetzungsanspruch. Dieser setzt zunächst eine Veränderung der Sachlage infolge Hervortretens neuer Tatsachen oder tatsächlicher Verhältnisse voraus, die der Angeklagte nicht der Anklageschrift, dem Eröffnungsbeschluss oder einer früheren Verhandlung entnehmen konnte. Die Folge muss sein, dass ein schwereres Strafgesetz anzuwenden ist, die neuen Umstände die Strafbar-

---

481   BGH NStZ 2009, 468.
482   BGH NJW 2011, 1301: Austausch der Bezugstat beim Verdeckungsmord.
483   BGH NStZ 2003, 559.
484   BGH NStZ-RR 2006, 213.
485   Einerseits: BGH NJW 2011, 3463; andererseits: BGH NJW 2011, 2377.

keit erhöhen oder eine Sicherungsmaßregel angeordnet werden kann. Darüber hinaus muss der Angeklagte die neu hervorgetretenen Umstände bestreiten, behaupten, auf die Verteidigung nicht genügend vorbereitet zu sein sowie einen Aussetzungsantrag stellen. § 265 Abs. 3 StPO räumt dem Gericht kein Ermessen ein, die Hauptverhandlung zu unterbrechen. Bei Vorliegen der gesetzlichen Voraussetzungen **ist** die Verhandlung zu unterbrechen.

Eine Aussetzung nach **§ 265 Abs. 4 StPO** kommt bei sonstiger veränderter Sachlage oder Verfahrenslage in Betracht. Hier steht die Entscheidung im pflichtgemäßen Ermessen des Gerichts unter besonderer Berücksichtigung der Fürsorgepflicht und der Gewährung eines fairen Verfahrens.
453

Beruhen:
454

Fehler im Rahmen des § 265 Abs. 1 und 2 StPO führen in der Regel zu einer Aufhebung des Urteils. Ausnahmen sind nur denkbar, wenn

- Verteidigung und Staatsanwaltschaft sich mit dem neuen Gesichtspunkt in der Hauptverhandlung befasst haben und eine andere Verteidigungsmöglichkeit des Angeklagten nicht erkennbar ist[486] oder

- der Angeklagte in sonstiger Weise durch das Gericht einen klaren Hinweis erhalten hatte oder

- zweifelsfrei festgestellt werden kann, dass sich der Angeklagte bei rechtzeitigem Hinweis nicht anders und erfolgreicher als geschehen hätte verteidigen können.[487]

BEACHTE: Eine Verfahrensrüge, der Hinweis gemäß § 265 StPO sei verspätet erteilt worden, kann in aller Regel keinen Erfolg haben, wenn kein Antrag auf Aussetzung des Verfahrens gestellt worden war.[488]
455

p) Letztes Wort

Zur Wahrung des rechtlichen Gehörs berechtigt § 258 StPO die Verfahrensbeteiligten, zum Ergebnis der Verhandlung in tatsächlicher und rechtlicher Hinsicht Stellung zu nehmen und Anträge zu stellen. Die Schlussvorträge von Staatsanwaltschaft und Verteidigung, aber insb. das davon strikt zu trennende[489] zusätzliche letzte Wort des Angeklagten gehören zum Inbegriff der Hauptverhandlung im Sinne des § 261 StPO und müssen bei der Urteilsfindung berücksichtigt werden.
456

Das Recht zum Schlussvortrag haben die Staatsanwaltschaft und der Verteidiger, für den sich dies aus Abs. 3 ergibt. Als Nebenbeteiligte haben auch der Nebenkläger nach § 397 Abs. 1 StPO[490] und der Privatkläger nach § 385 Abs. 1 StPO das Recht zum Schlussvortrag.
457

BEACHTE: Ausnahmsweise kann eine Rüge des Verteidigers, ihm sei nicht genügend Vorbereitungszeit für seinen Schlussvortrag gegeben worden, die Revision begründen.[491]
458

---

486 BGH NStZ-RR 2008, 316.
487 OLG Stuttgart StV 2008, 626.
488 BGH NStZ 2007, 234.
489 Gubitz/Bock JA 2009, 136.
490 Zur Reichweite bei Nebenklägererwiderung vgl BGH NStZ 2001, 610.
491 BGH NStZ 2005, 650.

459   Dem Angeklagten gebührt nach § 258 Abs. 2 StPO in jedem Fall das letzte Wort. In Verfahren gegen Jugendliche steht das letzte Wort in gleichem Umfang auch den Erziehungsberechtigten und den gesetzlichen Vertretern zu, vgl § 67 Abs. 1 JGG.

460   Die Gewährung der Möglichkeit zum Schlussvortrag wie auch des letzten Wortes ist als wesentliche Förmlichkeit zu protokollieren. Inwieweit die Protokollformulierung „erhielten zu den Ausführungen das Wort" den Anforderungen der §§ 258 Abs. 2, 3 StPO genügt, hat der BGH offengelassen.[492]

461   Erwidert bei mehreren Angeklagten der Verteidiger eines Mitangeklagten, so ist dem Angeklagten, dem zuerst das letzte Wort erteilt wurde, erneut das letzte Wort zu erteilen.

462 | Klausurtipp Besonders fehlerträchtig ist eine gerichtliche Verfahrensweise dann, wenn nach dem Schluss der Beweisaufnahme und dem gewährten letzten Wort nochmals in die Beweisaufnahme eingetreten wird. Bei einem solchen Fall des Wiedereintritts in die Verhandlung ist nach hM gemäß § 258 Abs. 2 StPO erneut das letzte Wort zu gewähren.[493]

463   Ein Wiedereintritt liegt auch vor, wenn etwa ein Haftbefehl wieder in Vollzug gesetzt, ein Beweisantrag abgelehnt, ein rechtlicher Hinweis nach § 265 Abs. 1 StPO erteilt oder eine Urkunde verlesen wird. Ein solcher Wiedereintritt liegt jedoch nicht vor, wenn lediglich Hilfsbeweisanträge entgegengenommen werden[494], bei einem Beschluss über die Teileinstellung des Verfahrens nach §§ 154 Abs. 2 oder 154a Abs. 2 StPO oder wenn eine Anordnung nach § 231 Abs. 1 S. 2 StPO ergeht. Ein Wiedereintritt in die Beweisaufnahme, die eine erneute Gewährung des letzten Wortes erfordert, liegt aber vor, wenn (lediglich) auf die rechtliche Möglichkeit einer Nebenfolge hingewiesen wird.[495]

464   Bei einem Verstoß gegen § 258 StPO kann das **Beruhen** des Urteils auf dem jeweiligen Verstoß, insb. gegen § 258 Abs. 2, 2. Hs, Abs. 3 StPO nur in besonderen Ausnahmefällen ausgeschlossen werden. So wird bei einem Geständnis des Angeklagten der Schuldspruch in der Regel aufrechterhalten werden können. Der BGH hat nunmehr in einem Fall das Beruhen ausgeschlossen, in dem einem geständigen Angeklagten nach Wiedereintritt in die Verhandlung und Abtrennung des Verfahrens gegen einen Mitangeklagten nicht nochmals das letzte Wort erteilt worden war.[496] Dabei war der Angeklagte nicht wegen Taten des Mitangeklagten verurteilt worden und hatte zuvor Gelegenheit, sich erschöpfend zu äußern.

q) Beratung und Abstimmung

465   Unmittelbar nach Beratung und Abstimmung (vgl hierzu §§ 192–197 GVG; 263 StPO) ergeht das Urteil. Beratung und Abstimmung sind geheim, vgl §§ 43, 45 Abs. 1 S. 2 DRiG. (Urteils-)Beratung und Abstimmung gehören nicht zu den wesentlichen Förmlichkeiten der Hauptverhandlung, hinsichtlich deren eine Protokollierung geboten ist.

466   Problematisch kann hier der Fall sein, dass das Gericht nach Beratung und Abstimmung nicht direkt das Urteil verkündet, sondern nochmals eine Verfahrenshandlung vornimmt, z.B. die Abtrennung eines Verfahrens gegen einen von mehreren Angeklagten oder die

---

492   BGH NStZ 2005, 281.
493   BGH NStZ 2004, 505, 507; Meyer-Goßner § 258 Rn 27 ff.
494   BGH NStZ 2004, 505, 507; dies ist str., vgl aA Rübenstahl GA 2004, 33, 43. Achtung: Wenn die Staatsanwaltschaft dazu Stellung nimmt, wird nach hM ein Wiedereintritt angenommen, vgl OLG Celle StV 1985, 7.
495   OLG Brandenburg NStZ 2008, 586.
496   BGH NStZ 2009, 50; in der Klausur aber auf jeden Fall diskutieren!

Erteilung eines Hinweises. Dann ist eine erneute Beratung und Abstimmung erforderlich, die zwar auch im Sitzungssaal erfolgen kann, jedoch nur übereinstimmend und unter Beteiligung aller Gerichtsmitglieder.[497]

Nach hRspr ist es grds. nicht zulässig, einen Verteidiger, der nach Urteilsberatung, aber   467
vor der Urteilsverkündung einen Beweisantrag stellen will, nicht zu Wort kommen zu lassen und ihn dadurch an der Stellung des Antrages zu hindern.[498] Entsprechendes gilt, wenn nach Unterbrechung einer Verkündung mit dieser erneut und vollständig von vorne begonnen wird, nachdem dem Vorsitzenden zuvor die Stellung eines Beweisantrages angekündigt worden war. Es kommt dann ein Verstoß gegen § 246 Abs. 1 StPO in Betracht, wobei die Möglichkeit des Beruhens des Urteils auf einem solchen Fehler ausgeschlossen sein kann.[499]

r) Urteilsverkündung

Zu beachten ist, dass das Urteil spätestens am elften Tag nach Schluss der Hauptver-   468
handlung verkündet werden muss, § 268 Abs. 3 StPO. Eine Fristverlängerung gibt es bei einer Unterbrechung unmittelbar vor der Urteilsverkündung nicht. Nach hRspr[500] ist die besondere Fristenregelung des § 268 Abs. 3, S. 2 StPO für die Urteilsverkündung – unbeschadet der Verlängerung der regulären Unterbrechungsfrist für die Hauptverhandlung (§ 229 Abs. 1 StPO) durch das 1. Justizmodernisierungsgesetz – zwingendes Recht und ihre Verletzung deshalb revisibel.

s) Abweichende Verfahrensart: Das beschleunigte Verfahren

Das beschleunigte Verfahren eignet sich in besonderer Weise für revisionsrechtliche Prü-   469
fungsaufgaben, zeichnet es sich doch durch eine Vielzahl von Abweichungen vom Regelverfahren der §§ 243 ff StPO aus. Die formellen Voraussetzungen ergeben sich aus den §§ 417 bis 419 StPO.

Lerntipp: Da sich die Abweichungen zum Regelverfahren unmittelbar aus dem Gesetzestext ergeben, ist Ihnen zu empfehlen, die Vorschriften vorab sorgfältig durchzulesen.

Formelle Voraussetzungen:

- Verfahren vor dem Strafrichter oder dem Schöffengericht, § 417 StPO   470
- Eignung zur sofortigen Verhandlung aufgrund einfachen Sachverhalts oder klarer Beweislage
- Kein Verfahren gegen Jugendliche, § 79 Abs. 2 JGG
- Verteidigung und Sachaufklärung nicht beeinträchtigt

Bei Vorliegen der Voraussetzungen besteht die Pflicht zur Antragstellung durch die Staatsanwaltschaft und zur Zulassung durch das Gericht, §§ 418, 419 StPO.

---

497 BGH NStZ 2010, 650 (dort wurde das Beruhen des Urteils auf dem Fehler ausgeschlossen).
498 BGH NStZ 2007, 112; zur Ausnahme vgl BGH NJW 2005, 2466.
499 BGH NStZ 2007, 112.
500 BGH NStZ-RR 2007, 278; 279; NStZ 2007, 235.

471   Die wichtigsten Abweichungen zum Regelverfahren lassen sich der nachfolgenden Gegenüberstellung entnehmen:

Regelverfahren	Beschleunigtes Verfahren
Fristen für Haftbefehl: 3 bzw 6 Monate (§§ 117 Abs. 4, 121 Abs. 2 StPO)	1 Woche (§ 127b StPO)
Eröffnungsbeschluss: erforderlich (§ 203 StPO)	nicht nötig (§ 418 Abs. 1 StPO)
Ladungsfrist: 1 Woche (§ 217 Abs. 1 StPO)	24 Std. (§ 418 Abs. 2 StPO)
Schriftl. Anklage: zwingend (§§ 170 Abs. 1, 203, 243 Abs. 3 StPO)	nicht nötig, mdl. zu Protokoll möglich (§ 418 Abs. 3 StPO)
Unmittelbarkeitsgrundsatz: pers. Vernehmung erforderlich (§ 250 StPO)	Ersetzung durch Verlesung bei allseitiger Zustimmung (§ 420 Abs. 1 bis 3 StPO)
Beweisantragsrecht: uneingeschränkt; Ablehnungsgründe in §§ 244 Abs. 3 bis 5 StPO	eingeschränkt bei Strafrichter (§ 420 Abs. 4 StPO)
Pflichtverteidiger: § 140 Abs. 1 und 2 StPO	ab zu erwartender Freiheitsstrafe von 6 Monaten (§ 418 Abs. 4 StPO)
Rechtsfolgekompetenz: bis zu 4 Jahre und Maßregeln nach §§ 64, 69, 69a StGB möglich (§§ 24 Abs. 2 GVG)	nicht mehr als 1 Jahr und § 69, 69a StGB möglich (§ 419 Abs. 1 StPO)

472   **Klausurtipp:** Liegt dem zu überprüfenden Verfahrensgang ein beschleunigtes Verfahren zu Grunde, so empfiehlt es sich, jede Abweichung vom Regelverfahren aufzugreifen und als möglichen Verstoß zu prüfen. Wird im beschleunigten Verfahren bspw keine Anklageschrift eingereicht, sondern die Anklage mündlich erhoben, ist es nach § 418 Abs. 3 S. 2 StPO erforderlich, dass der wesentliche Inhalt der Anklage, insb. der Anklagesatz nach § 200 Abs. 1 S. 1 StPO, in das Sitzungsprotokoll aufgenommen wird.[501] Geschieht dies nicht, ist es jedenfalls ausreichend, dass eine schriftliche Fassung der mündlich erhobenen Anklage als Anlage zum Protokoll genommen und im Protokoll wegen des Inhalts der erhobenen Anklage darauf verwiesen wird. Der Verweis auf den Inhalt eines in der Akte befindlichen Haftbefehls reicht

---

[501]   OLG Hamburg NJW 2012, 631.

nicht aus.[502] Wird die Anklage nicht in der vorstehend geschilderten Form Bestandteil des Sitzungsprotokolls, fehlt es an einer wirksamen Anklageerhebung und das Verfahren ist nach § 206a StPO einzustellen.

Bei vernehmungsersetzenden Verlesungen ist auf das Zustimmungserfordernis der Verfahrensbeteiligten zu achten (§ 420 Abs. 2 StPO).

t) Besonderheiten eines vorausgegangenen Berufungsverfahrens

Zu den von Amts wegen zu beachtenden Verfahrensvoraussetzungen vgl Rn 128 ff.   473

Im Rahmen einer revisionsrechtlichen Aufgabenstellung kann auch ein vorausgegangenes Berufungsverfahren zu überprüfen sein. Besondere Aufmerksamkeit erfordern dabei die §§ 323 bis 328 StPO, die für eine Berufungshauptverhandlung Abweichungen vom Regelverfahren vorsehen. Prüfungsrelevant sind v.a. der Ablauf der Berufungsverhandlung (§ 324 StPO), die Regelung zur Verlesung von Schriftstücken (§ 325 StPO) und die modifizierte Reihenfolge der Schlussvorträge (§ 326 StPO).

Der Gang der Berufungshauptverhandlung ergibt sich aus § 324 StPO. Dabei wird der   474
von § 243 Abs. 3 StPO vorgesehene Ablauf durch § 324 Abs. 1 StPO dahin gehend modifiziert, dass ein Berichterstatter in Abwesenheit der Zeugen einen Vortrag über die Ergebnisse des bisherigen Verfahrens hält. Zudem ist das erstinstanzliche Urteil zu verlesen, soweit es für das weitere Verfahren von Bedeutung ist. Eine Verlesung der Anklageschrift erfolgt nicht. Im Anschluss erfolgt dann die Vernehmung des Angeklagten und die Beweisaufnahme, § 324 Abs. 2 StPO. In diesem Zusammenhang gestattet § 325 StPO unter bestimmten Voraussetzungen die Verlesung von Schriftstücken, insb. Protokolle über Aussagen der erstinstanzlichen Hauptverhandlung. § 326 StPO bildet schließlich eine der Regelung des § 258 StPO entsprechende Vorschrift, die allerdings die Reihenfolge der Schlussvorträge modifiziert, indem der jeweilige Beschwerdeführer zuerst gehört wird.

u) Verfahrensbeendende Verständigung

Bis vor kurzer Zeit kannte die StPO die sogenannte Absprache oder Verständigung im   475
Strafprozess grds. nicht. Sie ging vielmehr davon aus, dass zunächst die Staatsanwaltschaft den Verdacht im Rahmen des Ermittlungsverfahrens überprüft und sodann das Gericht unabhängig und unbefangen zunächst alle erforderlichen Beweise in der Hauptverhandlung erhebt und sich erst dann eine Meinung bildet. Gegenstand der (in der Praxis) zunehmenden Absprachen war es regelmäßig, dass der Beschuldigte bzw der Angeklagte ein Geständnis ablegt, um im Gegenzug eine mildere, ihm vorher zugesicherte Höchststrafe oder eine bestimmte Verfahrensweise zu erlangen.

Der BGH schloss in seiner Rechtsprechung zwar derartige Absprachen nicht aus, machte   476
aber klare Vorgaben, in welchen Fällen diese zulässig sind und wie zu verfahren ist.[503]

Am 4.8.2009 trat das **„Gesetz zur Regelung der Verständigung in Strafverfahren"** in   477
Kraft. Primäres Anliegen dieses Gesetzes ist es, Absprachen im Strafprozess klare Vorgaben im Hinblick auf Verfahren, Inhalt und Folgen zu machen.

Mit den §§ 160b (Ermittlungsverfahren), 202a (Zwischenverfahren), 212 StPO (Hauptverfahren) und 275b StPO (Hauptverhandlung) soll eine Förderung frühzeitiger und je-

---

502 OLG Hamburg aaO.
503 BGH NStZ 1998, 31.

derzeitiger Verständigungen angestrebt werden. Die natürlich bereits zuvor zulässige Kontaktaufnahme zwischen den Verfahrensbeteiligten wird ausdrücklich gesetzlich geregelt. Der jeweilige Inhalt der Erörterungen ist dabei aktenkundig zu machen. Insbesondere sind nach §§ 243 Abs. 4; 273 Abs. 1, Abs. 1a StPO etwa durchgeführte Verständigungsgespräche (oder auch das Absehen von diesen) in das Protokoll aufzunehmen. Unterbleibt die Protokollierung, so hat dies gemäß § 274 StPO zur Folge, dass sich weder das Gericht noch die Verfahrensbeteiligten auf eine stattgefundene Verständigung berufen können. Gegen den diese Förmlichkeiten des Protokolls nach § 273 Abs. 1 S. 3 StPO betreffenden Inhalt des Protokolls ist nur der Nachweis der Fälschung zulässig.[504] Fehlt der zwingend erforderliche Vermerk im Protokoll völlig, so ist erforderlichenfalls im Wege des Freibeweises zu klären, ob eine Verständigung stattgefunden hat.[505]

478   Nach § 243 Abs. 4 S. 1 StPO teilt der Vorsitzende nach der Verlesung der Anklage mit, ob vor oder nach Eröffnung des Hauptverfahrens (§§ 202a, 212 StPO) Erörterungen stattgefunden haben, deren Gegenstand die Möglichkeit einer Verständigung gewesen ist und wenn ja, deren wesentlichen Inhalt. Bei etwaigen Änderungen ist diese Pflicht auch im weiteren Verlauf der Hauptverhandlung zu erfüllen. Der Zweck dieser Mitteilungspflicht besteht in der Sicherung der Transparenz des Verständigungsverfahrens und der Gewährleistung des Öffentlichkeitsgrundsatzes. Die unverzügliche und umfassende Information ist auch bei einem ergebnislosen Ablauf der Erörterungen vorzunehmen.[506]

Die Verletzung der Pflicht aus § 243 Abs. 4 S. 1 StPO begründet einen relativen Revisionsgrund. Allerdings ist ein besonderes Augenmerk auf die Prüfung zu werfen, ob das Urteil auf dem Verstoß beruht.[507] Wenn etwa überhaupt keine Verständigungsgespräche stattgefunden haben, dürfte es an einem Beruhen fehlen, da die Norm nicht den Zweck verfolgt, den Angeklagten über die Möglichkeit zu informieren, dass das Strafverfahren durch eine Verständigung iSv § 257c StPO beendet werden kann (vgl Rn 279).[508]

479   Kern der gesetzlichen Neuregelung ist § 257c StPO. Diese Vorschrift legt die Voraussetzungen und die Grenzen der Urteilsabsprache fest.

Inhalte der Absprache:

480   § 257c Abs. 2 und Abs. 3 S. 2 StPO regeln abschließend die zulässigen Inhalte einer Verständigung.

Dies sind:

■ Die **Rechtsfolgen**, die Inhalt eines Strafurteils oder eines dazugehörigen Beschlusses (z.B. Bewährungsbeschluss) sein können. Die Vereinbarung einer ganz konkreten Strafhöhe ist aber weiterhin unzulässig (keine „Punktstrafe"). Dies würde einen Widerspruch zu § 261 StPO nahe legen. Denn die Strafzumessung würde nicht auf einer Entscheidung des Gerichts auf der Grundlage der durchgeführten Hauptverhandlung, sondern eher auf der Vereinbarung zwischen den Verfahrensbeteiligten beruhen. Daher besteht hierin eine Verletzung von § 46 StGB, die auf die Sachrüge zu berück-

---

504 BGH NStZ 2011, 473; NStZ-RR 2010, 213; Meyer-Goßner § 257c Rn 31.
505 BGH NJW 2011, 321; OLG Düsseldorf StV 2011, 80.
506 BGH wistra 2011, 72.
507 BGH NStZ 2011, 592 (Beruhen kann nach langer streitiger Hauptverhandlung entfallen); OLG Celle StRR 2011, 406 (Leitsatz): Der Angeklagte hat kein subjektives Recht auf Information über die gesetzliche Möglichkeit der Verständigung.
508 OLG Celle aaO.

sichtigen ist.[509] Bei Mitteilung einer Strafhöhe ist nach nun hM stets ein Strafrahmen anzugeben, also eine Strafober- und Strafuntergrenze.[510] Dabei darf die „Sanktionsschere" (Differenz des zu erwartenden Sanktionsrahmens mit bzw ohne Geständnis) nicht zu groß sein.[511]

- Das **Prozessverhalten der Verfahrensbeteiligten** (z.B. Verzicht auf Beweisanträge). Hier dürfen aber keine unzulässigen Verknüpfungen vereinbart werden, z.B. keine Zusage eines bestimmten Strafrahmens bei Verzicht des Angeklagten auf weitere Beweisanträge.[512]

- **Sonstige verfahrensbezogenen Maßnahmen** (z.B. Teileinstellung des Verfahrens)

Klausurtipp: Hat das Gericht im Rahmen seiner Pflicht zur Bekanntgabe des Inhalts einer möglichen Verständigung (§ 257c Abs. 3 S. 1 StPO) nur eine Strafobergrenze, aber keine Strafuntergrenze angegeben, dann ist der Angeklagte hierdurch nicht beschwert. Im Rahmen einer Revision kann dies dann in der Regel nur von der Staatsanwaltschaft zum Nachteil des Angeklagten beanstandet werden.

Unzulässig sind Absprachen über

- den Schuldspruch,[513]

- Maßregeln der Besserung und Sicherung.

Nach § 257c Abs. 2 S. 3 StPO soll ein Geständnis Bestandteil jeder Verständigung sein. Das aufgrund der Verständigung abgegebene Geständnis des Angeklagten muss glaubhaft sein und darf den übrigen vorliegenden Beweismitteln nicht widersprechen. Das Geständnis muss ohne unzulässige Einflussnahme iSd § 136a StPO abgegeben worden sein. 481

Klausurtipp: Problematisch ist das Spannungsfeld zwischen der Aufklärungspflicht des § 244 Abs. 2 StPO, die ausweislich § 257c Abs. 1 S. 2 StPO auch bei einer Absprache unberührt bleiben soll, und der Möglichkeit des § 257c Abs. 2 S. 1 StPO, sich über einen Strafrahmen oder über verfahrensbezogene Maßnahmen zu verständigen.[514] 482

Entscheidend ist: Ein Geständnis entbindet das Gericht nicht davon, dieses im Rahmen der Beweisaufnahme zu verifizieren. Das Gericht muss zumindest den sich aufdrängenden Beweismitteln nachgehen und darf sich nicht allein mit dem Geständnis begnügen. Ansonsten kann ein Verstoß gegen die Aufklärungspflicht vorliegen.

Verfahren:

Nach § 257c Abs. 3 StPO kann das Gericht unter freier Würdigung aller Umstände, die Gegenstand der Hauptverhandlung sind, § 261 StPO, und unter Beachtung der allgemeinen Strafzumessungsregeln der §§ 46, 46a StGB eine Strafober- und -untergrenze angeben. Sodann werden die Verfahrensbeteiligten angehört. Stimmen Angeklagter und Staatsanwaltschaft zu, kommt die Verständigung zustande. 483

---

509 BGH NStZ 2011, 648 („3 Jahre und 9 Monate"); Meyer-Goßner § 257c Rn 11.
510 BGH NStZ 2011, 170; StV 2011, 75 (dort auch zum Streitstand).
511 BGH StV 2011, 202.
512 Meyer-Goßner ZRP 2009, 108.
513 BGH wistra 2011, 276: Dies betrifft auch Qualifikationstatbestände.
514 BGH StV 2011, 647; OLG Celle NStZ-RR 2011, 252; Meyer-Goßner § 257c Rn 13.

484   Die Neuregelung des § 302 Abs. 1 S. 2 StPO bestimmt, dass ein Rechtsmittelverzicht ausgeschlossen ist, wenn dem Urteil eine Verständigung gemäß § 257c StPO vorausgegangen ist. Darüber ist der Angeklagte gemäß § 35a S. 2 StPO auch ausdrücklich nach dem Urteil zu belehren. Somit ist der Gesetzgeber von der seitens des BGH entwickelten qualifizierten Belehrung, nach der ein Rechtsmittelverzicht bei Absprachen durchaus möglich war, abgerückt.[515] Allerdings kann auch im Fall einer vorausgegangenen Verständigung eine Zurücknahme des Rechtsmittels vor Ablauf der Einlegungsfrist wirksam erfolgen.[516]

Ist in der Sitzungsniederschrift keine Verständigung protokolliert, so ist aufgrund dieses Negativattestes ein Rechtsmittelverzicht möglich. Umstritten ist die Möglichkeit eines Verzichtes bei Umgehung des § 257c StPO durch Absprachen außerhalb der Hauptverhandlung.[517]

In den schriftlichen Urteilsgründen ist es nach § 267 Abs. 3 S. 5 StPO anzugeben, wenn dem Urteil eine Verständigung vorausgegangen ist. Die Angabe des Inhalts der Verständigung ist nicht geboten. Erfolgt dies aber, so darf kein Widerspruch zwischen dem Urteil und der Verständigung erkennbar werden.[518]

Fehlgeschlagene Absprache:

485   In § 257c Abs. 4 StPO ist geregelt, wann die Bindung der Absprache entfallen kann. Eine Loslösung von der früheren Zusage ist ausdrücklich mitzuteilen, § 257c Abs. 4 S. 4.

Dies setzt aber voraus, dass zuvor tatsächlich eine ausdrückliche Verständigung erzielt worden war. Eine nur informelle Absprache, die unter Umgehung der gesetzlichen Anforderungen des § 257 c StPO zustande gekommen ist, führt in der Regel nicht zum Eintritt einer solchen Bindungswirkung.[519]

Die Bindung kann in folgenden Situationen entfallen:

- Rechtlich oder tatsächlich bedeutsame Umstände wurden übersehen oder haben sich neu ergeben und das Gericht ist deswegen zur Überzeugung gelangt, dass der in Aussicht gestellte Strafrahmen nicht mehr tat- und schuldangemessen ist.

- Das weitere Prozessverhalten des Angeklagten entspricht nicht dem Verhalten, das der Prognose des Gerichts zugrunde gelegt wurde (z.B.: kein Geständnis!).

Der Angeklagte ist zusammen mit der Bekanntgabe des Verständigungsvorschlags über die Voraussetzungen und Folgen einer Abweichung von der Absprache zu belehren (vgl § 257c Abs. 5 StPO). Diese Belehrung dient dem Schutz des Angeklagten, dem klar sein soll, dass und unter welchen Voraussetzungen und mit welchen Folgen das Gericht von der Strafrahmenzusage abweichen kann. Allerdings folgt aus einem Verstoß gegen das

---

515   BGH NStZ 2006, 464; BGH GSSt NStZ 2005, 389. Diese Neuregelung ist kritisch zu bewerten, kann doch ein verhandlungsfähiger Angeklagter grds. ein vollumfängliches Geständnis sowie einen wirksamen Rechtsmittelverzicht erklären. Aus praktischer Sicht ist nicht nachvollziehbar, wieso vor diesem Hintergrund ein Rechtsmittelverzicht nicht auch bei einer verfahrensbeendenden Verständigung möglich sein soll. Es besteht vielmehr die Gefahr, dass diese Regelung in der Praxis umgangen wird, indem „informelle" Gespräche außerhalb der gesetzlichen Regelung geführt werden. Damit würde aber das Gegenteil der erstrebten Transparenz erreicht.

516   BGH NStZ 2010, 409.

517   Nach hM unwirksam in entsprechender Anwendung des § 302 Abs. 1 S. 2 StPO oder im Wege eines Erst-Recht-Schlusses, vgl BGH NStZ 2011, 473; OLG Celle, Beschl. v. 27.09.2011, Az 1 Ws 381/11; Jahn/Müller NJW 2009, 2625, 2630.

518   BGH StraFo 2011, 52; NStZ 2011, 170; StV 2011, 76 („Beruhen liegt eher fern").

519   BGH NStZ 2011, 107.

Belehrungsgebot kein Verwertungsverbot hinsichtlich des nach dem Zustandekommen der Verständigung abgegebenen Geständnisses. Bei der Prüfung, ob das Urteil auf dem Fehler beruht, dürfte entscheidend sein, ob der Angeklagte das Geständnis nicht oder mit anderem Inhalt abgelegt hätte, wenn er ordnungsgemäß aufgeklärt worden wäre.[520]

Entfällt die Bindung, darf das Geständnis gemäß § 257c Abs. 4 S. 3 nicht verwertet werden. Dieses Verwertungsverbot ergibt sich aus dem Grundrecht des Angeklagten auf ein faires Verfahren.[521] Begründet das Gericht das Urteil auch mit dem Geständnis, so liegt ein Verstoß gegen § 257c Abs. 4 S. 3 StPO vor, auf dem das Urteil auch beruht.   486

Problematisch ist insoweit die Verwertung etwaiger, im Anschluss an das Geständnis veranlasster Folgeermittlungen. Nach hM ist eine Fernwirkung in der Regel zu verneinen[522], teilweise wird allerdings eine solche dann in Betracht gezogen, wenn eine auch nur mittelbare Verwertung des Geständnisses unter Berücksichtigung des Wesensgehaltes des Rechts auf ein faires Verfahren nicht angemessen ist.[523]   487

v) Übungsfälle

▶ **ÜBUNGSFALL 1:**[524] Der Angekl. hatte in der Hauptverhandlung vor dem AG Angaben zur Sache verweigert. Am 3. Verhandlungstag wurde als „Urkundsbeweis" ein Schriftsatz seines Verteidigers verlesen. In diesem Schriftsatz hatte der Verteidiger im Ermittlungsverfahren für den Angekl. Angaben zu den näheren Tatumständen gemacht und mit eigenen Formulierungen die Bekundungen des Angekl. wiedergegeben. Das AG hat diese Angaben in dem angefochtenen Urteil zu Grunde gelegt. Der Angekl. rügt mit seiner Revision diese Vorgehensweise. ◀   488

▶ **LÖSUNG ÜBUNGSFALL 1:** Rüge der Verlesung des Schriftsatzes des Verteidigers   489

I.   Der Verlesung könnte § 250 S. 2 StPO entgegenstehen.

   1.   Danach darf die Aussage eines Zeugen durch eine Protokollverlesung nur ersetzt werden, wenn ein Ausnahmefall des § 251 StPO vorliegt.

   2.   Schriftliche Erklärungen des Angekl., die dieser im anhängigen Verfahren zu der gegen ihn erhobenen Beschuldigung abgibt, können grds. verlesen werden, auch wenn er später Angaben verweigert (vgl Rn 282 f). Hat der Angekl. sich gegenüber einer anderen Person geäußert und hat diese die Äußerung schriftlich festgehalten, so handelt es sich bei deren Wiedergabe um eine Erklärung dieser Person. Diese ist daher über ihre Wahrnehmungen bei der Unterredung mit dem Angeklagten zu vernehmen, § 250 S. 1 StPO.
Diese Grundsätze gelten auch dann, wenn die niederschreibende Person der Verteidiger ist. Anhaltspunkte dafür, dass der Angekl. sich des Verteidigers nur „als Schreibhilfe" bedient hat, bestehen nicht. Ebenso wenig kann festgestellt werden, dass klargestellt worden ist, dass der Angekl. die in dem fraglichen Schriftsatz ent-

---

520   BGH StV 2011, 76.
521   Jahn/Müller NJW 2009, 2625, 2629; außerhalb der formalen Verständigung kann sich bei einer Abweichung von (formlosen) Ankündigungen („A braucht keine Verständigung, der bekommt ja sowieso Bewährung.") eine Hinweispflicht aus dem Rechtsgedanken des § 265 StPO ergeben, vgl BGH NJW 2011, 3463.
522   Meyer-Goßner § 257c Rn 28.
523   Jahn/Müller NJW 2009, 2625, 2629; Sauer wistra 2009, 141, 145.
524   Nach BGH NStZ 2009, 282.

haltenen Äußerungen zum Tatgeschehen als eigene Einlassung verstanden wissen wollte.

II.   Die Verlesung verstößt gegen § 250 S. 2 StPO. Das Urteil beruht auch auf dem Verstoß.

Ergebnis: Die Revision ist erfolgreich. ◄

490   ▶ **ÜBUNGSFALL 2:**[525] In der Hauptverhandlung vor dem LG am 12.2.2012 beantragte der Verteidiger des Angekl. zum Beweis der Tatsache, dass der Zeuge N. die Aussage der Vertrauensperson unzutreffend wiedergegeben habe und dass die Vertrauensperson die in dem Beweisantrag näher bezeichneten Angaben nicht gemacht habe, die Vernehmung von P. als Zeugen. Bei dem benannten Zeugen P. handele es sich um die von dem Zeugen N. vernommene Vertrauensperson. In der Hauptverhandlung am 1.3.2012 wurde eine Sperrerklärung des Ministeriums des Innern „hinsichtlich einer Vertrauensperson des Polizeipräsidiums R." verlesen. Darin wird die für die Führer der Vertrauensperson erteilte Aussagegenehmigung dahin beschränkt, dass Fragen, die zur Identifizierung der Vertrauensperson führen können, nicht beantwortet werden dürfen. Der Verteidiger des Angekl. beantragte sodann, eine audiovisuelle Vernehmung des Zeugen P. durchzuführen. Das LG wies den „Antrag auf Vernehmung des Zeugen P." zurück und führte in der Begründung des Beschlusses u.a. aus: „Bei einer Vernehmung des Zeugen P. müsste dieser bei wahrheitsgemäßer Beantwortung der Frage, ob er die VP sei, möglicherweise dies bejahen. Insoweit besteht für die VP aber keine Aussagegenehmigung. Diese ist durch Schreiben des Ministeriums des Innern und für Sport vom 1. 3.2012 verweigert worden. Die Sperrerklärung gilt fort und der Zeuge ist unerreichbar. Diese Gründe gelten auch für die beantragte Videoüberwachung. Auch in diesem Fall besteht die Gefahr einer Enttarnung." Der Angekl. beanstandet dies mit seiner Revision. ◄

491   ▶ **LÖSUNG ÜBUNGSFALL 2: Rüge der Ablehnung des Antrages auf Vernehmung des Informanten, §§ 244 Abs. 3, 337 StPO**

I.   Ordnungsgemäßer Beweisantrag (+)

II.   Ablehnungsgrund der unzulässigen Beweiserhebung wegen Fehlens einer Aussagegenehmigung gemäß § 244 Abs. 3 S. 1 StPO (-)

Ein Beweiserhebungsverbot nach § 54 StPO besteht nicht. Die Annahme, durch das Schreiben des Ministeriums sei eine Aussagegenehmigung für die Vertrauensperson verweigert worden, findet in der Sperrerklärung keine Stütze. Vielmehr wird darin lediglich die für die Führer der Vertrauensperson erteilte Aussagegenehmigung dahin beschränkt, dass sie Fragen, die zur Identifizierung der Vertrauensperson führen können, nicht beantworten dürfen. Zudem lässt sich der Sperrerklärung kein Anhaltspunkt dafür entnehmen, dass es sich bei dem Zeugen um einen der Verschwiegenheitspflicht unterliegenden öffentlich Bediensteten handeln könnte.

III.   Ablehnungsgrund der Unerreichbarkeit.

1.   Unerreichbarkeit (+), wenn alle Bemühungen des Gerichts, die der Bedeutung und dem Wert des Beweismittels entsprechen, zu dessen Beibringung erfolglos geblieben sind und keine begründete Aussicht besteht, es in absehbarer Zeit herbeizuschaffen.

2.   Ausnahmsweise können Bemühungen als aussichtslos von vornherein unterlassen werden.

---

525   Nach BGH NStZ 2003, 610.

3. Bei Informanten ist erst dann Unerreichbarkeit (+), wenn Sperrerklärung nach § 96 StPO vorliegt und Identität nicht bekannt ist. Die Zusicherung der Vertraulichkeit bindet lediglich StA und Polizei, nicht das Gericht.

4. IvF: Eine rechtmäßige Sperrerklärung führt nicht zu einem Beweisverbot, sondern bedeutet nur, dass das mit der Sache befasste Gericht die Weigerung der Behörde, die Identität eines Zeugen zu offenbaren, hinnehmen muss. Kennt das Gericht aber aus sonstigen Erkenntnisquellen die Identität des Zeugen, steht seiner Ladung und Vernehmung die Sperrerklärung nicht entgegen. Dies gilt auch dann, wenn in einem Beweisantrag eine bestimmte Person benannt ist und diese – wie hier – mit der Vertrauensperson identisch sein kann, auf die sich die vorliegende Sperrerklärung bezieht. Von der Vernehmung eines solchen namentlich genannten Zeugen darf jedoch abgesehen werden, soweit durch die Vernehmung Gefahr für Leib oder Leben des Zeugen droht. Dies hat das Landgericht jedoch nicht geprüft.

IV. Der Beweisantrag durfte nicht wegen Unzulässigkeit der Beweiserhebung oder Unerreichbarkeit abgelehnt werden.

Ergebnis: Die Rüge ist erfolgreich. ◀

▶ **ÜBUNGSFALL 3:**[526] Der Angekl. wurde vom AG wegen vorsätzlicher Körperverletzung in Tateinheit mit Hausfriedensbruch zu einer Freiheitsstrafe von 3 Monaten verurteilt. Mit der zugelassenen Anklage war ihm fahrlässiger Vollrausch vorgeworfen worden. Nachdem am 1. Verhandlungstag (4.2.2012) der Angekl. zur Sache sowie mehrere Zeugen vernommen wurden, wurde am 2. Tag (19.2.2012) nur der Auszug aus dem Bundeszentralregister verlesen und zwischen den Parteien ein Rechtsgespräch dazu geführt, ob die Voraussetzungen des Vollrauschs vorliegen. Am 3. Tag (2.3.2012) wurde vom Gericht der Hinweis erteilt, dass anstelle dessen auch eine Verurteilung wegen „Körperverletzung in Tateinheit mit Hausfriedensbruch" in Betracht kommt. Direkt danach wurde die Beweisaufnahme geschlossen und sofort um die Plädoyers gebeten, die auch gehalten wurden. In der formell ordnungsgemäßen Revision rügt der Angekl. nun diese Vorgehensweisen des Gerichts. ◀

492

▶ **LÖSUNG ÜBUNGSFALL 3:**

I. **Rüge nach § 338 Nr. 8 StPO – unzulässige Beschränkung der Verteidigung iVm § 258 Abs. 1 StPO**

1. Vorschrift des § 338 Nr. 8 StPO enthält relativen Revisionsgrund; verletzt könnte hier § 258 Abs. 1 StPO sein.

2. Unzulässige Beschränkung der Verteidigung (+), wenn die Beschränkung eine besondere Verfahrensvorschrift verletzt und zwischen dem Verfahrensfehler und dem Urteil eine konkret-kausale Beziehung besteht

3. Hier: Vorbereitungszeit für Plädoyer hängt von Umständen des Einzelfalls ab, sofortiges Plädoyer nach 3 Verhandlungstagen beinhaltet keine Vorbereitungszeit, objektiver Verstoß ist daher gegeben.

4. Aber: Verteidiger muss dies dem Gericht gegenüber zu erkennen geben und um eine Unterbrechung nachsuchen, hier (-). Für das Gericht besteht ohne Hinweis kein Anlass, von sich aus die Hauptverhandlung zu unterbrechen.

5. Verstoß daher (-)

---

526 Nach BGH NJW 2006, 3077; BGH NStZ 2005, 650 und OLG Stuttgart StV 2008, 626.

II. **Verstoß gegen § 229 StPO iVm § 337 StPO**

1. Grundsatz nach § 229 StPO: Hauptverhandlung darf bis zu drei Wochen unterbrochen werden; hier eigentlich kein Verstoß, da Frist jeweils eingehalten
2. Problem: War zweiter Tag wirklich ein Verhandlungstermin?
   Fortsetzungstermin ist nur dann geeignet, die Unterbrechungsfristen des § 229 Abs. 1 oder 2 StPO zu wahren, wenn in ihm zur Sache verhandelt, also das Verfahren inhaltlich auf den abschließenden Urteilsspruch hin gefördert wird
   Erörterung der Rechtsfrage allein wohl (-)
   Aber Verlesung BZR-Auszug ausreichend
3. Verstoß daher (-)

III. **Verstoß gegen § 265 StPO iVm § 337 StPO**

1. Nach § 265 Abs. 1 StPO ist Hinweis erforderlich, wenn im Schuldspruch andere Verurteilung erfolgen soll als in der Anklageschrift vorgesehen
2. Hier: Hinweis erfolgt, aber nur pauschal auf „Körperverletzung".
   Kann ein Tatbestand in verschiedenen Schuldformen (Vorsatz/Fahrlässigkeit) verwirklicht werden, muss Hinweis auch Schuldform erfassen.
   Arg: Sicherung der umfassenden Verteidigung des Angekl.
3. Daher Verfahrensfehler (+)
4. Beruhen auch (+), da nicht zweifelsfrei festgestellt werden kann, dass sich Angekl. bei rechzeitigem Hinweis nicht anders und erfolgreicher als geschehen hätte verteidigen können.

Ergebnis: Revision begründet ◄

2. Fehler der Ermittlungsorgane

493 Auch Fehler der Ermittlungsorgane, die diesen im Ermittlungsverfahren unterlaufen sind, können revisionsrechtliche Bedeutung erlangen. Dies ist regelmäßig dann der Fall, wenn das Gericht ein Beweismittel in die Hauptverhandlung eingeführt hat, das es aufgrund eines bestehenden Verwertungsverbots gar nicht hätte einführen dürfen.

a) Allgemeines zu Beweisverwertungsverboten

494 Aus § 244 Abs. 2 StPO ergibt sich für das Gericht die Verpflichtung zur umfassenden Sachverhaltsaufklärung. Allerdings zwingt die StPO nicht zur Wahrheitserforschung um jeden Preis. Vielmehr müssen der Wahrheitserforschung im Strafprozess im Interesse eines rechtsstaatlichen Verfahrens Grenzen gesetzt werden, was durch Beweisverbote gewährleistet wird.

495 In diesem Zusammenhang ist zwischen Beweiserhebungs- und Beweisverwertungsverboten zu unterscheiden. Während **Beweiserhebungsverbote** die Gewinnung von Beweismitteln im Strafverfahren einschränken, insb. in der Hauptverhandlung die Pflicht des Gerichts zur Amtsaufklärung (§ 244 Abs. 2 StPO) und das Recht der Staatsanwaltschaft und Verteidigung auf Beweiserhebung begrenzen (§ 244 Abs. 3 S. 1 StPO), untersagen es die **Beweisverwertungsverbote**, bestimmte bereits festgestellte Tatsachen bei der Beweiswürdigung und Urteilsfindung zu berücksichtigen. Innerhalb der Beweisverwertungsverbote wird dabei zwischen selbstständigen und unselbstständigen unterschieden.

496 Ein **selbstständiges Beweisverwertungsverbot** bedeutet, dass ein Beweismittel trotz rechtmäßiger Beweiserhebung nicht benutzt werden darf (vgl bspw §§ 100b Abs. 4, 100c

Abs. 5, 252 StPO). Die Verwertbarkeit des Beweismittels hängt davon ab, ob dem Schutz der Grundrechte des Beschuldigten oder anderer Verfahrensbeteiligter im Einzelfall Vorrang vor dem Interesse an einer funktionstüchtigen Strafrechtspflege zukommt.

BEISPIELE:

- Unverwertbarkeit selbstbelastender Äußerungen gegenüber einem verdeckten Ermittler, der unter Ausnutzen des geschaffenen Vertrauens zu einer Aussage drängt;[527]
- Unverwertbarkeit selbstbelastender Selbstgespräche in einem Krankenzimmer bei richterlich angeordneter Abhörmaßnahme;[528]
- Unverwertbarkeit selbstbelastender Selbstgespräche in einem Pkw bei richterlich angeordneter Abhörmaßnahme.[529]

Von einem **unselbstständigen Beweisverwertungsverbot** spricht man, wenn das Verbot die Folge einer unzulässigen oder rechtswidrigen Beweiserhebung ist (wie zB im Falle des § 136a Abs. 3 S. 2 StPO). Mit Ausnahme des § 136a Abs. 3 S. 2 StPO existiert in der StPO keine Regelung, wie mit solchen gewonnenen Beweismitteln umzugehen ist. Nach st Rspr ist eine Abwägung zwischen dem Interesse der Allgemeinheit an einer funktionstüchtigen Strafrechtspflege und dem Interesse des Einzelnen an der Respektierung seiner Freiheitsrechte vorzunehmen. In die Abwägung sind zudem folgende Gesichtspunkte aufzunehmen: Schutzzweck der verletzten Verfahrensvorschrift; hätte das Beweismittel rechtmäßig erlangt werden können (hypothetischer Ersatzeingriff); lag Willkür, bewusster Machtmissbrauch oder ein grobe Verkennung der Rechtslage zu Grunde; Gewicht der Tat; Gewicht des Verfahrensverstoßes.   497

BEISPIELE:

- Unverwertbarkeit bei bewusster Missachtung des Richtervorbehalts hinsichtlich einer Wohnungsdurchsuchung;[530]
- Unverwertbarkeit bei bewusster Missachtung des Richtervorbehalts hinsichtlich der Entnahme einer Blutprobe.[531]

Lerntipp: Ein Verfahrensverstoß der Strafverfolgungsorgane im Ermittlungsverfahren ist revisibel, wenn der Verstoß zu einem Verfahrenshindernis geführt hat oder das erkennende Gericht durch Einführung des fehlerhaft erlangten Ergebnisses in die Hauptverhandlung den Verstoß sich quasi „zu eigen" gemacht hat. Dies kommt insb. bei Verkennen eines Verwertungsverbots in Betracht. Anzuknüpfen ist dabei an das Vorgehen des Gerichts, das unzulässigerweise ein Beweisergebnis verwertet hat. Für eine Revisionsklausur ist von Bedeutung, an welcher Stelle die Prüfung zu verorten ist. Da zunächst an eine fehlerhafte Vorgehensweise des Gerichts angeknüpft wird, kommen dafür im gutachtlichen Aufbau der Prüfung sowohl ein Verfahrensverstoß iSe sog. „relativen Revisionsgrundes" als auch ein sachlich rechtlicher Verstoß und damit eine Prüfung im Rahmen der Sachrüge in Frage. Die Unterscheidung ist nicht unproblematisch. Zum Verfahrensrecht gehören diejenigen Vorschriften, die die Einleitung und den Fortgang des Strafprozesses betreffen, also den prozessförmigen Weg zum Urteil beschreiben.[532] Verletzt ist Verfahrensrecht insb., wenn eine gesetzlich vorgesehene Handlung unterblieben, wenn sie fehlerhaft vorgenommen worden   498

---

527   BGH NJW 2007, 3138; BGH NRÜ 2009, 267 f = NStZ 2009, 343 f.
528   BGH NJW 2005, 3295.
529   BGH StV 2012, 269.
530   BGH NJW 2007, 2269.
531   OLG Oldenburg NRÜ 2010, 78 = NJW 2009, 3591.
532   BGHSt 19, 273, 275; Meyer-Goßner § 337 Rn 8.

ist oder wenn sie überhaupt unzulässig war.[533] Dem materiellen Recht gehören dagegen alle Normen an, die für die Schuld- und Straffrage von Bedeutung sind, also den sachlichen Gehalt des Urteiles betreffen. Unproblematisch ist demgegenüber die Einordnung der irrigen Annahme eines Verwertungsverbots durch das Gericht. Hier kommt ein mit der Verfahrensrüge auszuführender Verstoß gegen §§ 244 Abs. 2, 245 StPO in Betracht.

b) Fehler bei der Beschuldigtenvernehmung

499   Vor der ersten Vernehmung ist der Beschuldigte über sein Schweigerecht zu belehren, § 136 Abs. 1 S. 2 iVm § 163a Abs. 3 S. 2, Abs. 4 S. 2 StPO. Diese Belehrung ist sowohl für die Verwertbarkeit in der Hauptverhandlung als auch für die Verjährung von Bedeutung (vgl § 78c Abs. 1 Nr. 1 StGB). Eine **Vernehmung** liegt nach hM vor, wenn der Vernehmende dem Beschuldigten in amtlicher Funktion gegenübertritt und in dieser Eigenschaft von ihm Auskunft verlangt (sog. formeller Vernehmungsbegriff).[534] Damit soll einem fälschlich empfundenen Aussagezwang entgegen gewirkt werden. Demgegenüber wird in der Lit. ein sog. „funktionelle Vernehmungsbegriff" vertreten, der alle Äußerungen des Beschuldigten umfasst, die ein Strafverfolgungsorgan direkt oder indirekt herbeigeführt hat.[535] Die verschiedenen Standpunkte wirken sich insb. bei der Bewertung der sog. „Hörfalle" aus.[536]

Nach der hM werden Äußerungen des Beschuldigten vor Begründung der Beschuldigteneigenschaft und außerhalb von Vernehmungen nicht geschützt.[537] Klausurrelevant ist v.a. die Abgrenzung der Vernehmung von der sog. „informatorischen Befragung". Dabei handelt es sich um eine formlose Befragung zur Gewinnung eines groben Bildes, ob wirklich der Verdacht einer Straftat besteht und wer als Beschuldigter oder als Zeuge in Betracht kommt.[538] Für diese Abgrenzung ist neben der Stärke des Tatverdachts auch von Bedeutung, wie sich das Verhalten des Beamten nach außen in der Wahrnehmung des Befragten darstellt.[539] Spontanäußerungen des Beschuldigten sind verwertbar.

500   Ob die Strafverfolgungsbehörde einen solchen Verdachtsgrad für eine strafbare Handlung für gegeben erachtet, so dass sie einen Verdächtigen als Beschuldigten vernimmt, unterliegt ihrer pflichtgemäßen Beurteilung. Im Rahmen der gebotenen sorgfältigen Abwägung aller Umstände des Einzelfalles kommt es darauf an, inwieweit der Tatverdacht auf hinreichend gesicherten Erkenntnissen hinsichtlich Tat und Täter oder lediglich auf kriminalistischer Erfahrung beruht. Falls jedoch der Tatverdacht so stark ist, dass die Strafverfolgungsbehörde andernfalls willkürlich die Grenzen ihres Beurteilungsspielraums überschreiten würde, ist es verfahrensfehlerhaft, wenn dennoch nicht zur Beschuldigtenvernehmung übergegangen wird.[540]

---

533 Meyer-Goßner § 337 Rn 9.
534 BGHSt 42, 139, 145; BGH NStZ 2011, 596; Meyer-Goßner § 136a Rn 4; HK-GS/Jäger § 136 Rn 4; Finger JA 2006, 529, 536.
535 Roxin NStZ 1995, 465; Seebode JR 1988, 427.
536 „Hörfalle" bedeutet, dass eine Privatperson mit einem Tatverdächtigen auf Veranlassung der Ermittlungsbehörden ein überwachtes Gespräch führt, um ohne Aufdeckung der Ermittlungsabsicht an Informationen zum Untersuchungsgegenstand zu kommen; vgl dazu BGHSt 42, 139ff; BGH NStZ 2011, 596.
537 BGHSt 34, 365, 369.
538 Meyer-Goßner § 163 Rn 9.
539 BGH NJW 2007, 2706; BayObLG NStZ-RR 2005, 175.
540 BGH NRÜ 2009, 558 f = NStZ 2009, 702; NJW 2007, 2706; OLG Hamm NStZ-RR 2009, 283 ff.

Liegt ein Verstoß gegen § 136 iVm § 163a StPO vor, so folgt daraus grds. ein Beweis- 501
verwertungsverbot.[541]

Hiervon gibt es jedoch Ausnahmen. Nach der Rspr besteht ein Verwertungsverbot nicht,

- wenn zur Überzeugung des Gerichts feststeht, dass der Beschuldigte sein Recht zu schweigen ohne Belehrung gekannt hat;[542]
- wenn der verteidigte Angeklagte in der Hauptverhandlung ausdrücklich der Verwertung zustimmt;
- wenn der verteidigte Angeklagte in der Hauptverhandlung der Verwertung nicht bis zu dem in § 257 StPO genannten Zeitpunkt widersprochen hat.[543]

Wird ein Tatverdächtiger zunächst zu Unrecht als Zeuge vernommen, so ist er wegen des 502
Belehrungsverstoßes (§ 136 Abs. 1 S. 2 StPO) bei Beginn der nachfolgenden Vernehmung
als Beschuldigter auf die Nichtverwertbarkeit der früheren Angaben hinzuweisen (sog.
„qualifizierte" Belehrung). Unterbleibt diese „qualifizierte" Belehrung, sind trotz rechtzeitigen Widerspruchs die nach der Belehrung als Beschuldigter gemachten Angaben
nach Maßgabe einer Abwägung im Einzelfall verwertbar. Neben dem in die Abwägung
einzubeziehenden Gewicht des Verfahrensverstoßes und des Sachaufklärungsinteresses
ist maßgeblich darauf abzustellen, ob der Betreffende nach erfolgter Beschuldigtenbe-
lehrung davon ausgegangen ist, von seinen früheren Angaben nicht mehr abrücken zu
können.[544]

Das Vorliegen oder Nichtvorliegen des Verstoßes gegen die Belehrungspflicht ist im Frei- 503
beweisverfahren zu klären. Bleibt offen, ob der Hinweis gegeben worden ist, darf der
Inhalt der Vernehmung verwertet werden. Gibt es jedoch keine hinreichenden Anhaltspunkte für eine erfolgte Belehrung und fehlt ein entsprechender Aktenvermerk, so dürfen
Äußerungen, die der Beschuldigte in dieser Vernehmung gemacht hat, nicht verwertet
werden.[545]

Der Beschuldigte darf auch **schweigen** (vgl Rn 285). Aus diesem Recht dürfen keinerlei 504
Schlüsse auf seine Tatbeteiligung gezogen werden, wie auch sonst das Schweigen nicht
zu seinem Nachteil gewertet werden darf.[546] Davon zu unterscheiden ist das Schweigen
auf einzelne Fragen (sog. „beredtes Schweigen"). Hier macht sich der Beschuldigte, indem er sich zur Sache einlässt, insgesamt zum Gegenstand der Beweiswürdigung, so dass
auch sein teilweises Schweigen verwertbar ist. Es darf allerdings nicht als Beweisanzeichen gegen ihn gewertet werden, dass er sich erst in der Hauptverhandlung zur Sache
eingelassen hat. Die pauschale Äußerung des Beschuldigten nach seiner Festnahme, er
habe „mit dem Vorfall nichts zu tun", ist keine Teileinlassung, an welche eine zulässige
Verwertung des nachfolgenden Schweigens anknüpfen darf.[547]

Der Beschuldigte ist auch über die Befugnis, einen Verteidiger zu beauftragen und be- 505
fragen zu können zu belehren, §§ 136 Abs. 1 S. 2, Satz 3; 163a Abs. 3 S. 2, Abs. 4 S. 2

---

541 BGH NJW 2007, 2706.
542 BGHSt 38, 214, 224.
543 BGHSt 38, 214. Allerdings kann nach BGH (NStZ 2006, 348) der in der ersten Hauptverhandlung unterlassene
     oder verspätete Widerspruch wegen Verletzung der §§ 136 Abs. 1 S. 2, 163a Abs. 4 S. 2 StPO nach Zurückver-
     weisung der Sache durch das Revisionsgericht in der neuen Hauptverhandlung nicht mehr geltend gemacht
     werden.
544 BGH NRÜ 2009, 558 = NStZ 2009, 702; NRÜ 2009, 218 = NStZ 2009, 281; OLG Hamm NStZ-RR 2009, 283 ff.
545 BGH NStZ-RR 2007, 80.
546 BGH NJW 2000, 1962.
547 BGH NStZ 2007, 417.

StPO (**Verteidigerkonsultationsrecht**). Ein Verstoß liegt vor, wenn dem Beschuldigten von Seiten der Ermittlungsorgane bedeutet wird, er werde seine prozessualen Rechte nicht durchsetzen können oder wenn ihm gar die Kontaktaufnahme zu einem Anwalt aktiv verweigert wird. Die Pflicht zur Belehrung über das Recht auf Verteidigerkonsultation gebietet nicht, den Beschuldigten, der keinen Wunsch auf Zuziehung eines Verteidigers äußert, auf einen vorhandenen anwaltlichen Notdienst hinzuweisen. Im Ermittlungsverfahren besteht eine Pflicht zum Innehalten mit weiteren Ermittlungen dann, wenn das Verteidigungsinteresse die Mitwirkung eines Verteidigers unerlässlich fordert; der bloße Verdacht einer gewichtigen Tat reicht hierzu aber nicht aus.[548] Ein vernehmender Polizeibeamter genügt seiner Pflicht zur Belehrung über das Recht zur Verteidigerkonsultation nach § 136 Abs. 1 S. 2 StPO, wenn dem Beschuldigten ermöglicht wird, mit einem von diesem benannten Rechtsanwalt Kontakt aufzunehmen. Scheitert die Kontaktaufnahme, so bedarf es eines – weiteren – Hinweises auf einen Anwaltsnotdienst nicht.[549] Geht der Beschuldigte allerdings irrig davon aus, wegen Mittellosigkeit keinen Verteidiger zuziehen zu können, darf er im Fall notwendiger Verteidigung (§ 140 StPO) nicht in diesem Irrtum belassen werden.[550]

506   Wird der Beschuldigte über das Recht der Verteidigerkonsultation nicht oder nur unzureichend belehrt, so besteht ein Verwertungsverbot.[551] Ein solches kommt bspw in Betracht, wenn die Vernehmung des Beschuldigten fortgeführt wird, obwohl ein Rechtsanwalt telefonisch die Übernahme der Verteidigung erklärt und sein Erscheinen in 30 Minuten angekündigt hat.[552]

507   Auch **verbotene Vernehmungsmethoden** können als Verfahrensfehler gerügt werden und führen zu einem absoluten Verwertungsverbot, § 136a Abs. 1, Abs. 3 StPO. Wichtig ist insb., dass keine Täuschung des Beschuldigten erfolgt. Diese ist abzugrenzen zur sog. kriminalistischen List, welche Fangfragen und doppeldeutige Erklärungen erlaubt.

Eine Täuschung liegt vor, wenn vorgespiegelt wird, dass

- eine erdrückende Beweiskette vorliegen soll,
- der Mittäter schon gestanden haben soll,
- ein nicht existierender Zeuge den Beschuldigten identifiziert haben soll,
- ein anderes Beweismittel gefunden worden sei.

Liegen dagegen nur fahrlässige Fehlleistungen bzw Fehlinformationen der Ermittlungsbeamten vor, fehlt es an einem gezielten Einsatz unzulässiger Mittel iSd § 136a StPO.[553]

508   Ein Verstoß gegen § 136a Abs. 1 StPO kann sich auch in einer Hauptverhandlung bei Ankündigung einer sog. „Sanktionsschere" ergeben. Hat bspw der Staatsanwalt den Angeklagten zu einem Geständnis durch die Äußerung veranlasst, er werde bei einem Geständnis eine Freiheitsstrafe von 3 Jahren und 6 Monaten beantragen, während sich die Strafe ohne Geständnis auf 6 bis 7 Jahre belaufen könne, so liegt hierin das Versprechen eines gesetzlich nicht vorgesehenen Vorteils iSd § 136a Abs. 1 S. 3 StPO. Zudem ist darin eine mit den Grundsätzen eines fairen Strafverfahrens nicht zu vereinbarende Androhung einer die Schuldangemessenheit übersteigende Strafe zu sehen. Ein derart gra-

---

548 BGH NStZ 2002, 380.
549 BGH NStZ 2006, 114.
550 BGH NStZ 2006, 236.
551 BGHSt 47, 172.
552 BGH NStZ 2008, 643.
553 BGH NStZ 2004, 631.

vierender Unterschied in den Schlussanträgen ist mit der strafmildernden Wirkung eines Geständnisses nicht mehr erklärbar und als unzulässiges Druckmittel zur Erwirkung eines verfahrensverkürzenden Geständnisses zu werten.[554] Eine solche sog. „Sanktionsschere" kann neben einem Verstoß gegen § 136a StPO zugleich die Besorgnis der Befangenheit begründen.[555]

Gesteigerte Bedeutung kommt neuerdings auch **Art. 36 des Wiener Übereinkommens** **über konsularische Beziehungen** (Wiener Konsularrechtsübereinkommen – WÜK) zu.[556] Art. 36 Abs. 1 b) WÜK[557] räumt nämlich einem festgenommenen ausländischen Beschuldigten ein subjektives Recht auf konsularische Unterstützung bei der Wahrnehmung der eigenen Verteidigungsrechte ein. Zweck der nach Art. 36 Abs. 1 b) WÜK vorgeschriebenen Belehrung ist, den Betroffenen in den Genuss der Unterstützung seines Heimatstaates kommen zu lassen. Eine Verletzung dieses Rechts hat grds. die Revisibilität eines hierauf ergangenen Strafurteils zur Folge.   509

Unterbleibt eine Belehrung nach Art. 36 Abs. 1 b) WÜK, so kommt ein Verwertungsverbot in Frage. Die Entscheidung für oder gegen ein Verwertungsverbot ist hierbei aufgrund einer Abwägung der im Rechtsstaatsprinzip angelegten gegenläufigen Gebote und Ziele zu treffen. Dabei kann die st Rspr des BGH zu Verstößen gegen die in § 136 Abs. 1 StPO geregelten Belehrungspflichten grds. auf den Fall einer Verletzung von Art. 36 WÜK übertragen werden. Zu berücksichtigen ist aber, dass Art. 36 Abs. 1 WÜK die Belehrungspflicht nicht an den Beginn der Vernehmung des Beschuldigten, sondern an seine Festnahme knüpft. Jedenfalls ist ein Widerspruch gegen die Verwertung erforderlich, wenn eine Belehrung über das Recht auf konsularischen Beistand gem. Art. 36 WÜK nicht rechtzeitig erfolgte, denn auch dieses Recht konkretisiert den Grundsatz des fairen Verfahrens.[558] Der Widerspruch des verteidigten Angeklagten bedarf dabei regelmäßig einer Begründung, in der anzugeben ist, unter welchem Gesichtspunkt der Angeklagte den zu erhebenden oder bereits erhobenen Beweis für unverwertbar hält.[559]   510

c) Fehler bei der Überwachung der Telekommunikation und sonstiger Gespräche mit technischen Mitteln[560]

Die Überwachung der Telekommunikation und von sonstigen Gesprächen mit technischen Mitteln ist in den §§ 100a ff StPO geregelt und spielt in einer revisionsrechtlichen Aufgabenstellung v.a. dann eine Rolle, wenn es um die Frage der Verwertbarkeit der dabei gewonnenen Erkenntnisse geht. Als jeweilige Maßnahmen sind normiert die Überwachung der Telekommunikation (§ 100a StPO), der Wohnraumüberwachung (§ 100c StPO) und des Abhörens außerhalb von Wohnungen (§ 100f StPO).   511

---

554 BGH NStZ 2005, 393.
555 BGH NStZ 2008, 170.
556 Vgl bspw BVerfG NStZ 2007, 159.
557 Art. 36 Abs. 1 b) lautet: „... die zuständigen Behörden des Empfangsstaats haben die konsularische Vertretung des Entsendestaats auf Verlangen des Betroffenen unverzüglich zu unterrichten, wenn in deren Konsularbezirk ein Angehöriger dieses Staates festgenommen, in Straf- oder Untersuchungshaft genommen oder ihm anderweitig die Freiheit entzogen ist. Jede von dem Betroffenen an die konsularische Vertretung gerichtete Mitteilung haben die genannten Behörden ebenfalls unverzüglich weiterzuleiten. Diese Behörden haben den Betroffenen unverzüglich über seine Rechte auf Grund dieser Bestimmung zu unterrichten ..."
558 BGH NStZ 2008, 55, 56.
559 BGH NStZ 2008, 55, 56.
560 Fallrepetitorium zur Telekommunikationsüberwachung bei Knierim StV 2008, 599 ff.

512   Für die Anordnung der jeweiligen Überwachungsmaßnahme muss grds. weder „dringender Tatverdacht" iSd § 112 Abs. 1 StPO vorliegen, noch „hinreichender Tatverdacht" iSd § 203 StPO. Es reicht ein sog. „einfacher Tatverdacht" aus, der jedoch auf bestimmten Tatsachen beruhen muss.[561] Zudem muss es sich um eine jeweils aufgeführte Katalog- bzw schwerwiegende Straftat handeln und der Subsidiaritätsgrundsatz beachtet werden. Die jeweilige Anordnungsbefugnis kommt grds. dem Richter zu.

513   Wird die Frage nach einem Verwertungsverbot aufgeworfen, ist zunächst zu überprüfen, ob die Voraussetzungen für eine Anordnung der jeweiligen Maßnahme eingehalten wurden. Liegt ein Verstoß vor, so ist nach den o.g. Kriterien (vgl Rn 497) eine Abwägung im konkreten Einzelfall vorzunehmen.

> **Klausurtipp:** An dieser Stelle hat man sich argumentativ mit dem Einzelfall und der Schwere des jeweiligen Verstoßes auseinander zu setzen. Das Ergebnis spielt dabei nur eine untergeordnete Rolle, weil idR unterschiedliche Auflösungen vertretbar sind.

514   Unverwertbar sind bspw Erkenntnisse, die unter völliger Umgehung des § 100a StPO erlangt worden sind, zB die Aufzeichnung eines Telefongesprächs zwischen einem V-Mann der Polizei und dem Beschuldigten. Auch wenn die Anordnung unter bewusster Überschreitung der gesetzlichen Befugnisse getroffen worden ist,[562] insb. wenn von vornherein kein Tatverdacht oder kein Verdacht einer Katalogtat bestanden hat, sind die Erkenntnisse nicht verwertbar.[563]

515   Sind die jeweiligen Anordnungsvoraussetzungen eingehalten worden, kann gleichwohl ein Verwertungsverbot in Frage kommen, weil die nunmehr ausdrücklich geregelten Verwertungsverbote bzgl des Kernbereichs der privaten Lebensgestaltung eingreifen (§ 100a Abs. 4 S. 2; 100c Abs. 5 S. 3; § 100c Abs. 6 StPO für Zeugnisverweigerungsberechtigte). Ob die darin zum Ausdruck kommenden Grundsätze auch auf eine Maßnahme nach § 100f StPO entsprechend zu übertragen sind, hat der BGH offen gelassen.[564]

516   Problematisch ist zudem die Verwertung von **Zufallsfunden** aus einer der vorgenannten Überwachungsmaßnahmen nach §§ 100a und 100f StPO. Hierfür enthält § 477 Abs. 2 S. 2 StPO nunmehr eine Regelung zur Verwertbarkeit.[565] Dem liegt der Gedanke des **hypothetischen Ersatzeingriffs** zu Grunde. Die Verwendung der gewonnenen personenbezogenen Daten in anderen Strafverfahren ist danach grds. nur zulässig, wenn sie der Aufklärung einer Straftat dient, aufgrund derer eine solche Maßnahme ebenfalls hätte angeordnet werden dürfen.[566] Beschränkt ist die Verwertung nur zu Beweiszwecken, dh Zufallserkenntnisse dürfen, auch wenn sie keine Katalogtaten betreffen, als Spurenansatz oder zur Ermittlung des Aufenthaltsortes des Beschuldigten verwertet werden. Daraus ergeben sich, je nach Betroffenem, folgende Grundsätze:

Für den Beschuldigten und einen Teilnehmer:

517   Ergibt sich bspw der Verdacht für eine Katalogtat nach § 100a StPO, so gilt § 477 Abs. 2 S 2 StPO. Dies gilt auch für Taten, die im Zusammenhang mit einer Katalogtat stehen. Demgegenüber scheidet eine Verwendung zu Beweiszwecken aus, wenn die Zufallsfunde keine andere Katalogtat im Sinne des § 100a StPO betreffen oder nicht in

---

561   OLG Hamm NStZ 2003, 279.
562   BGH St 31, 304, 309.
563   BGH NStZ 2006, 403.
564   BGH NRÜ 2009, 462 = NStZ 2009, 519.
565   Meyer-Goßner § 477 Rn 5 ff; HK-GS/Hölscher § 477 Rn 5.
566   BGH NStZ 2009, 224.

einem Bezug zu der in der Anordnung aufgeführten Katalogtat stehen. Die als Zufallsfund gewonnenen Erkenntnisse können jedoch mittelbar verwertet werden, indem sie Anlass zu weiteren Ermittlungen zwecks Gewinnung neuer Beweismittel geben.[567] Die weiteren Ermittlungen können auch Zwangsmaßnahmen wie bspw Durchsuchungsbeschlüsse beinhalten. Die im Wege dieser weiteren Ermittlungen gewonnenen Beweismittel unterliegen, wenn sie iÜ rechtmäßig erlangt sind, keiner Verwertungsbeschränkung. Eine Fernwirkung kommt nicht in Betracht.[568]

Für dritte Personen:

Zufallserkenntnisse, die sich auf irgendeine Katalogtat beziehen, dürfen uneingeschränkt verwertet werden.[569] Bei Nichtkatalogtaten ist eine unmittelbare Verwertung unzulässig. Sie können aber die Grundlage für weitere Ermittlungen bilden.[570]   518

Für die Verwertung von Zufallsfunden aufgrund einer Maßnahme nach § 100c StPO gilt die Regelung des § 100d Abs. 5 StPO.   519

d) Fehler bei Durchsuchungen

Die Voraussetzungen einer Durchsuchung ergeben sich aus den §§ 102ff StPO. Dabei ist zunächst zwischen der Durchsuchung beim Verdächtigen (§ 102 StPO) und der Durchsuchung bei anderen Personen zu unterscheiden.   520

Voraussetzungen der Durchsuchung beim Verdächtigen (§ 102 StPO):

- Wahrscheinlichkeit, dass Beschuldigter Täter / Teilnehmer einer Straftat ist aufgrund zureichender Anhaltspunkte   521
- Zweck: Ergreifung des Verdächtigen oder Auffinden von Beweismitteln
- Durchsuchungsgegenstand: Räumlichkeiten etc., die der Verdächtige inne hat
- Beschränkung bei Nacht (§ 104 StPO)
- Verhältnismäßigkeit

Voraussetzungen der Durchsuchung bei anderen Personen (§ 103 StPO):

- Tatsachen vorhanden, die auf Vorhandensein der gesuchten Person oder Spur schließen lassen   522
- Zweck: Ergreifung des Verdächtigen (ausschließlich: § 103 Abs. 1 S. 2 StPO) oder Auffinden von Beweismitteln
- Durchsuchungsgegenstand: Räumlichkeiten etc.
- Beschränkung bei Nacht (§ 104 StPO)
- Verhältnismäßigkeit[571]

Die formellen Anforderungen einer Durchsuchungsanordnung ergeben sich im Einzelnen aus den §§ 105 – 107 StPO. Hieraus wird abgeleitet, dass eine Vollstreckung des Be-   523

---

567 BGHSt 27, 355, 358; BGH NStZ 1996, 200f; 1998, 426f; OLG München wistra 2006, 472f; Meyer-Goßner § 477 Rn 6.
568 BGH NStZ 1996, 200f; 2006, 402, 404.
569 BGH NStZ 2009, 224.
570 OLG München wistra 2006, 472; Allgayer NStZ 2006, 607; aA Knauth NJW 1978, 742.
571 Vgl dazu BVerfG NJW 2007, 1804.

schlusses nach Ablauf von sechs Monaten ab dem Erlasszeitpunkt unzulässig wird.[572] Zufallsfunde sind verwertbar (§ 108 Abs. 1 StPO).

524   Problematisch ist v.a. die Frage, wie sich ein Verstoß gegen die formellen Voraussetzungen des § 105 StPO auswirkt, insb. wenn der Richtervorbehalt nicht gewahrt ist und zB zu Unrecht Gefahr im Verzug angenommen wurde. „Gefahr im Verzug" liegt vor, wenn eine richterliche Anordnung nicht eingeholt werden kann, ohne dass der Zweck der Maßnahme gefährdet wird.[573] Es handelt sich dabei um einen unbestimmten Rechtsbegriff, der den jeweils handelnden Beamten keinen Beurteilungsspielraum einräumt und nicht mit hypothetischen Erwägungen oder fallunabhängigen Vermutungen belegt werden kann.[574] Ein tatsächlicher oder rechtlicher Irrtum über diese Begrifflichkeit führt jedoch erst dann zu einer Unverwertbarkeit erlangter Beweismittel, wenn der Richtervorbehalt bewusst bzw willkürlich missachtet wurde.[575] Dies gilt iÜ auch für sonstige Verstöße. Nach der Rspr hat nämlich nicht jede fehlerhafte Durchsuchung automatisch ein Beweisverwertungsverbot zur Folge.[576] Es kommt vielmehr darauf an, ob die zur Fehlerhaftigkeit der Ermittlungsmaßnahme führenden Verfahrensverstöße schwerwiegend waren oder bewusst bzw willkürlich begangen wurden.[577] Es ist dabei nach den o.g. Kriterien (vgl Rn 497) eine Abwägung im konkreten Einzelfall vorzunehmen.

Klausurbeispiel 1:[578] In einer größeren Stadt ist um die Mittagszeit eines Feiertags kein Bereitschaftsrichter erreichbar. Der ermittelnde Staatsanwalt S ordnet deshalb selbst die Durchsuchung wegen Gefahr im Verzug an, weil Beweismittelverlust droht. Eine gezielte Umgehung des Richtervorbehalts sowie eine willkürliche Annahme von Gefahr im Verzug sind hier nicht erkennbar. Die aufgefundenen Beweismittel sind verwertbar.

Klausurbeispiel 2:[579] Staatsanwalt S benachrichtigt den Bereitschaftsrichter R telefonisch von einem die Voraussetzungen des § 102 StPO erfüllbaren Sachverhalt und stellt diesen plausibel dar. Der Bereitschaftsrichter weigert sich jedoch, eine Entscheidung aufgrund einer telefonischen Darstellung des Sachverhalts zu treffen, sondern besteht auf Übermittlung eines schriftlichen Aktenstücks nebst Antrag. Dies würde aber eine zeitliche Verzögerung und einen drohenden Beweismittelverlust bedeuten. Staatsanwalt S ordnet daraufhin – zu Recht – wegen Gefahr im Verzug die Durchsuchung an.

Von den vorgenannten Konstellationen ist der Fall zu unterscheiden, in dem eine richterliche Entscheidung ergeht, diese jedoch unzureichend dokumentiert wird. Eine richterlich angeordnete oder gestattete Durchsuchung wird nicht dadurch rechtswidrig, dass sie unzureichend dokumentiert worden ist. Dies führt deshalb auch nicht zu einem Beweisverwertungsverbot.[580]

525   Die Durchsicht der erlangten Papiere und Speichermedien regelt § 110 StPO. Dabei kann nach § 110 Abs. 3 StPO auch auf räumlich getrennte Speichermedien zugegriffen werden, soweit ein Zugriff möglich ist. Diese Vorgehensweise ist von einer sog. „Online-Durch-

572   BVerfG NJW 1997, 2165.
573   Mosbacher JuS 2008, 125.
574   BVerfG StV 2001, 322.
575   BGH wistra 2010, 231; BGH NStZ 2007, 601; Meyer-Goßner § 98 Rn 7.
576   BGH NStZ-RR 2007, 242.
577   BVerfG NJW 2009, 3225; BGH wistra 2010, 231; NStZ 2007, 601; OLG Hamm NStZ 2007, 355.
578   Nach BGH NStZ-RR 2007, 242.
579   Nach BGH NStZ 2006, 114.
580   BGH NStZ 2005, 392.

suchung" abzugrenzen. Bei einer sog „Online-Durchsuchung" auf dem PC/Laptop eines Beschuldigten handelt es sich um eine verdeckte bzw heimliche Maßnahme, die unter Installation eines Computerprogramms auf dem betroffenen Rechner zwecks Übermittlung von Informationen durchgeführt werden soll. Eine solche Maßnahme ist zum Zweck der Strafverfolgung mangels Ermächtigungsgrundlage unzulässig.[581] Sie kann insb. nicht auf § 102 StPO gestützt werden. Diese Vorschrift gestattet nicht eine auf heimliche Ausführung angelegte Durchsuchung. Eine solche Vorgehensweise ist nunmehr aber als Präventivmaßnahme in § 20k BKAG als „Verdeckter Eingriff in informationstechnische Systeme" geregelt.

e) Fehler bei Beschlagnahmen

§ 94 Abs. 1 StPO bestimmt die Sicherstellung von Gegenständen als Beweismittel. Dies kann mit Zustimmung des Betroffenen erfolgen. Werden allerdings die Gegenstände, die sich im Gewahrsam einer Person befinden, von dieser nicht freiwillig herausgegeben, so muss gemäß § 94 Abs. 2 StPO eine Beschlagnahme erfolgen. Diese richtet sich in ihrer Ausführung nach §§ 97, 98, 99, 100, 101 StPO.   **526**

So dürfen Beschlagnahmen nach § 98 Abs. 1 StPO nur durch das Gericht,[582] bei Gefahr im Verzug auch durch die Staatsanwaltschaft und ihre Ermittlungspersonen angeordnet werden. Die weiteren Verfahrensregelungen ergeben sich aus § 98 StPO.   **527**

Die materiellen Grenzen der Beschlagnahme ergeben sich zum einen aus dem Grundsatz der Verhältnismäßigkeit, zum anderen aus der Regelung des § 97 StPO, die Beschlagnahmeverbote bestimmt (vgl unten Rn 530).   **528**

Die Beschlagnahme muss **in einem angemessenen Verhältnis zur Schwere der Tat** und zur Stärke des Tatverdachts stehen und für die Ermittlungen notwendig sein. Besonders relevant ist dies bei der Beschlagnahme von Datenträgern und darauf vorhandener Daten. Hier setzt der Verhältnismäßigkeitsgrundsatz enge Grenzen, da der staatliche Zugriff auf vertrauliche Daten im Rahmen des Vertretbaren vermieden werden soll. In jedem Einzelfall ist daher zu prüfen, ob ggf die Anfertigung einer Kopie oder die Sicherstellung der betreffenden Festplatte genügen kann.[583]   **529**

Wichtig und klausurrelevant ist insb. die Regelung des § 97 StPO, die Beschlagnahmeverbote bei Zeugnisverweigerungsberechtigten bestimmt. Der Verstoß gegen das Verbot der Beschlagnahme von schriftlichen Mitteilungen zwischen dem Beschuldigten und den nach § 52 Abs. 1 oder § 53 Abs. 1 S. 1 Nr. 1, 2 und 4 StPO Zeugnisverweigerungsberechtigten (z.B. seinen Angehörigen oder seinem Verteidiger) hat ein aus § 160a Abs. 1 S. 2 StPO resultierendes Verwertungsverbot zur Folge. Bei den nach § 53 Abs. 1 S. 1 Nr. 3-3b und 5 StPO Zeugnisverweigerungsberechtigten ist eine Verhältnismäßigkeitsprüfung vorzunehmen, s. hierzu § 160a Abs. 2 S. 3 iVm Abs. 2 S. 1 StPO.   **530**

Zu beachten ist, dass § 97 Abs. 2 S. 3 StPO eine wichtige Ausnahme festschreibt. Ist danach der Zeugnisverweigerungsberechtigte in der dort beschriebenen Art und Weise an dem Delikt beteiligt, gilt das Beschlagnahmeverbot nicht.   **531**

---

581 BGH NStZ 2007, 279.
582 BVerfG NJW 2011, 1863; nach Anklageerhebung daher nicht der Vorsitzende allein, vgl OLG Jena StV 2011, 47; Meyer-Goßner § 98 Rn 4, 5 (streitig bei Briefen von Untersuchungsgefangenen, s. dort).
583 BVerfG BayVBl 2011, 315; NJW 2007, 3343, 3344; BVerfG NJW 2005, 1917, 1921.

532 Beschlagnahmeverbote können sich auch unmittelbar aus der Europäischen Menschenrechtskonvention oder aus dem Grundgesetz ergeben, etwa aus Art. 1 Abs. 1; Art. 2 Abs. 1 GG zum Schutz des Persönlichkeitsrechts.

533 BEISPIELE:

- Handschriftliche Unterlagen des Beschuldigten im Haftraum, die seine Verteidigungsstrategie beinhalten: Beschlagnahmeverbot aus Art. 6 Abs. 3 MRK iVm dem nemo-tenetur-Grundsatz;[584]

- Tagebuchaufzeichnungen oder Abschiedsbrief: Diese unterfallen dem Persönlichkeitsrecht nach Art. 2 Abs. 1, Art. 1 Abs. 1 GG.[585] Das BVerfG hat hier einen Kernbereich privater Lebensgestaltung für unantastbar erklärt. Außerhalb dieses (im Einzelfall zu ermittelnden) Kernbereichs dürfen jedoch auch diese Aufzeichnungen nach einer hinreichenden Abwägung zwischen Persönlichkeitsrecht und effektiver Strafrechtspflege verwertet werden.

534 Für die Wirksamkeit einer Beschlagnahmeanordnung ist folgendes zu beachten: Ordnet ein Richter – etwa gleichzeitig mit dem Erlass eines Durchsuchungsbefehls – die Beschlagnahme von Gegenständen an, bevor diese von den Strafverfolgungsbehörden in amtlichen Gewahrsam genommen worden sind, und bezeichnet er die Gegenstände nicht so genau, dass keine Zweifel darüber entstehen, ob sie von der Beschlagnahmeanordnung erfasst sind, dann liegt noch keine wirksame Beschlagnahmeanordnung vor, sondern nur eine Richtlinie für die Durchsuchung.[586]

535 In einem solchen Fall hat ein Beschwerdeführer zunächst eine Entscheidung gem. § 98 Abs. 2 S. 2 StPO über die Bestätigung der Beschlagnahme konkreter Beweismittel herbeizuführen. Eine gegen die unwirksame Beschlagnahmeanordnung gerichtete Beschwerde ist entsprechend auszulegen. Die Nichtabhilfeentscheidung ersetzt nicht die richterliche Bestätigung der Beschlagnahme gem. § 98 Abs. 2 S. 2 StPO.

536 Wenn ein Gegenstand aufgrund einer rechtsfehlerhaften Durchsuchung erlangt worden ist, steht dies der Beschlagnahme und Verwertung nur dann entgegen, wenn es sich um einen besonders schwerwiegenden (bewussten oder willkürlichen) Verstoß handelt.[587]

537 Klausurtipp: Beschlagnahme elektronischer Medien

> Festplatte eines Computers (gesamter Datenbestand): Die besondere Eingriffsintensität gebietet es, im jeweiligen Einzelfall die Durchsicht des Datenbestandes höchst sensibel durchzuführen und die Beschlagnahme möglichst nur auf verfahrensrelevante und verwertbare Daten zu erstrecken. Dabei muss der Grundsatz der Verhältnismäßigkeit gewahrt bleiben. Bei schwerwiegenden, bewussten oder willkürlichen Verstößen gegen diesen Grundsatz kann ein Beweisverwertungsverbot in Betracht kommen.[588]

> Beschlagnahme eines Handys: Es gelten dieselben Grundsätze wie bei der Festplatte eines Computers.[589]

> Beschlagnahme von E-Mails: Bislang war umstritten, auf welcher Rechtsgrundlage E-Mails beim Provider beschlagnahmt werden können. Bisher wurde dies teilweise auf

---

584 BGH NStZ 1998, 309; zur Beschlagnahme von Verteidigerpost im Haftraum: BVerfG NJW 2010, 2937.
585 BVerfG StraFo 2008, 421.
586 OLG Koblenz NStZ 2007, 285.
587 BVerfG wistra 2007, 417; BGH NStZ-RR 2007, 242; dies ist str. – daher in einer Klausur zu diskutieren, vgl zur anderen Ansicht: Müller/Trurnit StraFo 2008, 149 m.w.N.
588 BVerfG NJW 2005, 1917 ff.
589 BVerfG NJW 2006, 976.

§§ 100a ff. StPO gestützt, nach anderen Ansichten auf §§ 94, 98 StPO oder den Vorschriften über die Postbeschlagnahme, §§ 99, 100 StPO.[590] Der BGH hat entschieden, dass die Regelungen über die Postbeschlagnahme entsprechend anwendbar sind, weil die E-Mail als modernes Telegramm fungiert,[591] das Bundesverfassungsgericht sieht die Rechtsgrundlage in §§ 94 ff. StPO. Der Eingriff ist bei der unbeschränkten Beschlagnahme aller im Postfach vorhandenen Nachrichten in der Regel nicht verhältnismäßig.[592]

Die Voraussetzungen für eine Beschlagnahme von Postsendungen und Telegrammen, die sich noch auf dem Postwege befinden, ergeben sich aus §§ 99, 100 StPO.

f) Fehler bei körperlichen Untersuchungen, § 81a StPO

Die Regelung des § 81a StPO gestattet die zwangsweise körperliche Untersuchung eines Beschuldigten. Insbesondere sind dabei Blutentnahmen ohne den Willen des Beschuldigten möglich, wenn sie von einem Arzt nach den Regeln der ärztlichen Kunst zu Untersuchungszwecken vorgenommen werden.   538

Verstöße gegen § 81a StPO machen die Untersuchungsergebnisse in der Regel nicht unverwertbar. Das gilt insb. bei fehlender Anordnungszuständigkeit, bei fehlender Belehrung über die Freiwilligkeit der Mitwirkung und bei Eingriffsvornahme durch einen Nichtarzt.   539

> **Klausurtipp:** Allerdings sind die soeben genannten Beispielsfälle nicht unstreitig. Sie sollten in einer Klausur daher zu erkennen geben, dass die Verwertbarkeit in diesen Fällen nicht unproblematisch ist.[593]

Unverwertbar sind dagegen Eingriffe, die ohne Anordnung und auch ohne Einwilligung vorgenommen wurden, wenn zur Gewinnung des Ergebnisses Methoden angewendet worden sind, die gegen die Grundsätze eines an Gerechtigkeit und Billigkeit orientierten Verfahrens verstoßen, z.B. wenn der Polizeibeamte bewusst vorgetäuscht hat, dass die Blutprobe von einem Arzt entnommen wird. Auch unerlaubter Zwang steht der Verwertbarkeit entgegen.   540

BEACHTE: Der Einsatz von Brechtmitteln zum Zweck der Beweisgewinnung verstößt als demütigende, entwürdigende, unmenschliche und erniedrigende Behandlung gegen Art. 3 MRK. Der damit zum Ausdruck kommende Verstoß gegen Art. 1 GG dürfte damit ein Verwertungsverbot zur Folge haben.[594]   541

In jüngerer Vergangenheit ist die **Eilkompetenz** der Strafverfolgungsbehörden im Rahmen des § 81a StPO wie auch eine diesbezügliche gerichtliche Überprüfung in den Fokus obergerichtlicher Entscheidungen geraten.   542

Bei einer Blutentnahme nach § 81a StPO muss – ebenso wie bei Wohnungsdurchsuchungen und freiheitsentziehenden Maßnahmen – eine effektive nachträgliche gerichtliche Kontrolle staatsanwaltschaftlicher Eilanordnungen gewährleistet sein. Der Betrof-

---

590 Sehr anschaulich hierzu: Mosbacher JuS 2009, 696, 698 f.
591 BGH NJW 2009, 1828.
592 BVerfG NJW 2009, 2431; BGH, Beschluss vom 24.11.2009 – Az: StB 48/09 (a); ausführlich Jahn NStZ 2007, 255, 264; Kemper NStZ 2005, 538.
593 Meyer-Goßner § 81a Rn 32 f; vgl zur Vertiefung auch Trück NStZ 2011, 202 ff.
594 EGMR StV 2006, 617ff (Ausnahme: medizinische Gründe); v. Heintschel-Heinegg JA 2006, 904; Dörr JuS 2007, 264.

fene ist deshalb in seinem Recht aus Art. 19 Abs. 4 GG verletzt, wenn das Gericht die Voraussetzungen der staatsanwaltschaftlichen Eilkompetenz nicht überprüft.[595]

Die Anordnung der Blutentnahme steht gemäß § 81a Abs. 2 StPO grds. dem Richter zu. Nur bei einer Gefährdung des Untersuchungserfolgs durch die mit der Einholung einer richterlichen Entscheidung einhergehende Verzögerung besteht auch eine Anordnungskompetenz der Staatsanwaltschaft und – nachrangig – ihrer Ermittlungspersonen.

543   Allerdings wird der Richtervorbehalt in § 81a StPO zunehmend in Frage gestellt. Ein Gesetzentwurf des Bundesrates vom 15. Dezember 2010 plädiert für eine Abschaffung des Richtervorbehalts bei der Anordnung der Entnahme einer Blutprobe.[596]

Nach Ansicht des Bundesverfassungsgerichts beruht der Richtervorbehalt nicht auf einer zwingenden verfassungsrechtlichen Vorgabe. Daher kann ein Verstoß gegen ihn nur im Einzelfall eine verfassungsrechtliche Bedeutung im nachfolgenden Strafverfahren erlangen, wenn eine willkürliche, den Fairnessgrundsatz ignorierende Auslegung und Anwendung der maßgeblichen strafprozessualen Vorschriften vorliegt.[597]

544   Nach der derzeit (noch) bestehenden gesetzlichen Grundlage des § 81a Abs. 2 StPO müssen die Strafverfolgungsbehörden idR versuchen, eine Anordnung des zuständigen Richters zu erlangen, bevor sie selbst eine Blutentnahme anordnen. Die Gefährdung des Untersuchungserfolgs (Gefahr im Verzug) muss zudem mit Tatsachen begründet werden, die auf den Einzelfall bezogen und in den Ermittlungsakten zu dokumentieren sind, sofern die Dringlichkeit nicht evident ist. Das Vorliegen einer solchen Gefährdung unterliegt der vollständigen, eine Bindung an die von der Exekutive getroffenen Feststellungen und Wertungen ausschließenden gerichtlichen Überprüfung.[598]

545 | **Klausurtipp:** Die Beurteilung der Frage, welche Folgen ein möglicher Verstoß gegen strafprozessuale Verfahrensvorschriften hat und ob hierzu insb. ein Beweisverwertungsverbot zählt, ist eine Frage des Einzelfalles. Wichtig ist es hier, unter Einbeziehung des Sachverhalts gründlich zu argumentieren. Bei der Prüfung ist insb. nach der Art des Verbots und dem Gewicht des Verstoßes eine Abwägung der widerstreitenden Interessen vorzunehmen (vgl Rn 497). Insbesondere die willkürliche Annahme von Gefahr im Verzug, das willkürliche Ignorieren des Richtervorbehalts oder das Vorliegen eines sonstigen besonders schwerwiegenden Fehlers können danach ein Verwertungsverbot nach sich ziehen.[599]

546   Zwischenzeitlich ist eine Vielzahl obergerichtlicher Entscheidungen ergangen, die sich mit der Frage des Entstehens eines Beweisverwertungsverbotes bei einem Verstoß gegen den Richtervorbehalt in § 81a StPO beschäftigt haben.[600]

547   Nach hRspr ist in der Hauptverhandlung ein Widerspruch gegen die Verwertung bis zum Zeitpunkt des § 257 StPO erforderlich.[601]

---

595   BVerfG NJW 2007, 1345 ff.
596   BT-Drs. 17/4232.
597   BVerG DAR 2011, 196.
598   BVerfG NJW 2010, 2864.
599   OLG Koblenz BA 48, 111; OLG Oldenburg NRÜ 2010, 78 ff.
600   OLG Jena, Beschl. v. 7.11.2011, Az 1 Ss 90/11 – zitiert nach juris (bevorstehende notärztliche Versorgung – kein Verbot); OLG Bamberg DAR 2011, 268 (Verstoß nur bei gezielter Umgehung oder Ignorieren des Richtervorbehalts); OLG Köln VRR 2011, 429 (keinerlei eigene Bewertung des Polizeibeamten – Verstoß); OLG Zweibrücken ZfSch 2010, 589 (lesenswerte Abwägung).
601   OLG Hamm NJW 2011, 469; OLG Koblenz NStZ-RR 2011, 148.

g) Verdeckte Ermittler, §§ 110a ff StPO

Zu unterscheiden sind:

Verdeckter Ermittler: Beamter des Polizeidienstes, der unter einer Legende ermittelt, § 110a Abs. 2 StPO.   548

Informant: eine nicht dem Polizeidienst angehörende Person, der im Einzelfall Vertraulichkeit zugesichert worden ist.   549

V-Mann: Informant, der eine längere Zeit mit der Strafverfolgungsbehörde zusammenarbeitet und dessen Identität grds. geheim gehalten wird.   550

Der Einsatz von verdeckten Ermittlern und die diesbezüglichen Besonderheiten ergeben sich aus den §§ 110a ff StPO. Die beiden übrigen Fälle sind gesetzlich nicht ausdrücklich geregelt, die §§ 110a ff. StPO sind nicht anwendbar. Ihre Zulässigkeit und etwaige verfahrensrechtliche Folgen ergeben sich aus den allgemeinen Regeln. Nach hM bilden die §§ 161 Abs. 1 S. 1, 163 Abs. 1 StPO die Rechtsgrundlage für den Einsatz eines nicht öffentlich ermittelnden Polizeibeamten als Ermittlungsmaßnahme.[602] Insb. ist ihr Einsatz erlaubt zur Verhinderung oder Aufklärung besonders gefährlicher und schwer aufklärbarer Straftaten.   551

Der verdeckte Einsatz von Polizeibeamten einer **ausländischen** Behörde richtet sich nicht nach den Vorschriften der §§ 110aff. StPO. Sie sind vielmehr wie von der Polizei eingesetzte Vertrauenspersonen zu behandeln.   552

BEACHTE: Ein Verdeckter Ermittler darf einen Beschuldigten, der sich auf sein Schweigerecht berufen hat, nicht unter Ausnutzung eines geschaffenen Vertrauensverhältnisses beharrlich zu einer Aussage drängen und ihm in einer vernehmungsähnlichen Befragung Äußerungen zum Tatgeschehen entlocken. Eine solche Beweisgewinnung verstößt gegen den Grundsatz, dass niemand verpflichtet ist, sich selbst zu belasten, und verletzt damit das Recht auf ein faires Verfahren. Es hat nach erforderlicher Abwägung der widerstreitenden Interessen (Selbstbelastungsfreiheit contra Strafverfolgung) regelmäßig ein Beweisverwertungsverbot zur Folge.[603] Ansonsten aber ist der Verdeckte Ermittler nicht gehalten, den Beschuldigten, gegen den er eingesetzt ist, über sein Schweigerecht zu belehren, wenn dieser aus eigenem Antrieb dazu ansetzt, von seiner Tat zu berichten.   553

Probleme ergeben sich auch bei der Benennung von Verdeckten Ermittlern, Informanten und V-Männern als Zeugen in der Hauptverhandlung. In entsprechender Anwendung des § 96 StPO wird von den jeweiligen Behörden regelmäßig keine Auskunft über Namen und Anschrift dieser in der Regel geheim gehaltenen Zeugen erteilt (sogenannte **Sperrerklärung**). Ist die Identität doch bekannt, wird in der Regel die erforderliche Aussagegenehmigung verweigert, § 54 StPO. Das Gericht muss dann alle in Betracht kommenden Möglichkeiten nutzen, um eine Beseitigung der Sperrerklärung zu bewirken. So kommt der Ausschluss des Angeklagten (§ 247 StPO) und der Öffentlichkeit (§ 172 Nr. 1a GVG) oder eine audiovisuelle Vernehmung (§ 247a StPO) in Betracht, wobei auch die Nennung von Namen und Anschrift verhindert werden kann (§ 68 Abs. 2, Abs. 3 S. 1 StPO. Zuletzt ist noch eine Vernehmung vor dem beauftragten oder dem ersuchten Richter zu prüfen (§ 223 Abs. 1 StPO).   554

---

602 BGH NJW 1997, 1516; KK-Nack, § 110a Rn 6.
603 BGH NStZ 2010, 526 (für einen V-Mann, vgl auch BGH NRÜ 2010, 414 = StV 2010, 465 zu einem nöP); BGH NJW 2007, 3138, dazu auch Rogall NStZ 2008, 110; OLG Zweibrücken NStZ 2011, 113, vgl auch Rn 561.

555 Zumeist wird aber der Kontaktmann der gefährdeten Person bei der Polizei als Zeuge vom Hörensagen vernommen. Dies ist als unmittelbare Beweisaufnahme möglich.

556 Will sich der Angeklagte auf die Unverwertbarkeit der Erkenntnisse eines Verdeckten Ermittlers berufen, muss er der Verwertung in der Hauptverhandlung innerhalb der sich aus § 257 StPO ergebenden zeitlichen Grenzen widersprechen.[604]

h) Faires Verfahren

557 Das Recht des Beschuldigten auf ein faires Verfahren wurzelt im Rechtsstaatsprinzip in Verbindung mit den Freiheitsrechten des Grundgesetzes (Art. 20 Abs. 3 GG iVm Art. 2 Abs. 1 GG) sowie Art. 6 EMRK. Es verbietet, den Menschen zum bloßen Objekt eines staatlichen Verfahrens herabzuwürdigen, und es verpflichtet den Staat zu korrektem und fairem Verfahren.[605] Die Ausgestaltung des Strafverfahrensrechts in einer Weise, dass der Grundsatz des fairen Verfahrens gewahrt wird, ist in erster Linie dem Gesetzgeber und sodann – in den vom Gesetz gezogenen Grenzen – den Gerichten bei der ihnen obliegenden Rechtsanwendung und -auslegung aufgegeben.

558 **BEACHTE:** Eine Verletzung des Rechts auf ein faires Verfahren liegt erst dann vor, wenn eine ausdrückliche Verfahrensvorschrift fehlt und eine Gesamtschau auf das Verfahrensrecht – auch in seiner Auslegung und Anwendung durch die Gerichte – ergibt, dass rechtsstaatlich zwingende Forderungen nicht beachtet worden sind oder rechtsstaatlich Unverzichtbares preisgegeben wurde.[606] Im Rahmen dieser Gesamtschau sind auch die Erfordernisse einer funktionstüchtigen Strafrechtspflege in den Blick zu nehmen.[607]

559 Das Rechtsstaatsprinzip, das die Idee der Gerechtigkeit als wesentlichen Bestandteil enthält, fordert nicht nur eine faire Ausgestaltung und Anwendung des Strafverfahrensrechts. Es gestattet und verlangt auch die Berücksichtigung der Belange einer funktionstüchtigen Strafrechtspflege, ohne die der Gerechtigkeit nicht zum Durchbruch verholfen werden kann.[608] Der Rechtsstaat kann sich aber nur verwirklichen, wenn ausreichende Vorkehrungen dafür getroffen sind, dass Straftäter im Rahmen der geltenden Gesetze verfolgt, abgeurteilt und einer gerechten Bestrafung zugeführt werden.

Gebot der Selbstbelastungsfreiheit – „nemo tenetur se ipsum accusare"

560 Das Recht auf ein faires Verfahren umfasst insb. das Recht jedes Angeklagten auf Wahrung seiner Aussage- und Entschließungsfreiheit innerhalb des Strafverfahrens. Es hat in dem verfassungsrechtlich verankerten Gebot der Selbstbelastungsfreiheit („nemo tenetur se ipsum accusare") und in den Vorschriften der § 136a, § 163a Abs. 4 S. 2 StPO seinen Niederschlag gefunden. Das Verbot des Zwangs zur Selbstbelastung bedeutet, dass im Rahmen des Strafverfahrens niemand gezwungen werden darf, sich durch seine eigene Aussage einer Straftat zu bezichtigen oder zu seiner Überführung aktiv beizutragen.[609]

Nach der Rspr des EGMR ist das Schweigerecht eines Beschuldigten und seine Entscheidungsfreiheit, in einem Strafverfahren auszusagen oder zu schweigen, etwa dann verletzt, wenn die Strafverfolgungsbehörden in einem Fall, in dem sich der Beschuldigte für das Schweigen entschieden hat, eine Täuschung anwenden, um ihm Geständnisse oder an-

---

604 BGH NStZ-RR 2001, 260; allerdings str., vgl Meyer-Goßner § 110b Rn 11 m.w.N.
605 BGH NStZ 2009, 519 f.
606 BVerfGE 57, 250, 276; 64, 135, 145; BGH NStZ 2009, 519 f; Meyer-Goßner Einl Rn 19.
607 BVerfGE 47, 239, 250; 80, 367, 375.
608 BVerfGE 33, 367, 383; 46, 214, 222; BGH NStZ 2009, 519 f.
609 BVerfGE 109, 279, 324; 56, 37, 49; BGH NStZ 2009, 519 f; 2011, 596 f.

dere belastende Angaben zu entlocken, die sie in einer Vernehmung nicht erlangen konnten, und die so erlangten Geständnisse oder selbst belastenden Aussagen in den Prozess als Beweise einführen.[610] Ob das Schweigerecht in einem solchen Maß missachtet wurde, dass eine Verletzung von Art. 6 EMRK gegeben ist, hängt von den Umständen des Einzelfalls ab.

BEISPIEL: Die Beschuldigte stand in dem Verdacht, ihre drei Kinder getötet zu haben.[611] Im   561
Rahmen ihrer Vernehmung verweigerte sie im wesentlichen Angaben zur Sache. Schließlich
wurde nach weiteren ergebnislosen Ermittlungen der Einsatz eines verdeckten Ermittlers bewilligt. Dieser gab sich gegenüber der Beschuldigten als Verfasser eines Buches über „Chatgewohnheiten" aus, der Personen suche, deren Geschichten er für sein Buch verwenden könne.
In der Folgezeit von trafen sich der Verdeckte Ermittler und die Beschuldigte insgesamt 28-
mal. Darüber hinaus hatten sie per SMS, E-Mail und Telefon Kontakt. Um das Vertrauensverhältnis zur Beschuldigten zu untermauern, lenkte der Verdeckte Ermittler in Absprache mit
seinem Führungsbeamten schließlich die Aufmerksamkeit der Beschuldigten wiederholt auf
seine eigene Vergangenheit und vertraute ihr in einem Gespräch wahrheitswidrig an, er habe
im Alter von ca. 20 Jahren seine Schwester getötet, was sonst niemand wisse. Nach weiteren
Treffen gestand die Beschuldigte dem Verdeckten Ermittler schließlich, jedenfalls ihren Sohn
getötet zu haben. Auf Nachfragen des Verdeckten Ermittlers äußerte sie sich zu ihrem Motiv
und zu Einzelheiten der Ausführung der Tat. Diese Vorgehensweise des Verdeckten Ermittlers
hat der BGH für verfahrensrechtlich unzulässig erachtet, weil er der Beschuldigten unter Ausnutzung des im Verlauf seines in der Intensität zunehmenden Einsatzes geschaffenen Vertrauens selbstbelastende Angaben zur Sache entlockte, obwohl sie sich bei ihrer ersten polizeilichen
Vernehmung für das Schweigen zu den gegen sie erhobenen Tatvorwürfen entschieden hatte.[612] Mit dem wahrheitswidrigen Bekenntnis, er habe seine Schwester getötet, brachte er die
Beschuldigte dazu, dass sie nur wenige Tage später Angaben zum Tod des Sohne machte.
Dieses Gespräch stellt sich wegen der vorausgegangen Einwirkungen auf die Entscheidungsfreiheit der Beschuldigten „als funktionales Äquivalent einer staatlichen Vernehmung" dar.

i) Übungsfall

▶ **ÜBUNGSFALL:**[613] A wurde vorgeworfen, seine Geliebte (G) nach einem letztmaligen Tref-   562
fen auf einem Parkplatz in K getötet zu haben. A wurde deshalb in Untersuchungshaft genommen. Bei seiner ermittlungsrichterlichen Vernehmung gab A ein letztmaliges Treffen mit
G auf dem Parkplatz zu, behauptete aber, mit deren Verschwinden nichts zu tun zu haben. A
wurde daraufhin in die Untersuchungshaft in die JVA K verbracht. Das Amtsgericht K ordnete
sodann auf Antrag der Staatsanwaltschaft an, dass Besuchskontakte zwischen A und seiner
Ehefrau in der Untersuchungshaft in einem separaten Raum durchzuführen und die dabei
geführten Gespräche mittels Anbringung von Mikrofonen abzuhören und aufzuzeichnen seien. Zur Begründung führte das Amtsgericht aus, dass nach den bisherigen Ermittlungen davon
ausgegangen werden müsse, dass A die G getötet habe. Sie sei seit dem letztmaligen Treffen
mit A spurlos verschwunden und es sei zu erwarten, dass A mit seiner Ehefrau Einzelheiten
zur Tat besprechen werde. Entsprechend dieser Anordnung wurden daraufhin die Besuche –
abweichend von der Regel – in einem separaten Besuchsraum ohne erkennbare Überwachung
durchgeführt. Die Gespräche zwischen A und seiner Ehefrau wurden dabei heimlich abgehört.
Bei einem aufgezeichneten Gespräch räumte A gegenüber seiner Ehefrau ein, dass das Opfer,
dessen Leiche bis zu diesem Zeitpunkt noch nicht aufgefunden worden war, tot sei. Zudem

---

610   EGMR StV 2003, 257, 259; BGH NStZ 2011, 596, 598.
611   BGH NRÜ 2009, 267f = NStZ 2009, 343 f.
612   BGH aaO.
613   Nach BGH NRÜ 2009, 462 = NStZ 2009, 519.

drängte er seine Ehefrau, ein falsches Geständnis abzulegen, dieses aufzuzeichnen und der Staatsanwaltschaft zuzuspielen und sich anschließend nach Italien abzusetzen. Das Gericht hat die Gesprächsaufzeichnungen verwertet. Hiergegen wendet sich A mit seiner Revision. ◄

▶ **Lösung Übungsfall:** Es wird gerügt, dass die Angaben des Angekl. gegenüber seiner Ehefrau nicht hätten verwertet werden dürfen.

I.   In Betracht kommt ein Verstoß gegen § 100f Abs. 1 StPO

   –   Abhörmaßnahme in dem Besuchsraum der Haftanstalt als Maßnahme „außerhalb von Wohnungen" nach § 100f Abs. 1 StPO?

   –   nach BGH (-): der Besuchsraum der Haftanstalt ist keine Wohnung iSd Art. 13 GG. Bereits Haft- und Besuchsräume einer Justizvollzugsanstalt werden vom Schutzbereich des Art. 13 GG nicht umfasst, da das Hausrecht der Anstalt die Befugnis der Vollzugsbediensteten beinhaltet, die Hafträume jederzeit unabhängig vom Einverständnis der dort untergebrachten Gefangenen zu betreten.

   Folge: Ein Verstoß gegen § 100f StPO liegt nicht vor.

II.   Verstoß gegen die Kernbereichsregelungen des § 100c Abs. 5 oder des § 100a Abs. 5 StPO analog?

   –   BGH lässt Entscheidung offen und lehnt Verwertungsverbot selbst für den Fall einer analogen Anwendbarkeit ab. Der Untersuchungsgefangene muss aufgrund der Beschränkungen und des Zwecks der Untersuchungshaft jederzeit damit rechnen, dass Vollzugsbedienstete den Besuchsraum ohne Vorankündigung betreten und von ihren Überwachungs- und Eingriffsbefugnissen Gebrauch machen.

   Folge: Kein Verstoß gegen die Kernbereichsregelungen der §§ 100a, 100c StPO analog

III.   Verstoß gegen das Recht auf ein faires Verfahren (Art. 20 Abs. 3 GG iVm Art. 2 Abs. 1 GG)

   1.   Das Recht auf ein faires Verfahren umfasst dabei das Recht jedes Angeklagten auf Wahrung seiner Aussage- und Entschließungsfreiheit innerhalb des Strafverfahrens (vgl Rn 557).

   2.   Gegen einen Verstoß könnte ivF sprechen, dass durch die eigentliche Überwachungsmaßnahme lediglich „abgeschöpft" wurde, was A aus freien Stücken gegenüber seiner Ehefrau äußerte, weil er sich unbeobachtet fühlte, zumal die Ermittlungsbehörden auf den Gesprächsinhalt der Eheleute keinerlei Einfluss genommen haben.

   3.   BGH: Verletzung des Rechts auf ein faires Verfahren (+). In der von den Beschränkungen des Untersuchungshaftvollzuges geprägten Gesprächssituation erlangt hier das Vorgehen der Ermittlungsbehörden besonderes Gewicht, das die Fehlvorstellung beim Angeklagten nicht nur hervorrufen musste, sondern auch sollte, er könne mit seiner Ehefrau unüberwacht sprechen. Die Ermittlungsbehörden haben aber bewusst eine von den üblichen Abläufen in der Untersuchungshaft derart abweichende Besuchssituation geschaffen, dass nicht lediglich ein Irrtum des Angeklagten ausgenutzt wurde. Vielmehr wurde, anders kann man das Vorgehen nicht verstehen, die Situation – gezielt – zur Erlangung einer gerichtsverwertbaren Selbstbelastung des Angeklagten herbeigeführt.

   Folge: Der Gesprächsinhalt unterlag einem Verwertungsverbot. Das Urteil beruht auf dem Verstoß.

Ergebnis: Die Rüge ist erfolgreich. ◄

VI. Die Sachrüge

1. Allgemeines

Auf die Sachrüge prüft das Revisionsgericht einerseits, ob der Tatrichter das sachliche Recht richtig auf den im Urteil festgestellten Sachverhalt angewendet hat (Gesetzesanwendung). In der Revision wird aber auch untersucht, ob die Tatsachenfeststellungen (Sachverhaltsdarstellung) eine geeignete und tragfähige Grundlage für die Rechtsanwendung geben. Letztlich werden auch Verstöße bei der Beweiswürdigung und der Strafzumessung im Rahmen der Sachrüge behandelt.   563

Folgende mögliche Fehler sind im Rahmen der Sachrüge von Bedeutung:

a) **Fehler bei der Sachverhaltsdarstellung, § 267 StPO**
   - Form und Aufbau des Urteils
   - persönliche Verhältnisse
   - Sachverhalt der Tat
b) **Fehler bei der Beweiswürdigung, § 261 StPO**
c) **Fehler beim Schuldspruch**
d) **Fehler im Strafmaß**
   - Strafrahmen
   - Strafzumessungserwägungen
   - Gesamtstrafenbildung
   - Strafaussetzung zur Bewährung
   - Nebenstrafen u.a.

In Abgrenzung zur Verfahrensrüge (vgl Rn 139) werden bei der Sachrüge Fehler des Tatgerichts beanstandet, die sich erst und ausschließlich im Urteil zeigen. Daher sind auch ausschließlich der Inhalt des Urteils und (selten) Abbildungen, auf die im Urteil nach § 267 Abs. 1 S. 3 StPO verwiesen worden ist, die maßgeblichen Prüfungsgrundlagen. Den Akteninhalt darf das Revisionsgericht bei der Prüfung der Sachrüge nicht berücksichtigen. Nur offenkundige oder gerichtskundige Tatsachen dürfen diese Grundlage ergänzen.   564

Auf die allgemeine oder auch ausgeführte Sachrüge wird das ganze Urteil in materiell-rechtlicher Hinsicht nachgeprüft, sowohl hinsichtlich des Schuldspruchs als auch im Rechtsfolgenausspruch. Ein Beruhen ergibt sich ohne Weiteres aus dem Urteil selbst.   565

Der Revisionsführer muss natürlich – um die Sachrüge erfolgreich geltend machen zu können – durch den Fehler **beschwert** sein.   566

> **Klausurtipp:** Denken Sie immer daran, dass Sie bei der Sachrüge **nur das Urteil Ihrer Prüfung zugrunde legen** dürfen. Häufig wird von Prüflingen dieser einfache Grundsatz verkannt und das Urteil durch Anfütterung mit weiteren Informationen aus dem Aktenauszug „gerettet". In einer Examensklausur ist die Sachrüge häufig ein **Schwerpunkt der Revisionsbegründung.** In der gutachterlichen Stellungnahme sollten alle relevanten Punkte angesprochen und ihre jeweiligen Erfolgsaussichten in der Revision dargelegt werden.

2. Fehler bei der Sachverhaltsdarstellung, § 267 StPO

Wird der Angeklagte **verurteilt,** so müssen die Urteilsgründe die für erwiesen erachteten Tatsachen enthalten, aus denen die gesetzlichen Merkmale der Straftat resultieren, vgl   567

§ 267 Abs. 1 S. 1 StPO. Das Revisionsgericht prüft also, ob die getroffenen Feststellungen eine ausreichende Grundlage für die Rechtsanwendung darstellen. Dies erfordert eine in sich geschlossene Darstellung aller äußeren und der damit im Zusammenhang stehenden inneren Tatsachen, damit erkennbar wird, auf welcher Grundlage der Tatrichter die rechtliche Beurteilung vorgenommen hat.

568   Die Feststellungen müssen plausibel dargestellt sein, um die eigentliche Gesetzesanwendung ordnungsgemäß überprüfen zu können. Zum objektiven und subjektiven Tatbestand muss ein in sich geschlossener, vollständiger, eindeutiger und widerspruchsfreier Sachverhalt vorgetragen werden. Eine bloße Wiederholung des Gesetzeswortlauts kann dieser Anforderung nicht genügen.[614]

569   **BEISPIELE:**

- Die Formulierungen *„der Angeklagte war auf das fest umschlossene Betriebsgelände der Fa. X eingedrungen und hatte das verschlossene Metalltor zur Produktionshalle geöffnet"* oder *„Wiederum hatte sich der Angeklagte Zutritt zu dem Betriebsgelände … verschafft, indem er eine von innen verschließbare Metallkette zum Metalltor der Produktionshalle geöffnet hatte."* können die Annahme eines Regelbeispiels des § 243 Abs. 1 Nr. 1 StGB nicht begründen, da weder ein Einbrechen noch ein Einsteigen noch ein Endringen hinreichend beschrieben worden ist.[615]
- Die Feststellung *„Der Angeklagte fuhr am 2.12.2009 seinen VW Golf IV, obwohl er alkoholbedingt nicht mehr in der Lage war, ein Fahrzeug zu führen."* ist in mehrfacher Hinsicht fehlerhaft. So ergibt sich daraus nicht, ob der Angeklagte im (öffentlichen) Straßenverkehr unterwegs war. Zudem ist nicht erkennbar, wie die alkoholbedingte Fahruntüchtigkeit festgestellt wurde. Hier ist zumindest die Angabe weiterer Anhaltspunkte (insbes. Blutalkoholkonzentration, ggf Ausfallerscheinungen) geboten.[616]

570   **Klausurtipp:** In der Klausur gehen Sie am besten (sozusagen rückwärts) die Merkmale des maßgeblichen Straftatbestandes durch und prüfen, ob diese in der Sachverhaltsdarstellung für die Subsumtion hinreichend „unterfüttert" sind.
Die Urteilsgründe bilden eine Einheit. Deshalb sind der rechtlichen Prüfung grds. alle Feststellungen zu Grunde zu legen, egal an welcher Stelle sie sich im schriftlichen Urteil befinden.

3. Fehler bei Form und Aufbau des Urteils

571   Ein sachlich-rechtlicher Mangel des Urteils liegt auch vor, wenn die Entscheidung erhebliche Mängel in Form und Aufbau aufweist. Folgende erhebliche Fassungsmängel sind denkbar:

- Unklare und unübersichtliche Feststellungen
- Fehlende Beweisgründe oder fehlende Beweiswürdigung[617]
- Fehlende oder widersprüchliche Feststellungen über die persönlichen Verhältnisse des Angeklagten

---

614 BGH NStZ 2008, 352; 2000, 607.
615 OLG Koblenz, Beschluss vom 8.9.2008 – Az.: 2 Ss 102/08, Aufhebung nur im Rechtsfolgenausspruch, da § 243 StGB eine Strafzumessungsregel ist.
616 BGH DAR 2007, 272.
617 BGH NStZ 2006, 214 – Fall Mannesmann.

■ Fehlende Verständlichkeit des Urteils „aus sich heraus", z.b. Verweisungen und Bezugnahmen auf ein anderes Urteil oder Teile der Ermittlungsakte; Ausnahme hierzu: § 267 Abs. 1 S. 3 StPO, Verweis möglich.

Die Regelung des § 267 Abs. 4 S. 1 StPO ermöglicht allerdings ein abgekürztes Urteil bei Rechtsmittelverzicht.

Das **freisprechende Urteil** muss besondere formelle Voraussetzungen einhalten, vgl § 267 Abs. 5 StPO.

Bei einem Freispruch aus **tatsächlichen** Gründen muss zunächst der Anklagevorwurf und sodann der festgestellte Sachverhalt dargelegt werden. Danach folgt die Beweiswürdigung, in der alle gegen den Angeklagten sprechenden Umstände erörtert und einer Gesamtwürdigung unterzogen werden müssen. Das Revisionsgericht muss prüfen können, ob der Freispruch rechtlich bedenklich ist oder nicht.[618]

572

Bei einem Freispruch aus **rechtlichen** Gründen muss zunächst die erwiesene Tat geschildert und sodann dargelegt werden, aus welchen Gründen die Tat nicht strafbar ist.[619]

573

4. Widersprüche zwischen mündlichem und schriftlichem Urteil

SONDERFALL: WIDERSPRUCH ZWISCHEN MÜNDLICHEM UND SCHRIFTLICHEM URTEIL: Der verkündete Tenor geht dem Tenor des schriftlichen Urteils grds. vor.

574

Die mündliche Urteilsbegründung tritt allerdings hinter den schriftlichen Urteilsgründen zurück, wenn hier eine Abweichung feststellbar ist. Der Inhalt der mündlichen Urteilsbegründung wird auch nicht protokolliert und hat daher für die Revision grds. keine Bedeutung.

Ein Problem kann allerdings ein Widerspruch zwischen der Urteilsformel/dem Tenor des schriftlichen Urteils einerseits und den Urteilsgründen andererseits sein. Ein unaufklärbarer Widerspruch zwischen Urteilsformel und den schriftlichen Urteilsgründen stellt eine Verletzung sachlichen Rechts dar[620] und kann zur Aufhebung des Urteils führen. In bestimmten Fällen kann das Revisionsgericht auch eine Schuldspruchberichtigung vornehmen.

5. Fehler bei der Beweiswürdigung, § 261 StPO[621]

Die Beweiswürdigung des Tatgerichts unterliegt in der Revisionsinstanz nur einer eingeschränkten Prüfung. Das Revisionsgericht darf die Beweiswürdigung nur auf rechtliche Fehler prüfen, nicht aber durch seine eigene Beweiswürdigung ersetzen.

575

Die Anforderungen der Rspr an die Beweiswürdigung haben sich – mit der Folge einer wirksameren Sicherung der Grundrechte des Beschuldigten und der Unschuldsvermutung – stark verändert. Die frühere Rspr ließ bereits Schlussfolgerungen des Tatgerichts genügen, die nach der Lebenserfahrung möglich sind. Nunmehr wird vorausgesetzt, dass der Schuldspruch auf einer tragfähigen Beweisgrundlage aufbaut, die die objektiv hohe Wahrscheinlichkeit der Richtigkeit des Beweisergebnisses ergibt. In Abkehr von der früheren Rspr haben die Revisionsgerichte also ihre Prüfungsbefugnis ausgeweitet. Die Beweiswürdigung des Tatrichters muss danach für das Revisionsgericht nachvollziehbar sein. Allerdings muss das Tatgericht nicht alle irgendwie denkbaren Gesichtspunkte und Würdigungsvarianten in den Urteilsgründen ausdrücklich abhandeln. Die Urteilsgründe müssen aber erkennen lassen, dass die Beweiswürdigung auf einer tragfähigen Grundlage

576

---

618 BGH NStZ 2008, 647.
619 Meyer-Goßner § 267 Rn 34.
620 BGH NStZ 2008, 711.
621 Vgl dazu z.B. BGH NStZ-RR 2006, 243; 2003, 49; 52, sehr gute Übersicht auch bei Nack StV 2002, 510 ff, 558 ff.

beruht und die vom Gericht gezogene Schlussfolgerung nicht etwa nur eine Annahme ist oder sich als bloße Vermutung erweist.[622]

577 Der Tatrichter muss daher den von ihm festgestellten Sachverhalt erschöpfend würdigen. Die Gesamtwürdigung aller in der Hauptverhandlung festgestellter Tatsachen hat er in den Urteilsgründen darzulegen.

> **Klausurtipp:** Unterscheiden Sie zwischen Fehlern bei der Beweiserhebung und Fehlern in der Beweiswürdigung. Ist die Beweiserhebung unvollständig oder lückenhaft, so ist die Aufklärungsrüge des § 244 Abs. 2 StPO der richtige Weg (Verfahrensrüge). Berücksichtigt der Tatrichter im Rahmen der Beweiswürdigung Beweise, obwohl dies wegen eines Verwertungsverbots nicht zulässig war, so ist dieser Fehler (gegen die entsprechende Vorschrift) ebenfalls mit der Verfahrensrüge zu beanstanden. Treten aber Fehler in der Beweiswürdigung zutage, die sich erst im Urteil zeigen, muss auf § 261 StPO Bezug genommen werden (Sachrüge).

578 Mit der Sachrüge können im Hinblick auf die Feststellungen folgende **Verstöße gegen** § 261 StPO geltend gemacht werden:

579 Rechtsfehlerhaft ist die Beweiswürdigung, wenn sie **in sich widersprüchlich, lückenhaft oder unklar ist oder gegen Denkgesetze und Erfahrungssätze verstößt** oder wenn der Tatrichter (bei einem Freispruch) überspannte Anforderungen an die für eine Verurteilung erforderliche Gewissheit stellt.

a) Verstoß gegen Denkgesetze

580 Ein Verstoß gegen Denkgesetze wird angenommen bei Rechenfehlern, bei Kreis- oder Zirkelschlüssen, Begriffsvertauschungen, bei der irrtümlichen Annahme, eine Schlussfolgerung sei zwingend oder bei der Verwertung von Nichtbewiesenem als Beweisanzeichen.[623]

581 BEISPIELE: RECHENFEHLER UND ZIRKELSCHLÜSSE

- Ein Zirkelschluss ist etwa anzunehmen bei folgender Formulierung[624]: *„Es ist nicht nachvollziehbar, wieso es der Zeugin bei den zahlreichen nach der Tat an den Angeklagten gesendeten SMS in einem solchen Maß auf eine Entschuldigung ... seitens des Angeklagten ankam, wenn nichts geschehen gewesen wäre."* Denn dass die Zeugin mit ihren SMS eine Entschuldigung des Angeklagten anstrebte, ergab sich aus dem Wortlaut dieser Nachrichten nicht, sondern beruhte auf einer Würdigung der entsprechenden Behauptung der Zeugin selbst; die Annahme, diese hätte eine Entschuldigung angestrebt, setzte daher gerade die Begehung der Tat voraus, zu deren Beweis sie vom Landgericht herangezogen wurde.
- Ein Zirkelschluss wird auch angenommen, wenn allein aus dem sachlichen Inhalt der Zeugenaussage auf ihre Glaubhaftigkeit geschlossen wird.[625]

b) Verstoß gegen Erfahrungssätze

582 Davon ist auszugehen, wenn die aufgrund allgemeiner Lebenserfahrung oder wissenschaftlicher Erkenntnisse gewonnenen Regeln missachtet werden, die keine Ausnahme zulassen und eine an Sicherheit grenzende Wahrscheinlichkeit zum Inhalt haben. Umge-

---

622   BGH NStZ 2012, 119; NStZ-RR 2011, 50; NStZ 2003, 541.
623   Meyer-Goßner, § 337, Rn 30.
624   BGH, Beschl. v. 15.8.2007 – Az.: 2 StR 257/07.
625   BGH StV 2005, 487.

kehrt ist es rechtsfehlerhaft, wenn der Tatrichter von einem nicht bestehenden Erfahrungssatz ausgeht. Das Revisionsgericht kann den Erfahrungssatz im Freibeweisverfahren oder auch durch Anhörung von Sachverständigen prüfen.

BEISPIELE: 583

- Es ist ein feststehender Erfahrungssatz, dass Kraftfahrer ab einer Blutalkoholkonzentration von 1,1 Promille fahruntüchtig sind.[626]

- Misst der Tatrichter dem Umstand, dass die einen Tag nach der Vergewaltigung bei dem Opfer erhobenen Abstriche keine Samenspuren aufwiesen, "keinerlei Beweiswert" zu, verschließt er sich medizinischen Erkenntnissen, wonach ein Nachweis von Spermatozoen noch für eine Zeitspanne von 72 Stunden nach dem Verkehr für möglich gehalten wird. Die Beweiswürdigung lässt deshalb einen Erfahrungssatz außer Acht und erweist sich zugleich als lückenhaft.[627]

- Es besteht kein allgemeiner Erfahrungssatz, dass ein Kraftfahrer Bremsgeräusche oder Geräusche quietschender Reifen im Straßenverkehr auch im geschlossenen Fahrzeug wahrnimmt und als Geräusche eines Unfalls sofort identifiziert, selbst wenn diese Geräusche noch hinter dem Fahrzeug des betreffenden Kraftfahrers in einer größeren Entfernung auftreten. Die akustische Wahrnehmbarkeit des Unfallgeschehens ist daher individuell zu prüfen.[628]

c) Lückenhafte oder widersprüchliche Beweiswürdigung

In folgenden Fällen wird von einer lückenhaften Beweiswürdigung ausgegangen, die zu   584
einer Aufhebung des Urteils führen kann:

- Das Urteil enthält Feststellungen, die **nicht in die Hauptverhandlung eingeführt** wurden (z.B. keine Augenscheinseinnahme im Protokoll, das Urteil stützt sich aber darauf).

- Die Merkmale der gesetzlichen Tatbestände werden nicht durch widerspruchsfreie, mittels objektiver Beweisanzeichen hinreichend gestützte Feststellungen des Tatgerichts ausgefüllt.[629]

- Wesentliche aus dem Urteil ersichtliche **Feststellungen sind nicht gewürdigt**, die Schlüsse zugunsten oder zuungunsten des Angeklagten zulassen.[630] Stützt das Gericht die Verurteilung des Angeklagten, der sich in der Hauptverhandlung nicht eingelassen hat, weitgehend auf seine geständigen Einlassungen im Ermittlungsverfahren, welche „im Wesentlichen – wenn auch nicht unbedingt im Detail – mit den zuletzt in der Hauptverhandlung erhobenen Tatvorwürfen der Geschädigten" übereinstimmen, so darf sich die Strafkammer bei der notwendigen Würdigung der Geständnisse nicht auf die pauschale Aussage beschränken, dass sich die vorprozessualen Einlassungen des Angeklagten im Wesentlichen mit den Angaben der Geschädigten decken, ohne zu den einzelnen Fällen die Aussage der Geschädigten in der Hauptverhandlung wiederzugeben und diese im Hinblick auf ihre Glaubhaftigkeit in einer für das Revisionsgericht nachvollziehbaren Weise zu würdigen.[631]

---

626   BGH NJW 1990, 2393.
627   BGH NStZ-RR 2002, 39.
628   OLG Karlsruhe StV 1995, 13.
629   BGH NStZ-RR 2011, 87.
630   BGH NStZ 2008, 705, 706.
631   BGH NStZ 2007, 538.

- Der Tatrichter befasst sich nicht mit **naheliegenden Geschehensalternativen**, er lässt vielmehr eine naheliegende Möglichkeit des Tathergangs außer Betracht. So kann eine Beweiswürdigung mit der Formulierung „an der Täterschaft des Angeklagten kann es keine vernünftigen Zweifel geben", dann keinen Bestand haben, wenn nach Lage des Falles auch eine andere Würdigung der Beweise möglich ist.[632]
- Die Schlussfolgerungen im Urteil entfernen sich so weit von einer festen Tatsachengrundlage, dass die letztlich **bloße Vermutungen** sind.
- Beim **Indizienbeweis** setzt sich der Tatrichter nicht mit allen festgestellten Beweisanzeichen auseinander. Bei der Würdigung indizieller Beweisergebnisse ist es in der Regel erforderlich, in den Urteilsgründen die tatsächlichen Anknüpfungspunkte der Würdigung so mitzuteilen, dass dem Revisionsgericht eine Überprüfung möglich ist. Den Angeklagten belastende Schlussfolgerungen dürfen nicht auf Vermutungen oder bloße Möglichkeiten gestützt werden. Auch darf unwahres Entlastungsvorbringen sowie teilweises Schweigen nicht zum Nachteil des Angeklagten in die Beweiswürdigung einbezogen werden.[633]
- Stützt sich das Tatgericht im angefochtenen Urteil auf ein **Sachverständigengutachten**, muss es die wesentlichen Anknüpfungstatsachen und Darlegungen des Sachverständigen in der Beweiswürdigung wiedergeben, damit eine Nachprüfung durch das Revisionsgericht möglich ist.

d) Fehlerhafte Anwendung des Grundsatzes „in dubio pro reo"

585   Ein Rechtsfehler ist hier nur denkbar, wenn das Gericht ausweislich des Urteils nach abgeschlossener Beweiswürdigung tatsächlich Zweifel an einer festgestellten Tatsache oder an der Schuld des Angeklagten hatte, diesen aber dennoch verurteilt hat. Der Grundsatz „in dubio pro reo" ist daher nicht schon verletzt, wenn der Richter nach Auffassung des Revisionsführers hätte zweifeln müssen, sondern nur, wenn er verurteilt, obwohl er zweifelte.

6. Fehler in der rechtlichen Würdigung

586   Das Revisionsgericht überprüft in vollem Umfang die Anwendung materiellen Rechts durch den Tatrichter. Der Prüfung sind die Feststellungen zugrunde zu legen, die vom Tatgericht im Urteil niedergelegt sind. Der so formulierte Sachverhalt muss die Verurteilung (oder den Freispruch) in jeglicher Hinsicht rechtfertigen.

> **Klausurtipp:** Die Prüfung der Gesetzesanwendung, die dem Schuldspruch zugrunde liegt, stellt regelmäßig den Schwerpunkt einer Revisionsklausur dar. Hier wird das materielle Strafrecht abgefragt. Entscheidende Frage ist dabei für Sie: Tragen die im Urteil niedergelegten Feststellungen den Schuldspruch des Tatrichters? Sehen Sie also die Urteilsgründe als Sachverhalt für ein Gutachten über die Strafbarkeit des Angeklagten.[634]

---

632 OLG Oldenburg, Beschl. v. 3.1.2011 – Az 1 Ss 202/10.
633 BGH NStZ-RR 2011, 118, 318.
634 Sehr anschaulich hierzu: Huber JuS 2009, 521, 524.

7. Fehler im Strafmaß[635]

Entsprechend dem Vorgehen bei der Beweiswürdigung prüft das Revisionsgericht auch den Rechtsfolgenausspruch des Tatgerichts nur auf Rechtsfehler. Allein der Umstand, dass dem Revisionsgericht etwa 6 Monate Freiheitsstrafe „zu wenig" erscheinen und es eher 9 Monate Freiheitsstrafe für angemessen erachten würde, reicht für eine Aufhebung des Urteils nicht aus. Vielmehr ist die Strafzumessung grds. Sache des Tatrichters, der die wesentlichen Umstände hierzu im Urteil mitteilen muss (vgl § 267 Abs. 1 S. 1 StPO).   587

Folgende Rechtsfehler sind mit dieser Einschränkung bei der Strafzumessung denkbar:

Eine Verletzung des Gesetzes nach § 337 Abs. 1 StPO und somit ein Eingriff des Revisionsgerichts ist nur möglich, wenn: 588

- die Zumessungserwägungen in sich fehlerhaft sind oder
- das Tatgericht gegen rechtlich anerkannte Strafzwecke verstößt oder
- die verhängte Strafe sich nach oben oder nach unten von ihrer Bestimmung löst, ein gerechter Schuldausgleich zu sein.

Dabei sind folgende Fallgruppen denkbar:

- Fehler bei der Bestimmung des Strafrahmens
- Fehler bei den Einzelakten der Strafzumessung im eigentlichen Sinne

a) Anwendung eines falschen Strafrahmens

ÜBERSICHT: 589

(1) Strafrahmen bestimmen
(2) besonders schwerer Fall?
(3) minder schwerer Fall?
    (a) allein aufgrund der allgemeinen Milderungsgründe?
    (b) aufgrund der allgemeinen Milderungsgründe gemeinsam mit etwaigen vertypten Milderungsgründen?
(4) wenn (3) (b) (-), dann isolierte Bewertung des vertypten Milderungsgrundes

Zunächst ist der Tatrichter verpflichtet, den Strafrahmen korrekt zu bestimmen. So sieht jeder Straftatbestand grds. einen klaren Strafrahmen vor, innerhalb dessen sich der Tatrichter bewegen muss.   590

> **Klausurtipp:** Sie sollten auf etwaige Fehler bei der Bestimmung des korrekten Strafrahmens in dem Sachverhalt der Klausur achten. Es bietet sich an, diesen schnell mit dem Gesetz abzugleichen, um einen möglichen Fehler nicht zu übersehen.

Weiterhin muss der Tatrichter prüfen, ob der Tatbestand einen besonders schweren oder einen minder schweren Fall vorsieht und ein solcher eventuell erfüllt ist. Nur wenn ein solcher fern liegt, kann auf die Erörterung verzichtet werden.   591

Sodann hat der Tatrichter zu erörtern, ob ein vertypter Milderungsgrund in Betracht kommt, wie etwa Versuch, § 23 Abs. 2 StGB, verminderte Schuldfähigkeit, § 21 StGB, oder Beihilfe, § 27 Abs. 2 S. 2 StGB.   592

Wichtig ist hier die Prüfungsreihenfolge:

---

635   Vgl dazu auch die jährlichen Rechtsprechungsübersichten von Detter, zuletzt NStZ 2009, 74 ff und 487 ff, NStZ 2010, 135 ff und 560 ff sowie NStZ 2011, 330 ff und 390 ff.

593 Zuerst muss der Tatrichter (wenn es eine entsprechende Vorschrift gibt, z.B. § 213 StGB, § 263 Abs. 3 StGB, § 243 StGB) prüfen, ob ein minder schwerer oder ein besonders schwerer Fall vorliegt. Kommt er nicht zur Annahme eines minder schweren Falls, so muss er prüfen, ob möglicherweise der (vorliegende) vertypte Milderungsgrund zu einem minder schweren Fall führen kann. Der vertypte Milderungsgrund ist somit in eine Gesamtwürdigung einzubeziehen.

594 Erst wenn auch dann ein minder schwerer Fall verneint wird, bleibt die isolierte Bewertung des vertypten Milderungsgrundes. Dieser kann (vgl §§ 21, 23 Abs. 2 StGB) oder muss (vgl § 27 Abs. 2 S. 2 StGB) zur Milderung des Strafrahmens nach § 49 Abs. 1 StGB herangezogen werden.

Hier ist auch auf die Vorschriften des § 46a StGB und des § 46b StGB hinzuweisen. Die Regelung des § 46a StGB eröffnet eine Strafmilderung oder gar ein Absehen von Strafe bei Schadenswiedergutmachung oder dem Bemühen um einen Täter-Opfer-Ausgleich. § 46b StGB beinhaltet die sogenannte „Neue Kronzeugenregelung", wonach eine Milderung oder ein Absehen von Strafe denkbar ist, wenn der Angekl. bis zur Eröffnung des Hauptververfahrens gegen ihn (vgl § 46b Abs. 3 StGB) freiwillig Wissen zur Aufdeckung oder Verhinderung anderer Taten offenbart.

b) Strafzumessung im eigentlichen Sinne

595 Ist der richtige Strafrahmen gefunden, so erfolgt die konkrete Strafzumessung auf der Grundlage des § 46 StGB.

> **Klausurtipp:** Lesen Sie die Vorschrift des § 46 StGB einmal sorgfältig durch, um ein Gefühl für die wesentlichen Gründe der Strafzumessung zu erhalten.

596 Wesentliche Fehler der konkreten Strafzumessung:

- Verstoß gegen § 46 Abs. 3 StGB: Das Gericht darf nicht zulasten des Angeklagten in der Strafzumessung verwerten, dass er die Tat überhaupt begangen hat. Gesetzliche Tatbestandsmerkmale dürfen bei der Strafzumessung nicht mehr berücksichtigt werden.[636] Verstöße gegen das Verbot der Doppelverwertung können auch versteckt sein, z.B. zulasten der Gehilfin eines Raubes darf nicht gewertet werden, dass sie „aus eigenem Antrieb" gehandelt hat, da dies das Regelbild der Beihilfe ist.[637] Auch Formulierungen wie „eine nicht völlig unbedeutende kriminelle Energie" sind revisibel, da eine solche Energie idR bereits mit der Erfüllung des Tatbestandes einhergeht.[638]
- Verstoß gegen **Denkgesetze oder Erfahrungssätze**
- Die Höhe der Strafe darf nicht pauschal im Hinblick auf vergleichbare Fälle desselben oder eines anderen Gerichts festgelegt werden; es ist immer das Maß der jeweiligen individuellen Schuld des Angeklagten zu bestimmen.[639]
- **Widersprüchlichkeit** der Strafzumessungserwägungen
- Verstoß gegen das **Doppelverwertungsverbot des § 50 StGB**: Ein Umstand, der bereits (mit-)bestimmend für die Annahme eines minderschweren Falles war und zugleich ein

---

636 Vgl zu § 250 StGB: BGH NStZ-RR 2003, 105.
637 BGH StV 2011, 364 (daher wichtig: Formulierungen zur Strafzumessung im Sachverhalt sorgfältig lesen!); BGH, Beschl. v. 19.4.2011 – Az 3 StR 80/11 = BeckRS 2011, 14938.
638 BGH NStZ-RR 2010, 317.
639 BGH NJW 2011, 2597.

besonderer gesetzlicher Minderungsgrund nach § 49 Abs. 1 StGB ist, darf in der konkreten Strafzumessung nicht nochmals berücksichtigt werden.

- Das **Leugnen der Tatbegehung** ist ein zulässiges Verteidigungsverhalten und darf nicht strafschärfend berücksichtigt werden (sonst liegt ein Verstoß gegen den nemo-tenetur-Grundsatz vor). Einem eine Straftat leugnenden Angeklagten ist es sogar unbenommen, anderen die Schuld an der Tat zuzuschieben; auch dann, wenn sich diese Anschuldigungen als haltlos erweisen, darf eine belastende Zurechnung bei der Strafzumessung grds. nicht erfolgen. Eine andere Beurteilung kommt nur dann in Betracht, wenn Umstände im Rahmen einer Falschbelastung hinzukommen, nach denen sich das Verteidigungsverhalten als Ausdruck einer zu missbilligenden Einstellung darstellt.[640]

- Der Versuch, sich der Strafverfolgung zu entziehen, darf nicht strafschärfend berücksichtigt werden. Dazu zählt grundsätzlich auch die bloße Spurenbeseitigung. Anders kann die Beurteilung sein, wenn der Angeklagte durch sein **Nachtatverhalten** neues Unrecht schafft.[641]

- Das **Fehlen von Strafmilderungsgründen** darf keine strafschärfende Wirkung haben. Die Formulierungen „nicht um das verletzte Opfer gekümmert" oder „keinerlei Reue gezeigt" oder „kein Anlass für die Tat gehabt" sind rechtsfehlerhaft![642] Umgekehrt darf aber auch das Ausbleiben strafschärfender Umstände nicht mildernd berücksichtigt werden.[643]

- Ein **Geständnis** ist in der Regel strafmildernd zu berücksichtigen. Das strafmildernde Gewicht kann aber dann geringer sein, wenn prozesstaktische Überlegungen bestimmend waren und dies durch das in den Urteilsgründen dargelegte sonstige Prozessverhalten des Angeklagten bestätigt wird.[644]

- Der **Einsatz eines Verdeckten Ermittlers** ist strafmildernd zu berücksichtigen, wenn durch ihn der Angeklagte gezielt zur Begehung einer Straftat provoziert worden ist. Dies gilt in Anwendung des Art. 6 Abs. 1 S. 1 MRK auch für den Einsatz einer Vertrauensperson der Polizei.

- Wenn der Abschluss eines Strafverfahrens rechtsstaatswidrig derart verzögert worden ist, dass dies bei der Durchsetzung des staatlichen Strafanspruchs berücksichtigt werden muss, ist in Anwendung des Art. 6 Abs. 1 MRK nach hRspr in der Urteilsformel auszusprechen, dass zur Entschädigung für die **überlange Verfahrensdauer** ein bezifferter Teil der verhängten Strafe als vollstreckt gilt (vgl Rn 126 f). Der Bundesgerichtshof hat damit einen Systemwechsel vom bisher etablierten „Strafabschlagsmodell" (bisher wurde i.d.R. eine Strafmilderung gewährt) zum sogenannten „Vollstreckungsmodell" vorgenommen (sog. „Vollstreckungsmodell").[645]

- Die Regelungen der §§ 46a und 46b StGB normieren spezielle Milderungsmöglichkeiten.

- Gemäß § 46a StGB können das Bemühen, einen Ausgleich mit dem Verletzten zu erreichen (Täter-Opfer-Ausgleich) oder eine besondere Schadenswiedergutmachung zu einer milderen Strafe führen.

640 BGH NStZ 2007, 463.
641 BGH NStZ 2011, 512.
642 Etwas einschränkend: OLG Jena NStZ-RR 2011, 271.
643 BGH BB 2012, 413.
644 OLG Köln NJW 2011, 2746.
645 BGH NJW 2008, 860.

■ **§ 46b StGB** – seit 1.9.2009 in Kraft – wird als „große Kronzeugenregelung" bezeichnet.[646] Die Vorschrift ermöglicht eine Strafmilderung im Sinne einer Strafrahmenverschiebung nach § 49 Abs. 1 StGB bei Aufklärungshilfe oder Präventionshilfe, die sich allerdings auf bestimmte Taten beziehen muss.[647] Für die Frage, in welchem Umfang die Hilfe bei der Strafzumessung berücksichtigt werden muss, gibt § 46b Abs. 2 StGB eigene Zumessungskriterien vor. Die Milderung ist ausgeschlossen, wenn der Angeklagte erst nach Eröffnung des Hauptverfahrens (Erlass des Eröffnungsbeschlusses) die entsprechenden Angaben macht, § 46b Abs. 3 StGB.[648]

597 ■ Verhängung einer **Freiheitsstrafe unter 6 Monaten, § 47 StGB**: Die Verhängung einer Freiheitsstrafe unter 6 Monaten bedarf einer besonderen Begründung. Die Voraussetzungen ergeben sich aus der Vorschrift des § 47 StGB.[649]

598 ■ Verstoß gegen **§ 56 StGB – Strafaussetzung zur Bewährung**: Die Entscheidung, ob die Vollstreckung einer Freiheitsstrafe zur Bewährung ausgesetzt wird, ist grds. Sache des Tatrichters. Gelangt dieser aufgrund der Besonderheiten des Falles bei der nach § 56 Abs. 2 StGB gebotenen Gesamtschau von Tat und Täterpersönlichkeit zu der Überzeugung, dass eine Strafaussetzung nicht in Betracht kommt, so ist dies vom Revisionsgericht regelmäßig hinzunehmen, auch wenn eine gegenteilige Würdigung möglich gewesen wäre. Die Frage der Strafaussetzung muss im angefochtenen Urteil erörtert werden, wenn die festgestellten Umstände dazu drängen. Erfolgt eine Darstellung nicht, wird die Aussetzung etwa gar nicht erörtert, so leidet das Urteil unter einem sachlichrechtlichen Darstellungsmangel. Dies gilt auch, wenn die Frage zwar erörtert wird, aber nicht alle festgestellten Umstände in die Diskussion einbezogen werden.

> **Klausurtipp:** Rechtsfehlerhaft ist es bereits, wenn in einem Urteil Ausführungen zu §§ 47, 56 StGB – soweit erforderlich und in der Klausur nicht lediglich vom Abdruck abgesehen wurde (Hinweise beachten!) – fehlen. Dies bildet eine häufig übersehene Fehlerquelle.

599 ■ Fehler im Rahmen einer **Gesamtstrafenbildung**: Wird der Angeklagte wegen mehrerer Taten verurteilt, so muss gemäß §§ 53, 54 StGB eine Gesamtstrafe gebildet werden. Sie wird durch Erhöhung der höchsten Einzelstrafe (sogenannte Einsatzstrafe) gebildet; dabei sind die Person des Angeklagten und die einzelnen Taten zusammenfassend zu würdigen. Im Rahmen der Gesamtstrafenbildung können insb. folgende Probleme entstehen:

■ Jede Einzelstrafe muss in den Urteilsgründen wiedergegeben werden. Schon das Fehlen einer Einzelstrafe führt grds. zur Aufhebung der Gesamtstrafe.[650]

■ Bei der Bildung der Gesamtstrafe müssen die Person des Täters und die einzelnen Straftaten nochmals zusammenfassen gewürdigt werden, § 54 Abs. 1 S. 3 StGB.

---

646 Maier NStZ-RR 2011, 329 ff; König NJW 2009, 2481 ff.

647 Die Bundesregierung hat am 30.3.2012 erneut einen Gesetzentwurf zu dieser Thematik vorgelegt („Beschränkung der Möglichkeit zur Strafmilderung bei Aufklärungs- und Präventionshilfe", Bundesrats-Drucksache 172/12). Danach soll der Anwendungsbereich des § 46b StGB dahingehend eingeschränkt werden, dass ein Zusammenhang bestehen muss zwischen der Tat des „Kronzeugen" und der Tat, zu der er Aufklärungshilfe- oder Präventionshilfe leistet. Die weitere Entwicklung hierzu bleibt abzuwarten.

648 BGH StraFo 2011, 61; BGH NJW 2011, 2529: Danach Berücksichtigung bei der allgemeinen Strafzumessung nach § 46 StGB möglich.

649 OLG Braunschweig NStZ-RR 2002, 75 – Freiheitsstrafe von 2 Monaten für Ladendiebstahl einer Ware im Wert von 5,- DM bei mehrfachen Vorstrafen.

650 BGH NStZ-RR 2010, 184 (Ausnahme: Trotz vom Revisionsgericht nachgeholter Festsetzung der Einzelstrafen ist Auswirkung auf die Gesamtstrafe ausgeschossen).

- Die Gesamtstrafe darf nicht die Summe der Einzelstrafen erreichen, § 54 Abs. 2 S. 1 StGB.

Klausurtipp: Eine typische Klausurkonstellation bildet der Fall, dass mehrere Einzelstrafen addiert und die ausgeworfene Gesamtstrafe die Summe der Einzelstrafen bildet.

- Probleme können sich auch bei der nachträglichen Gesamtstrafenbildung nach § 55 StGB ergeben. Hier besteht bereits eine rechtskräftige Verurteilung des Angeklagten in einer früheren Sache. Vor der Rechtskraft dieser Verurteilung hat der Angeklagte jedoch eine weitere Tat begangen (und auch beendet), die nun in die 2. Verurteilung mündet. Die 2. Verurteilung wegen der 2. Straftat muss berücksichtigen, dass gegen den Angeklagten eigentlich schon bei der ersten Verurteilung auf eine Gesamtstrafe hätte erkannt werden können, die zweite Tat aber noch nicht bekannt war. Dies soll in der 2. Verurteilung auf der Grundlage des § 55 StGB nachgeholt werden, wenn die 1. Verurteilung rechtskräftig, aber noch nicht vollstreckt ist (sonst gilt der sogenannte Härteausgleich[651]). Der Tatrichter muss dabei die früheren Einzelstrafe(n) unverändert übernehmen.

Klausurtipp: § 55 StGB ist eine zwingende Vorschrift. Der Verstoß stellt einen Revisionsgrund dar, der auf die Sachrüge zur Aufhebung des Rechtsfolgenausspruchs führt. Prüfen Sie daher in einer Klausur die im Urteil mitgeteilten Vorstrafen! | 600

Sind mehrere Straftaten abgeurteilt worden, die zum Teil vor und zum Teil nach einer Vorverurteilung begangen wurden, so ist eine nachträgliche Gesamtstrafe aus der Vorverurteilung und der vor dieser liegenden Tat zu bilden. Für die nach der Vorverurteilung begangene Tat ist eine weitere Einzelstrafe (bei mehreren: Gesamtstrafe) zu bilden. | 601

8. Übungsfälle

▶ **ÜBUNGSFALL 1:**[652] Die kleine Strafkammer des LG verurteilte die Angekl. wegen Diebstahls im besonders schweren Fall nach § 243 Abs. 1 S. 2 Nr. 2 StGB und wegen gefährlichen Eingriffs in den Straßenverkehr nach § 315 b Abs. 1 Nr. 3 StGB zu einer Gesamtfreiheitsstrafe von 9 Monaten, deren Vollstreckung sie nicht zur Bewährung ausgesetzt hat. Zum Tathergang hat das LG ausgeführt: Die Angekl. entwendete vor dem Eingangsbereich des Supermarktes aus einem verschlossenen Behältnis sieben Körbchen Erdbeeren im Gesamtwert von 17,50 €. Beim Einräumen des Obstes in den Wagen wurde die Angekl. von dem Filialleiter F mit dem Vorwurf des Diebstahls konfrontiert. Sie stieg sodann in ihr Auto und verriegelte die Tür. Der Filialleiter stellte sich hinter das Auto, um das Kennzeichen zu notieren. Die Angekl. startete das Auto, legte den Rückwärtsgang ein und fuhr auf den F zu, um diesen am Notieren des Kennzeichens zu hindern. Im letzten Moment sprang F zur Seite. Die Angekl. fuhr davon. Die Angekl. hat gegen das Urteil Revision eingelegt und dabei insb. auch die allgemeine Sachrüge erhoben. ◀ | 602

▶ **LÖSUNG ÜBUNGSFALL 1:** | 603

1. Auf die Sachrüge prüft das Revisionsgericht nach § 337 Abs. 1, 2 StPO, ob der Tatrichter das sachliche Recht richtig auf den im Urteil festgestellten Sachverhalt angewendet hat (Gesetzesanwendung). In der Revision wird auch untersucht, ob die Tatsachenfeststellungen

651 Fischer § 55 Rn 21 f.
652 Nach BGH NStZ-RR 2010, 25; OLG Koblenz, Beschl. v. 24.09.2008, Az: 2 Ss 148/08.

(Sachverhaltsdarstellung) eine geeignete und tragfähige Grundlage für die Rechtsanwendung geben.

2. **Überprüfung des Schuldspruchs**

Hier: Frage, ob rechtliche Wertung des festgestellten Sachverhalts zutreffend

a) **§ 242 StGB**

Diebstahl (+)

– fremde, bewegliche Sache (+)

– Wegnahme fordert Bruch fremden und Begründung neuen Gewahrsams, hier hat Supermarkt auch den Gewahrsam an den Waren inne, die sich im Bereich vor dem Supermarkt befinden, daher (+)

– Vorsatz und Zueignungsabsicht unproblematisch

b) **§ 315 b Abs. 1 Nr. 3 StGB**

„ähnlich gefährlicher Eingriff in den Straßenverkehr" fordert:

– den bewusst zweckwidrigen Einsatz des Fahrzeugs in verkehrsfeindlicher Einstellung und

– den Missbrauch mit mindestens bedingtem Schädigungsvorsatz; Gefährdungsvorsatz reicht hier nicht aus

Hier: Ziel der Angekl., den F am Notieren des Kennzeichens zu hindern und ihre spätere Identifizierung zu verhindern; Feststellungen im Urteil reichen nicht, um mindestens bedingten Schädigungsvorsatz anzunehmen

3. **Strafzumessung – § 243 Abs. 1 S. 2 Nr. 2 StGB**

Problem: Regelbeispiel verwirklicht? Angekl. müsste eine Sache gestohlen haben, die „durch ein verschlossenes Behältnis oder eine andere Schutzvorrichtung gegen Wegnahme besonders gesichert war".

Angaben im Sachverhalt reichen nicht aus, um eine besondere Sicherung gegen Wegnahme begründen zu können; § 243 StGB daher nicht erfüllt

Ergebnis: Die Revision ist im Schuldspruch hinsichtlich der Verurteilung wegen gefährlichen Eingriffs in den Straßenverkehr und im Rechtsfolgenausspruch insgesamt erfolgreich. Das Urteil wird insoweit aufgehoben und die Sache zurückverwiesen. ◄

604   ▶ **ÜBUNGSFALL 2:**[653] Das LG hat den Angekl. wegen Totschlags im minder schweren Fall zu einer Freiheitsstrafe von 5 Jahren und 5 Monaten verurteilt. Im Rahmen der Strafzumessung hat das LG zunächst korrekt die Anwendbarkeit des § 213 StGB begründet, den Strafrahmen mit Freiheitsstrafe zwischen 1 und 10 Jahren richtig bestimmt und sodann zur Strafzumessung im eigentlichen Sinne u.a. ausgeführt: „Gegen den Angekl. spricht, dass er einen Menschen getötet und damit eines der schlimmsten Delikte überhaupt begangen hat. Außerdem ist ihm anzulasten, dass er immer wieder seine Tatbegehung massiv geleugnet hat. In Anbetracht der etwa gleich vielen für und gegen den Angekl. sprechenden Umstände hält die Kammer eine Strafe etwa in der Mitte des zur Verfügung stehenden Strafrahmens für tat- und schuldangemessen..." Gegen das Urteil richtet sich die Revision des Angekl. mit der Sachrüge. ◄

---

653   Nach BGH NStZ-RR 2010, 75.

▶ **Lösung Übungsfall 2:** Verstoß gegen § 337 Abs. 1, 2 StPO iVm § 46 StGB im Rahmen der
Strafzumessung? Das Revisionsgericht prüft den Rechtsfolgenausspruch des Tatgerichts nur
auf Rechtsfehler.

Hier:

1. Strafrahmen richtig ermittelt
2. Strafzumessung im eigentlichen Sinne
   a) Verstoß gegen das **Doppelverwertungsverbot**, § 46 Abs. 3 StGB?
      Das Gericht darf nicht zulasten des Angekl. in der Strafzumessung verwerten, dass er
      die Tat überhaupt begangen hat. Vorliegend hat das LG es als strafschärfend gewertet,
      dass der Angeklagte überhaupt einen Totschlag begangen hat. Dies ist unzulässig.
   b) **Leugnen der Tatbegehung** strafschärfend berücksichtigt
      Das Leugnen der Tatbegehung ist ein zulässiges Verteidigungsverhalten. Es strafschär-
      fend zu berücksichtigen, stellt einen Verstoß gegen den nemo-tenetur-Grundsatz dar.
      Anders nur, wenn Umstände im Rahmen der Falschbelastung eines Dritten hinzukom-
      men, nach denen sich das Verteidigungsverhalten als Ausdruck einer zu missbilligenden
      Einstellung darstellt; hier keine Anhaltspunkte
   c) „**Mathematisierende Betrachtungsweise**"
      Die Orientierung an dem rechnerischen Mittel des Strafrahmens ist dem Wesen der
      Strafzumessung grds. fremd. Das Gericht muss die im Einzelfall zu beurteilende Tat in
      Ansehung aller relevanten Umstände ohne Bindung an weitere rechnerischen Fixpunk-
      te in den gefundenen Strafrahmen einordnen. Hier: Schuldangemessene Strafe kann
      nicht durch rechnerische Größen ermittelt werden, daher weiterer Fehler iRd Zumes-
      sung.
3. **Ergebnis:** Auf die Revision wird das Urteil des LG im Rechtsfolgenausspruch aufgehoben
   und an das LG zurückverwiesen. ◀

§ 4 Revisionsrechtliche Aufgabenstellungen

606   I. Die typische Aufgabenstellung in einer revisionsrechtlichen Klausur bildet die gutachtliche Überprüfung aus Sicht eines dem Verteidiger zugewiesenen Referendars. Meist ist die Klausur dann mit vorzunehmenden Zweckmäßigkeitserwägungen und einem Antragsvorschlag abzuschließen.

Vor der Formulierung eines Revisionsantrages wird regelmäßig erwartet, eigene Überlegungen zum weiteren Vorgehen anzustellen. Hierbei ist das gefundene Ergebnis des Gutachtens in prozesstaktische Erwägungen umzusetzen. Dabei ist auch von Relevanz, ob als Aufgabenstellung eine Revision des Angeklagten oder der Staatsanwaltschaft zu prüfen ist:

Angeklagter: Eine (oder mehrere) Verfahrensrüge(n) kommt nur dann in Frage, wenn sämtliche Voraussetzungen hierfür erfüllt sind. Dabei ist auch das Ergebnis der Sachrüge mit einzubeziehen. Mögliche Überlegungen können bspw sein: Angeklagter hat weitere Tatbestände erfüllt, es droht eine Schuldspruchänderung; Kosten; Eintrag im BZR; gesundheitliche Belastungen bei Fortführung des Verfahrens; kein Fehler ersichtlich; Beschränkung; Rücknahme etc.

Staatsanwaltschaft: Aus Sicht der Staatsanwaltschaft ist § 339 StPO zu berücksichtigen, der nur die Rüge bestimmter Verfahrensfehler zulässt.

Für einen anschließenden Revisionsantrag kommen folgende Konstellationen in Betracht:

- Ist das Urteil fehlerhaft, ohne dass ein Freispruch oder eine Einstellung in Frage kommt (§§ 353, 354 Abs. 2 StPO), so kann der Antrag für ein landgerichtliches Urteil lauten: *„Es wird beantragt, das Urteil des Landgerichts ..... vom ..... mit den Feststellungen aufzuheben und die Sache zu neuer Verhandlung und Entscheidung an eine andere Strafkammer des Landgerichts zurückzuverweisen."* Für ein amtsgerichtliches Urteil kann der Antrag lauten: *„Es wird beantragt, das Urteil des Amtsgerichts ..... vom ..... mit den Feststellungen aufzuheben und die Sache zur erneuten Verhandlung und Entscheidung an eine andere Abteilung des Amtsgerichts... zurückzuverweisen."*
- Bei einem Freispruch (§§ 353 Abs. 1, 354 Abs. 1 StPO) kann der Antrag lauten: *„Es wird beantragt, das Urteil des Amtsgerichts / Landgerichts ..... vom ..... aufzuheben und den Angeklagten freizusprechen."*
- Kommt eine Einstellung in Frage (§§ 353 Abs. 1, 354 Abs. 1 StPO), so kommt folgender Antrag in Betracht: *„Es wird beantragt, das Urteil des Amtsgerichts / Landgerichts ..... vom ..... aufzuheben und das Verfahren einzustellen."*607

II. Als weitere Prüfungsaufgabe kommt aber auch das Formulieren einzelner Verfahrensrügen oder der Sachrüge in Frage.

607   1. Die **Sachrüge** ist insoweit unkompliziert, als dazu folgende Formulierung ausreicht: *„Es wird die Verletzung materiellen Rechts gerügt"* oder *„Hinsichtlich der Verletzung materiellen Rechts wird die allgemeine Sachrüge erhoben"* oder *„Ich rüge die Verletzung sachlichen Rechts".*

608   2. Die Darstellung einer **Verfahrensrüge** gestaltet sich komplizierter, weil diese in der Form des § 344 Abs. 2 S 2 StPO ausgeführt werden muss. Jede Verfahrensrüge gliedert sich dabei in die Darstellung des prozessualen Sachverhalts, die rechtliche Würdigung

und die Beruhensprüfung (vgl Rn 139 ff). Folgendes Beispiel kann als Hilfestellung dienen:[654]

An das

Amtsgericht

– Schöffengericht –

Anschrift

Az:

In dem Strafverfahren gegen

wegen

wird folgender Revisionsantrag gestellt:

Zu den Anträgen vgl Rn 606 f

Es wird die Verletzung förmlichen und sachlichen Rechts gerügt:

1. Verfahrensverstoß durch Verletzung des Anwesenheitsrechts des Angeklagten (§§ 247, 338 Nr. 5 StPO)

Es liegt ein Verfahrensverstoß durch Verletzung des Anwesenheitsrechts des Angeklagten vor, weil während seiner Entfernung aus dem Sitzungszimmer eine Urkunde verlesen und Lichtbilder in Augenschein genommen wurden (vgl den Übungsfall Rn 268).

a) Verfahrensablauf – prozessualer Sachverhalt

Am 2. Verhandlungstag wurde der Zeuge N vernommen. Für die Dauer seiner Vernehmung war der Angeklagte aus dem Sitzungssaal entfernt worden. Hierzu hatte das Gericht den folgenden Beschluss getroffen:

„*Wörtliche Wiedergabe des Gerichtsbeschlusse zum Ausschluss des Angeklagten*" (siehe Prot. S....)

Im Zuge der Vernehmung wurden dem Zeugen zunächst Dokumente aus der Scheidungsakte mit dem Az:... des AG... sowie die bei der Akte befindlichen Lichtbilder (Bl... d.A.) vorgehalten. Sodann erließ das Gericht folgenden Beschluss:

„*Der Inhalt der Scheidungsakte des AG... mit dem Az... ist zu verlesen wie auch die Lichtbilder Bl... d.A. in Augenschein genommen werden sollen.*" (siehe Prot. S....)

Der Inhalts der Scheidungsakte Az:... des AG wurde daraufhin verlesen und die Lichtbilder in Augenschein genommen. Nach weiteren Fragen wurde die Vernehmung des Zeugen beendet und der Angeklagte wurde in den Sitzungssaal hereingerufen. Nachdem er über den wesentlichen Inhalt der Angaben des Zeugen unterrichtet worden war, sah das Gericht von der Vereidigung des Zeugen ab und der Zeuge wurde um Uhr entlassen (siehe Prot. S....). Weder im weiteren Verlauf des Verfahrens wurde der Inhalt der Scheidungsakte mit dem Az:... des AG verlesen, noch war der Inhalt zuvor bereits in Anwesenheit des Angeklagten verlesen worden.

---

654 Nach Breyer/Endler/Thurn, Anwaltformulare Strafrecht, 2. Auflage.

Gleiches gilt für die in Augenschein genommenen Lichtbilder, die weder vor der Vernehmung des Zeugen noch danach in Augenschein genommen wurden.

b) Rechtliche Bewertung

Durch die Sitzungsniederschrift wird bewiesen, dass während der Abwesenheit des Angeklagten eine förmliche Beweisaufnahme (Verlesung von Urkunden in Form der Scheidungsakte und Augenscheinsnahme der Lichtbilder) stattgefunden hat, zumal nichts anderes darin aufgenommen worden ist (positive und negative Beweiskraft, § 274 StPO).

Zwar ist zu berücksichtigen, dass das Vorhalten von Urkunden (Scheidungsakte) und die Verwendung von Augenscheinsobjekten (Lichtbilder) als Vernehmungsbehelfe im Rahmen einer Zeugenvernehmung nicht zwingend einer Aufnahme in die Sitzungsniederschrift bedürfen. Im vorliegenden Fall sind aber Anhaltspunkte, die die Beweiskraft des Protokolls in Zweifel ziehen könnten, nicht erkennbar. Es kann daher nicht davon ausgegangen werden, die Scheidungsakte und die Lichtbilder seien im Zuge der Vernehmung des Zeugen N lediglich als Vernehmungsbehelf verwendet worden.

Die Verlesung von Urkunden und die Augenscheinseinnahme von Lichtbildern während der Abwesenheit des Angeklagten, verstoßen gegen dessen Anwesenheitsrecht. § 247 S. 1, S. 2 StPO gestatten dem Gericht nur, den Angeklagten während einer Vernehmung aus dem Sitzungszimmer zu entfernen, wenn die dort genannten Voraussetzungen erfüllt sind. Eine Verlesung zum Zwecke des Urkundenbeweises und einer Augenscheinseinnahme durfte aber nicht in Abwesenheit des Angeklagten vorgenommen werden. Es handelt sich hierbei nämlich um wesentliche Teile der Hauptverhandlung, von denen der Angeklagte nicht nach § 247 StPO ausgeschlossen werden darf.

Jedenfalls hätten die Verlesung der Urkunden und die Augenscheinseinnahme in Gegenwart des Angeklagten wiederholt werden müssen. Dies ist ausweislich des Sitzungsprotokolls nicht erfolgt, so dass der Revisionsgrund des § 338 Nr. 5 StPO vorliegt. Das Beruhen des Urteils auf diesem Verfahrensfehler ist unwiderleglich zu vermuten, zumal diesbezügliche Ausschlussgründe nicht erkennbar sind. Das Urteil ist bereits aus diesem Grund vollumfänglich aufzuheben.

2. Des Weiteren tragen die Feststellungen den Schuldspruch nicht … *(Ausführungen zur Sachrüge)*

Anhang 1: Checklisten

Zulässigkeit der Revision

I. Statthaftigkeit

§ 333 StPO: Urteile LG (Strafkammern) und erstinstanzl. Urteile OLG

§§ 335 Abs. 1, 312 StPO (sog. Sprungrevision): Urteile AG (Strafrichter / SchöffenG)

Problem 1:

Es legen mehrere Verfahrensbeteiligte unterschiedliche Rechtsmittel ein -> § 335 Abs. 3 StPO beachten; Berufung geht vor, es sei denn, die Berufung wird zurückgenommen oder als unzulässig verworfen (Stichwort: „Osterregel").

Problem 2:

Ist eine Sprungrevision gegen ein Urteil des AG statthaft, wenn eine stattdessen eingelegte Berufung annahmebedürftig wäre?

- ▪ tvA: Sprungrevision (-)

  arg.: der Rechtsmittelgegner hat es sonst in der Hand, durch Einlegung der Berufung eine annahmefreie Sprungrevision zu einer annahmepflichtigen Berufung zu machen.

- ▪ hRspr: Sprungrevision (+)

  arg.: Entstehungsgeschichte: Ziel war Einschränkung Berufung, nicht Revision; Begriff „zulässig" iSd § 335 Abs. 1 StPO bedeutet nicht die Erfüllung spezieller Zulässigkeitsvoraussetzungen, sondern lediglich eine „Statthaftigkeit" iSe allgemeinen Anfechtbarkeit.

II. Rechtsmittelbefugnis

Angeklagter (§ 296 StPO),

Verteidiger (§ 297 StPO),

gesetzlicher Vertreter (§ 298 Abs. 1 StPO),

Staatsanwaltschaft (§ 296 Abs. 1 und Abs. 2 StPO),

Nebenkläger (§§ 401 Abs. 1, 395 Abs. 4 StPO),

Erziehungsberechtigter bei Jugendlichen (§ 67 Abs. 3 JGG).

III. Beschwer

Angeklagter: jede nachteiligen Entscheidung, nicht jedoch bei einem Freispruch.

Problem:

Einstellung -> Beschwer (-) bei nicht behebbarem und Beschwer (+) bei behebbarem Verfahrenshindernis bzw Anspruch auf Freisprechung.

Staatsanwaltschaft: Beschwer (+) bei jeder Rechtsverletzung.

Nebenkläger: Beschwer (+), wenn die Entscheidung seine Stellung beeinträchtigt.

IV. Revisionseinlegung (§ 341 StPO)

1. Bezeichnung des Rechtsmittels

Eine irrtümliche Falschbezeichnung ist unschädlich (§ 300 StPO).

Problem 1:

unbestimmte Rechtsmitteleinlegung (nur bei Urteilen AG möglich)

- grds. zulässig bis Ende Revisionsbegründungsfrist
- keine Wahl / verspäteter Eingang der Erklärung / keine eindeutige Erklärung: Berufung
- bei widersprechenden Erklärungen ist Wille des Angeklagten entscheidend; im Zweifel: Berufung

Problem 2:

Rechtsmittelwechsel (nur bei Urteilen AG möglich)

Grds. zulässig bis Ende Revisionsbegründungsfrist (Ableitung aus § 335 Abs. 1, Abs. 3 StPO); hat ein Wechsel stattgefunden, so ist ein nochmaliger Wechsel nicht möglich.

2. Form der Einlegung

Schriftlich: formlose schriftliche Erklärung des Angeklagten ausreichend; Verteidiger benötigt Vollmacht; Telefax und Telegramm möglich <-> nicht: Telefon (!)

Unterschrift nicht zwingend; aus dem Schriftstück muss in einer jeden Zweifel ausschließenden Weise ersichtlich sein, von wem die Erklärung herrührt.

Zu Protokoll der Geschäftsstelle: förmliches Protokoll des zuständigen Urkundsbeamten erforderlich.

Inhaftierte: § 299 Abs. 1, Abs. 2 StPO

3. Adressat

Gericht, dessen Urteil angefochten wird (judex a quo)

Problem:

Eingang beim falschen Gericht

- Das Gericht, an welches das Rechtsmittel fälschlicherweise übersandt wurde, ist nicht verpflichtet, das Rechtsmittelschreiben unter Anwendung von Eilmaßnahmen an das zuständige Gericht zu übersenden. Es ist lediglich die Weiterleitung im normalen Geschäftsgang erforderlich.

4. Frist

Angeklagter bei Urteilsverkündung anwesend: Fristbeginn mit Verkündung des Urteils

Angeklagter bei Urteilsverkündung abwesend: Fristbeginn mit Zustellung (§ 37 Abs. 1 StPO iVm §§ 166 ff ZPO). Kann sich der Angeklagte durch einen schriftlich bevollmächtigten Verteidiger vertreten lassen, beginnt die Frist mit Verkündung des Urteils.

Fristberechnung: §§ 42 f StPO

Bei Fristversäumnis: Widereinsetzung in den vorigen Stand (§§ 44 f StPO)

V. Revisionsbegründung (§ 345 StPO)

1. Bezeichnung des Rechtsmittels

Bis Ablauf der Revisionsbegründungsfrist ist das unbenannte Rechtsmittel zu bezeichnen bzw ein Rechtsmittelwechsel möglich.

2. Form der Begründung

Angeklagter / Verteidiger:

■ schriftlich und vom Verteidiger unterzeichnete Schrift, d.h., Verteidiger muss die volle Verantwortung übernehmen (keine wörtliches Übernehmen von Textbausteinen) und muss bei Unterschrift den Namenszug erkennen lassen; bei Vertretung muss es sich um einen allgemeinen Vertreter nach § 53 Abs. 2 BRAO handeln;

■ zu Protokoll der Geschäftsstelle, d.h., Rechtspfleger hat sich gestaltend zu beteiligen; kein Anspruch auf Fehlerfreiheit; bei Fehlern Wiedereinsetzung je nach Einzelfall möglich; fehlende Unterschrift des Angeklagten berührt Wirksamkeit der Protokollierung nicht

Staatsanwaltschaft: einfache Schriftform nebst Unterschrift

Nebenkläger: § 390 Abs. 2 StPO analog

3. Adressat

Gericht, dessen Urteil angefochten wird (judex a quo)

4. Frist

Regelfall:

Fristbeginn nach Ablauf der Einlegungsfrist (§ 345 Abs. 1 S. 1 StPO), wenn das Urteil bis zum Ablauf der Einlegungsfrist zugestellt wurde; Dauer: 1 Monat

Ausnahme:

Fristbeginn ab Zustellung der schriftlichen Urteilsgründe, wenn Zustellung innerhalb der Frist des § 275 Abs. 1 StPO nach Ablauf der Einlegungsfrist; Dauer: 1 Monat; Vorraussetzung ist eine wirksame Zustellung

Problem 1:

Zustellung an den Angeklagten (§ 37 Abs. 1 StPO iVm §§ 166 ff ZPO); problembehaftet können v.a. sein, die Ersatzzustellung in der Wohnung, in Geschäftsräumen und Einrichtungen (§ 178 ZPO), die Ersatzzustellung durch Einlegen in den Briefkasten (§ 180 ZPO) und die Ersatzzustellung durch Niederlegung (§ 181 ZPO)

Problem 2:

Zustellung an den Verteidiger

Nach § 145a Abs. 1 StPO muss sich dessen Vollmacht bei den Akten befinden; erfüllt, wenn die Vollmacht in der Hauptverhandlung mündlich erteilt und im Sitzungsprotokoll beurkundet wird; relevant v.a., wenn der gewählte Verteidiger vor der Hauptverhandlung das Mandat niederlegt, in der Hauptverhandlung aber als Verteidiger auftritt.

Problem 3:

Verstoß gegen § 273 Abs. 4 StPO setzt die Frist nicht in Gang

Problem 4:

nur bei **wirksamen** Mehrfachzustellungen gilt § 37 Abs. 2 StPO – die letzte Zustellung ist für die Fristberechnung maßgeblich

Fristberechnung: §§ 42 f StPO

Fristversäumnis: Wiedereinsetzung in den vorigen Stand (§§ 44 f StPO)

VI. Rechtsmittelrücknahme / Rechtsmittelverzicht

1. Allgemeines

Rechtsmittelverzicht und -rücknahme (vgl § 302 StPO) sind Prozesserklärungen

Folge: Sie sind grds. bedingungsfeindlich, unwiderruflich und nicht anfechtbar.

■ Form: diejenige der Rechtsmitteleinlegung

■ Wirksamkeit: sobald die Erklärung gegenüber dem mit der Sache befassten Gericht (judex a quo) abgegeben wird

■ Erklärender muss verhandlungsfähig sein

■ Unwirksamkeit: bei Täuschung, Drohung oder Irreführung des Rechtsmittelberechtigten

■ Erklärung durch Verteidiger: formlose Ermächtigung erforderlich (vgl § 302 Abs. 2 StPO). Der Widerruf der Ermächtigung ist jederzeit zulässig. Er führt jedoch nur dann zur Unwirksamkeit der abgegebenen Erklärung, wenn er gegenüber dem Gericht oder dem Verteidiger erklärt worden ist, bevor die Rücknahme- oder Verzichtserklärung bei dem Gericht eingegangen ist.

2. Rechtsmittelrücknahme

■ Beachte: Zustimmungserfordernisse der §§ 302 Abs. 1 S. 2 und 303 StPO

■ wirksame Rücknahmeerklärung enthält Verzicht auf die Wiederholung des Rechtsmittels

3. Rechtsmittelverzicht

■ Fehlen einer Rechtsmittelbelehrung ohne Einfluss auf die Wirksamkeit des Verzichts

■ Wirksamkeit problematisch, wenn Fall der notwendigen Verteidigung (§ 140 StPO) und Verteidiger abwesend oder anwesendem Verteidiger fehlt die Zulassung

■ Verständigung nach § 257c StPO: kein Verzicht möglich (vgl § 302 Abs. 1 S. 2 StPO)

VII. Wiedereinsetzung in den vorigen Stand

1. Zulässigkeit des Antrages

    a)   Schriftlicher Antrag oder zu Protokoll der Geschäftsstelle; ausnahmsweise von Amts wegen (§ 45 Abs. 2 S. 3 StPO).

    b)   Adressat: grds. Gericht, bei dem die Frist wahrzunehmen gewesen wäre

    c)   Glaubhaftmachung der Tatsachen; Eidesstattliche Versicherungen des Beschuldigten genügen idR nicht.

    d)   Frist: eine Woche nach Wegfall des Hindernisses unter Mitteilung des Zeitpunkts des weggefallenen Hindernisses

2.   Begründetheit des Widereinsetzungsantrages

    a)   Versäumung einer Frist, d.h., eine Frist versäumt iSd § 44 StPO, wer sie einhalten wollte, aber nicht eingehalten hat.

    b)   Fristversäumung ohne Verschulden; das Verschulden des Verteidigers wird regelmäßig nicht zugerechnet; bei Fehlen einer Rechtsmittelbelehrung wird nach § 44 S. 2 StPO gesetzlich vermutet, dass ein Wiedereinsetzungsgrund vorliegt; die Regelung hebt allerdings nur das Erfordernis des fehlenden Verschuldens des Betroffenen auf, nicht aber das eines ursächlichen Zusammenhangs zwischen Belehrungsmangel und Fristversäumung

Von Amts wegen zu berücksichtigende Verfahrensvoraussetzungen

1. Fehlende sachliche Zuständigkeit

Allgemein: Verteilung der Strafsachen nach Art und Schwere unter den erstinstanzlichen, unterschiedlich besetzten Gerichten verschiedener Ordnung; umfasst ist das Gericht als Ganzes; Ausnahme: Verhältnis von Strafrichter und Schöffengericht, weil unterschiedliche Strafgewalt

Sachliche Zuständigkeit des AG: vgl §§ 24–28 GVG; Strafrichter (§ 25 GVG) und Schöffengericht (§ 28 GVG) bilden Gerichte verschiedener Ordnung zueinander

Sachliche Zuständigkeit des LG: vgl §§ 73–74d, 74f GVG

Verweisungsregelungen:

- im Eröffnungsverfahren (§ 209 StPO);
- Hauptverfahren (§ 269 StPO);
- vor der Hauptverhandlung (§ 225a StPO);
- nach Beginn Hauptverhandlung (§ 270 Abs. 1 StPO)

Sachliche Zuständigkeit ist nach § 6 StPO in jeder Lage des Verfahrens von Amts wegen zu prüfen (hM).

2. Fehlende oder unvollständige Anklage

Inhalt der Anklage: vgl § 200 StPO

Informationsfunktion: Unterrichtung des Angeschuldigten über den gegen ihn erhobenen Vorwurf; Mängel führen nicht zur Unwirksamkeit

Umgrenzungsfunktion: Umschreibung der Tat in persönlicher und sachlicher Hinsicht; Mängel führen zur Unwirksamkeit der Anklageschrift und zur Einstellung des Verfahrens

3. Wirksamer Eröffnungsbeschluss

Allgemein: Eröffnungsbeschluss ist in § 207 StPO geregelt; fehlt er oder ist er unwirksam, so liegt ein von Amts wegen zu berücksichtigendes Verfahrenshindernis vor; entscheidend sind nicht Wortlaut und äußere Form, sondern ob eine schlüssige und eindeutige schriftliche Willenserklärung des Gerichts vorliegt, aus der sich ergibt, dass es eine bestimmt bezeichnete Anklage zur Hauptverhandlung zulässt

Unwirksamkeitsgründe: bei Erlass hat nicht die erforderliche Zahl von Richtern mitgewirkt; Mängel der Anklageschrift bzgl der Umgrenzungsfunktion wurden nicht beseitigt; es handelt sich um einen Entwurf; der Eröffnungsbeschluss wurde nicht schriftlich abgesetzt

Problem 1:

Ein schriftlicher Eröffnungsbeschluss ist nicht unterschrieben.

Entscheidung des LG: Wirksamkeit problematisch, weil sich aus der fehlenden Unterschrift ableiten lässt, dass nicht die erforderliche Anzahl von Richtern mitgewirkt hat.

Entscheidung des AG: es entscheidet nur ein Berufsrichter; Folge str.:

- **tvA:** Unwirksamkeit (+); Differenzierung zwischen AG und LG nicht sachgerecht
- **hM:** Wirksamkeit (+); Unterzeichnung keine zwingende Wirksamkeitsvoraussetzung; es muss aber erkennbar werden, dass überhaupt ein Beschluss getroffen wurde und nicht lediglich einen Entwurf vorliegt; StPO unterscheidet zwischen Schriftlichkeit und Unterschrift, welche gesondert geregelt ist (vgl §§ 275 Abs. 2, 172 Abs. 3, 345 Abs. 2, 366 Abs. 2 StPO), nicht aber bei Eröffnungsbeschluss

Problem 2:

Formularblatt unzureichend oder nicht ausgefüllt – regelmäßig unwirksam, v.a. bei fehlender Zuordnungsmöglichkeit; keine Heilung durch Ladungsverfügung bzw (vollständige) Ausfertigung durch Geschäftsstelle

Nachholen: nach hM in 1. Instanz möglich, danach nicht mehr

4. Fehlender Strafantrag

Antragsdelikte: vgl materielles Strafrecht (bspw §§ 123 Abs. 2, 194, 205, 230 Abs. 1, 247, 248a, 248b Abs. 3, 248c Abs. 3, 303c StGB)

Antragsberechtigung: vgl § 77 StGB

Frist: 3 Monate; Beginn mit Ablauf des Tages, an dem der Berechtigte von der Tat und der Person des Täters Kenntnis erlangt (vgl § 77b StGB)

Form: vgl § 158 Abs. 2 StPO

Fehlen oder Rücknahme des Strafantrages: Mögliche Ersetzung der Bejahung des besonderen öffentlichen Interesses an der Strafverfolgung durch die Staatsanwaltschaft zu prüfen (kann noch in Revisionsinstanz geschehen)

5. Verfolgungsverjährung

Grundregel: § 78 Abs. 1 StGB

Ruhen der Verjährung: Der Beginn oder Weiterlauf der Verjährung wird gehemmt. (§ 78b StGB)

Unterbrechung der Verjährung: Der schon abgelaufenen Teil der Verjährung wird mit der Wirkung beseitigt, dass die Frist von neuem voll zu laufen beginnt (§ 78c StGB).

6. Strafklageverbrauch

Allgemein: Ist eine Tat rechtskräftig abgeurteilt, steht in einem neuen Verfahren über dieselbe prozessuale Tat iSd § 264 StPO der Strafklageverbrauch entgegen, Art. 103 Abs. 3 GG. Bestehen dafür Anhaltspunkte, ist eine ausführliche Auseinandersetzung mit dem Begriff der prozessualen Tat erforderlich.

Verfahrensrecht: Einstellungen von Tatteilen nach §§ 153 und 153a StPO. § 153a Abs. 1 S. 5 StPO normiert ausdrücklich, dass bei Auflagenerfüllung die Tat nicht mehr als Vergehen – sehr wohl aber als Verbrechen – verfolgt werden kann. Für § 153 StPO gilt dies entsprechend.

7. Überlange Verfahrensdauer

Art. 6 Abs. 1 S. 1 EMRK normiert das Recht einer jeden Person darauf, dass über eine gegen sie erhobene strafrechtliche Anklage „innerhalb angemessener Frist verhandelt" wird. Bei Verstößen gegen das Beschleunigungsgebot ist in der Urteilsformel auszusprechen, dass zur Entschädigung für die überlange Verfahrensdauer ein bezifferter Teil der verhängten Strafe als vollstreckt gilt.

8. Besonderheiten eines vorausgegangenen Berufungsverfahrens

Zulässigkeit der Berufung: §§ 312–317 StPO (insb. Form- und Fristerfordernisse)

Beschränkung der Berufung: nur insoweit zulässig, als die Teile, auf die beschränkt wird, losgelöst von dem nicht angefochtenen Teil des Urteils selbstständig beurteilt werden können, ohne dass dabei auf die nicht angegriffenen Teile des Urteils in tatsächlicher und rechtlicher Hinsicht übergegriffen werden muss

Verbot der reformatio in peius (vgl § 331 StPO)

9. Beschränkung der Revision

Das Rechtsmittelgericht prüft die Wirksamkeit der Beschränkung von Amts wegen. Eine wirksame Revisionsbeschränkung führt zur Teilrechtskraft, während eine unwirksame Revisionsbeschränkung nach hM unbeachtlich ist. Das Urteil wird dann vollumfänglich überprüft.

Absolute Revisionsgründe

Wichtig: In jeder Klausur alle Alternativen durchgehen und prüfen, ob einschlägig.

§ 338 Nr. 1 StPO – fehlerhafte Besetzung des Gerichts

Fallgruppen:
- Mangel des gerichtsinternen Geschäftsverteilungsplans
- Mangel des kammer-/senatsinternen Geschäftsverteilungsplans
- Verhinderung eines Richters
- Unrichtige Schöffenbesetzung
- Mängel in der Person des Richters/Schöffen (Nr. 1, nicht Nr. 5)

Problem 1: Bei fehlerhafter Besetzung Willkürschranke der Rechtsprechung beachten (streitig!)

Problem 2: Bei fehlerhafter Besetzung Rügeverlust durch Verfristung möglich, vgl § 338 Nr. 1 a)–d), 222b StPO

§ 338 Nr. 2 StPO – Mitwirkung eines ausgeschlossenen Richters oder Schöffen

- Gesetzliche Ausschlussgründe: §§ 22, 23, 31, 148a Abs. 2 StPO
- Klausurrelevant sind besonders § 22 Nr. 4 und 5 StPO

§ 338 Nr. 3 StPO – Mitwirkung eines befangenen Richters oder Schöffen

- Ablehnungsgründe ergeben sich aus § 24 StPO
- Ablehnungsverfahren ist in §§ 25–29 StPO geregelt
- Hohe Klausurrelevanz hat die Prüfung, ob ein Ablehnungsgesuch zu Unrecht verworfen worden ist, dann: Schachtelprüfung (Verzahnung von Beschwerdeverfahren und Revisionsgrund)

Prüfungsschema: Statthaftigkeit der Beschwerde nach § 28 Abs. 2 S. 1 StPO

- Achtung: Ausnahme bei Verfahren vor dem OLG, § 304 Abs. 4 S. 2 StPO

Zulässigkeit der Beschwerde

- Rechtzeitiges Anbringen der Ablehnung, § 25 StPO
- Begründung (nicht nur Behaupten) und Glaubhaftmachung (falls nicht alle Tatsachen gerichtsbekannt), §§ 25 Abs. 1 S. 2, 26 Abs. 2 StPO
- Keine Ablehnung nur aus Gründen der Verfahrensverschleppung oder zu verfahrensfremden Zwecken

Begründetheit der Beschwerde

- „Besorgnis der Befangenheit": Definition: „Die Besorgnis der Befangenheit ist dann gerechtfertigt, wenn der Ablehnende bei verständiger Würdigung des ihm bekannten Sachverhalts Grund zu der Annahme hat, dass der abgelehnte Richter ihm gegenüber eine innere Haltung eingenommen hat, die seine Unparteilichkeit und Unvoreingenommenheit störend beeinflussen kann."

Problem:

Fehlerhafte Ablehnung des Antrags als „unzulässig", dann Willkürschranke beachten

§ 338 Nr. 4 StPO – fehlende Zuständigkeit

■ Die Probleme der Zuständigkeit sind in der Revision wie folgt zu verorten:
  - Fehlende **sachliche** Zuständigkeit -> Prozesshindernis (von Amts wegen zu beachten)
  - Fehlende Zuständigkeit **nach dem Geschäftsverteilungsplan** -> § 338 Nr. 1 StPO
  - Fehlende **örtliche** Zuständigkeit (§§ 6a, 16 StPO) -> § 338 Nr. 4 StPO
  - Fehlende Zuständigkeit **besonderer Strafkammern** (§ 74e GVG) -> § 338 Nr. 4 StPO.

■ Örtliche Zuständigkeit: §§ 7 ff. StPO

■ Zuständigkeit besonderer Strafkammern: §§ 74 Abs. 2, 74a, 74c, 74e GVG

■ Zuständigkeit eines Jugendgerichts

■ Verfristung der Rüge möglich, vgl §§ 6a, 16 StPO

§ 338 Nr. 5 StPO – Vorschriftswidrige Abwesenheit

Übersicht: Zu prüfende Vorschriften bei Abwesenheiten
  - Abwesenheit des **Richters** oder **Schöffen** -> § 338 **Nr. 1** StPO
  - Abwesenheit des **Angeklagten** -> § 338 Nr. 5 StPO, verletzt ist § 230 StPO
  - Abwesenheit des **notwendigen Verteidigers** -> § 338 Nr. 5 StPO, verletzt ist § 145 StPO
  - Abwesenheit des **Staatsanwalts/des Protokollführers** -> § 338 Nr. 5 StPO, verletzt ist § 226 StPO
  - Abwesenheit des erforderlichen **Dolmetschers** -> § 338 Nr. 5 StPO, verletzt ist § 185 GVG
  - bei **anderen Prozessbeteiligten** (Sachverständige, Beistände, Jugendgerichtshilfe, Privatkläger, Nebenkläger) nur relativer Revisionsgrund
  - Abwesenheit muss während eines „**wesentlichen Teils der Hauptverhandlung**" festgestellt werden

Angeklagter muss in Hauptverhandlung grundsätzlich immer anwesend und verhandlungsfähig sein, §§ 230 Abs. 1, 231 Abs. 1 StPO.

Ausnahmen sind gesetzlich geregelt:

■ **Eigenmächtige** Abwesenheit, § 231 Abs. 2 StPO

Problem: Begriff „Eigenmächtigkeit"

■ Schuldhaft herbeigeführte Verhandlungsunfähigkeit, § 231a StPO.

■ Abwesenheit wegen ordnungswidrigen Benehmens, § 231b StPO iVm § 177 GVG

■ Beurlaubung des Angeklagten, § 231c StPO

■ Strafsachen von geringer Bedeutung, § 232 StPO (Hinweis in Ladung erforderlich! Grenze: zu erwartende Geldstrafe von 180 Tagessätzen)

■ Entbindung auf Antrag, § 233 StPO (Grenze: zu erwartende Freiheitsstrafe von 6 Monaten)

■ Vorübergehende Entfernung des Angeklagten bei Vernehmung eines Zeugen oder eines Mitangeklagten, § 247 StPO

Problem 1: Entfernung nur für die Vernehmung

Problem 2: Unterrichtungspflicht, § 247 S. 4 StPO

■ Vertretung durch Verteidiger nach Einspruch gegen Strafbefehl, § 411 Abs. 2 StPO, in diesem Fall auch in der Berufungsinstanz, § 329 Abs. 1 S. 1 StPO

■ Ausbleiben in Verhandlung über die Berufung der Staatsanwaltschaft, § 329 Abs. 2 S. 1 StPO

■ Ausschluss wegen möglicher Erziehungsnachteile bei Jugendlichen, § 51 Abs. 1 JGG

Verteidiger muss anwesend sein, wenn er notwendig ist, § 140, 145 StPO

■ Verteidiger bestellt, aber nicht anwesend oder verhandlungsunfähig -> § 338 Nr. 5 StPO, Verstoß gegen § 145 Abs. 1 StPO

■ Verteidiger nicht bestellt, aber erforderlich -> § 338 Nr. 5 StPO, Verstoß gegen § 141 Abs. 1, Abs. 2 StPO und Art. 6 Abs. 3 c MRK

■ Sonstige Fehler im Zusammenhang mit der Pflichtverteidigerbestellung: Verstoß gegen § 145 StPO ist in der Regel relativer Revisionsgrund, in Ausnahmefällen kann § 338 Nr. 8 StPO einschlägig sein

Staatsanwalt muss anwesend sein, § 226 StPO

■ auch sachliche Zuständigkeit erforderlich, § 142, 142a GVG (sonst § 338 Nr. 5 StPO)

Dolmetscher gemäß § 185 GVG erforderlich, wenn Angeklagter oder Zeuge der deutschen Sprache nicht mächtig ist

§ 338 Nr. 6 StPO – ungesetzliche Beschränkung der Öffentlichkeit

■ Verhandlungen grundsätzlich öffentlich, § 169 S. 1 GVG (Ausnahme: Verfahren gegen Jugendliche, § 48 JGG)

■ **Öffentlichkeit** bedeutet, dass sich jeder ohne besondere Schwierigkeiten Kenntnis von Ort und Zeit der Verhandlung verschaffen kann und ihm im Rahmen der tatsächlichen Gegebenheiten der Zutritt eröffnet wird.

■ Verstoß allein genügt nicht, zusätzlich ist Verschulden des Gerichts erforderlich

■ **Ausschluss der Öffentlichkeit** möglich nach:
   – § 171a GVG (Unterbringung in einem psychiatrischen Krankenhaus)
   – § 171b GVG (Schutz von Persönlichkeitsrechten)
   – § 172 GVG (vorrangiges Interesse der Allgemeinheit oder eines Einzelnen)
   – Bei §§ 171a, 171b, 172: Verfahrensvorschrift § 174 StPO beachten!
   – §§ 175–177 (Fehlverhalten von Zuhörern)
   – § 58 Abs. 1 StPO (Ausschluss möglicher Zeugen)

- ▪ Ausschluss und **Verlust der Rüge** möglich bei:
  - – Beruhen denkgesetzlich ausgeschlossen (z.B. evidente Berechtigung des Ausschlusses ohne Beschluss, streitig)
  - – Bei richterlicher Sachleitung des Vorsitzenden wird Antrag nach § 238 Abs. 2 StPO vergessen
  - – Verwirkung aufgrund Zustimmung des Angeklagten

§ 338 Nr. 7 StPO – fehlende Urteilsgründe/Fristüberschreitung

Fall 1: völliges Fehlen der Urteilsgründe

Fall 2: Überschreiten der Frist zur Absetzung des Urteils, § 275 Abs. 1 S. 2 StPO

Urteil muss begründet und unterschrieben sein (Ausnahme: Verhinderungsvermerk, § 275 Abs. 2 S. 2 StPO)

Ausnahme: Wenn und solange das Gericht durch einen im Einzelfall nicht voraussehbaren Umstand an der Einhaltung der Frist gehindert worden ist, § 275 Abs. 1 S. 4 StPO

§ 338 Nr. 8 StPO – unzulässige Beschränkung der Verteidigung

- ▪ möglich bei Verletzung einer besonderen Verfahrensvorschrift oder Verstoß gegen den Grundsatz des fairen Verfahrens oder gegen die Fürsorgepflicht
- ▪ Beschränkung muss in einem für die Entscheidung wesentlichen Punkt liegen
- ▪ Gerichtsbeschluss erforderlich, § 238 Abs. 2 StPO
- ▪ wird wie ein **relativer Revisionsgrund** behandelt, deshalb muss bei Annahme eines Verstoßes konkret die Möglichkeit eines kausalen Zusammenhangs zwischen dem Verfahrensverstoß und dem Urteil bestehen

Ablauf Hauptverhandlung

Aufruf der Sache, § 243 Abs. 1 S. 1 StPO

Keine wesentliche Förmlichkeit; Verstoß nicht revisibel

Vereidigung von Richtern / Schöffen bei Kollegialgerichten

- Zu Beginn sind noch nicht vereidigte Richter / Schöffen zu vereidigen. Unterbleibt dies, dann Verstoß gegen § 45 DRiG (+); Beruhen wird gem. § 338 Nr. 1 StPO vermutet
- bei LG Präklusion gem. § 222b Abs. 1 StPO beachten

Feststellung der Anwesenheit, § 243 Abs. 1 S. 2 StPO
(Angeklagter, Verteidiger, Staatsanwalt, Urkundsbeamter, Zeugen, Dolmetscher)

- Keine wesentliche Förmlichkeit; Verstoß nicht revisibel
- Bei einer Vielzahl von Taten (sog. Punktesachen) kann vom Ablauf des § 243 Abs. 1 S. 2 StPO abgesehen werden, um eine allgemeine Äußerung eines aussagebereiten Angeklagten herbeizuführen.

Dolmetscher, § 185 GVG

- Fehlt, obwohl erforderlich – Verstoß gegen § 185 Abs. 1 S. 1 GVG, § 259 Abs. 1 StPO; Beruhen des Urteils auf dem Verfahrensfehler wird gemäß § 338 Nr. 5 StPO grds. vermutet.
- Anwesend – Belehrung vor Beginn der Übersetzertätigkeit (§ 189 GVG, §§ 72, 57 StPO entsprechend).
- Er ist zu beeiden (sog. Voreid), wobei er sich grds. auf einen bereits geleisteten allgemeinen Eid berufen kann (§ 189 Abs. 2 GVG).
- Fehler bei Vereidigung – Verstoß gegen § 189 Abs. 2 GVG; Beruhen grds. (+); Ausnahme bspw, wenn sich Dolmetscher über Jahre hinweg auf seinen allgemein geleisteten Eid berufen hat und dies nur einmal versehentlich unterblieben ist

Verteidiger, § 140 StPO

Fehlt, obwohl erforderlich – Verstoß gegen § 140 Abs. 1, 2 StPO; Beruhen des Urteils auf dem Verfahrensfehler wird gemäß § 338 Nr. 5 StPO grds. vermutet.

Zeugen verlassen den Sitzungssaal, § 243 Abs. 2 S. 1StPO

Keine wesentliche Förmlichkeit; Verstoß gegen § 243 Abs. 2 S. 1 StPO nicht revisibel; aber reduzierter Beweiswert bei Beweiswürdigung zu beachten

Vernehmung des Angeklagten zur Person, § 243 Abs. 2 S. 3 StPO

- wesentliche Förmlichkeit; dient zur Identitätsfeststellung
- bei Verstoß Beruhen idR (-), es sei denn, Anhaltspunkte für Personenverwechslung
- Verstoß gegen §§ 243 Abs. 2, 5 StPO (+), wenn zu diesem Zeitpunkt bereits Umstände abgefragt werden, die für die Strafzumessung von Bedeutung sind; Beruhen regelmäßig (+)

Verlesung des Anklagesatzes durch Staatsanwalt, § 243 Abs. 3 S. 1 StPO

- Verlesung unterbleibt, Verstoß (+)
- Beruhen idR (+), weil Zweck der Verlesung der Anklage beeinträchtigt wird. Angeklagter soll nochmals die gegen ihn erhobenen Vorwürfe zur Kenntnis nehmen; bei Spruchkörpern mit Schöffen sollen diese informiert werden; Information der Öffentlichkeit.
- Beruhen nur dann (-), wenn wegen der Einfachheit der Sach- und Rechtslage weder der Gang der Hauptverhandlung noch das Urteil irgendwie von dem Verfahrensmangel berührt worden sind.

Mitteilung, ob Erörterungen nach den §§ 202a, 212 StPO stattgefunden haben, § 243 Abs. 4 StPO

- Unterbleibt die Mitteilung des Vorsitzenden über das Fehlen von Erörterungen im Ermittlungs- und Zwischenverfahren, dann Verstoß (+)
- Aber: Beruhen (-), weil die Norm nicht den Zweck verfolgt, den Angeklagten über die Möglichkeit zu informieren, dass das Strafverfahren durch eine Verständigung iSv § 257c StPO beendet werden kann. Zweck ist vielmehr die Sicherung der Transparenz des Verständigungsverfahrens sowie Gewährleistung des Grundsatzes der Öffentlichkeit im Rahmen der Verfahrensverständigung.

Belehrung des Angeklagten über Aussagefreiheit, § 243 Abs. 5 S. 1 StPO

Bei Verstoß Beruhen idR (+), es sei denn, der Angeklagte hat seine Aussagefreiheit gekannt oder dies ist zumindest nicht auszuschließen.

Vernehmung des Angeklagten zur Sache bei Aussagebereitschaft, § 243 Abs. 5 S. 2 StPO

- Wird der Angeklagte zur Sache überhaupt nicht befragt, Verstoß gegen § 243 Abs. 5 S. 2 StPO (+); mit Aufklärungsrüge geltend zu machen; eine unzulängliche Vernehmung kann nicht gerügt werden.
- Schriftliche Erklärungen des Angeklagten, die dieser selbst abgegeben hat, können grds. verlesen werden.
- Verteidiger gibt Erklärung für den Angeklagten ab – Verteidiger / Angeklagter sind zu befragen, ob die von dem Verteidiger abgegebene Erklärung als Einlassung des Angeklagten anzusehen sei; zudem ist darauf hinzuweisen, dass die Erklärung in diesem Fall zum Gegenstand der Beweiswürdigung gemacht werden kann. Bei Bejahung Verwertbarkeit (+); Vorgang muss protokolliert werden, ansonsten Verstoß gegen § 261 StPO bei Verwertung

Beweisaufnahme, § 244 Abs. 1 StPO
(Strengbeweis: Sachverständige, Augenschein, Urkunden, Zeugen)

Schwerpunkt einer jeden Hauptverhandlung (vgl nachfolgende Checklisten)

Plädoyer Staatsanwalt, § 258 Abs. 1 StPO

Bei Verstoß ist Beruhen nur in besonderen Ausnahmefällen ausgeschlossen

Plädoyer Verteidiger, § 258 Abs. 1 StPO

Bei Verstoß ist Beruhen nur in besonderen Ausnahmefällen ausgeschlossen

Angeklagter hat letztes Wort, § 258 Abs. 2, 3 StPO

Bei Verstoß ist Beruhen nur in besonderen Ausnahmefällen ausgeschlossen; bei Geständnis des Angeklagten kann Schuldspruch aufrechterhalten bleiben

Urteilsberatung, § 260 Abs. 1 StPO
(Abstimmung bei Schöffengericht und Strafkammern, § 263 StPO)

Urteilsverkündung, § 268 Abs. 2, 3 StPO

wesentliche Förmlichkeit; bei Verstoß gegen Frist des § 268 Abs. 3 StPO ist Beruhen idR (+)

Rechtsmittelbelehrung, § 35a StPO

Unterbleibt die Rechtsmittelbelehrung, so kommt bei Wiedereinsetzung § 44 S. 2 StPO zur Anwendung

Zeugenvernehmungen

Feststellung Anwesenheit, § 243 Abs. 1 S. 2 StPO

■ Keine wesentliche Förmlichkeit; Verstoß nicht revisibel

■ Bei einer Vielzahl von Taten (sog. Punktesachen) kann vom Ablauf des § 243 Abs. 1 S. 2 StPO abgesehen werden, um eine allgemeine Äußerung eines aussagebereiten Angeklagten herbeizuführen

Vernehmung eines jeden Zeugen in Abwesenheit der übrigen Zeugen, § 58 Abs. 1 StPO

■ Ordnungsvorschrift; bei Verstoß keine Beschwer des Angeklagten

■ **Aber:** Verletzung der Aufklärungspflicht § 244 Abs. 2 StPO möglich, wenn geltend gemacht werden kann, dass der vernommene Zeuge bei Abwesenheit eines anderen Zeugen anders ausgesagt hätte

■ Mit der Sachrüge ist Beweiswürdigung angreifbar, wenn das Urteil in seiner Begründung nicht darauf eingeht, dass der Beweiswert der zeugenschaftlichen Angaben durch Anwesenheit anderer, noch nicht vernommener Zeugen, reduziert ist.

Belehrung zur Wahrheitspflicht, § 57 StPO

Verstoß nicht revisibel, da keine Beschwer des Angeklagten; § 57 StPO stellt eine im Interesse des Zeugen erlassene Ordnungsvorschrift dar.

Angaben zur Person, § 68 Abs. 1 StPO

■ Dient der Identitätsfeststellung; grds. reine Ordnungsvorschrift

■ Verletzung der Aufklärungspflicht denkbar (§ 244 Abs. 2 StPO), wenn Anhaltspunkte für Personenverwechslung

■ Verstoß bei unberechtigter Geheimhaltung der Identität (+); Verfahrensrüge gem. § 68 Abs. 1 StPO möglich

Belehrung gem. § 52 Abs. 3 StPO bei Aussageverweigerungsrecht

■ Zeugnisverweigerungsrecht von Familienangehörigen, § 52 StPO

■ Belehrungspflicht, § 52 Abs. 3 StPO; Art und Weise der Belehrung steht im Ermessen des Vorsitzenden; bei pauschaler Belehrung ist zu beachten, ob Zeuge sie verstanden hat

■ Verstoß gegen § 52 Abs. 3 StPO führt zu Verwertungsverbot bzgl der Angaben des Zeugen

■ Beruhen grds. (+), wenn Zeuge Angaben macht

■ Beruhen (-), wenn Verfahrensfehler geheilt wurde, der Zeuge seine Rechte gekannt hat oder wenn sicher ist, dass er auch nach Belehrung ausgesagt hätte.

■ Nebenkläger kann Verstoß gegen § 52 Abs. 3 StPO nicht rügen, weil dieser dem Schutz des Zeugen dient.

■ Belehrung über ein nicht bestehendes Zeugnisverweigerungsrecht kein Verstoß gegen § 52 StPO, sondern gegen § 244 Abs. 2 (Aufklärungspflicht).

Berufsgeheimnisträger, § 53 StPO

- Keine Belehrungspflicht, da davon ausgegangen werden kann, dass der Zeuge seine Berufsrechte und -pflichten kennt. Das sog. Bankgeheimnis spielt im Strafverfahren keine Rolle, da Bankangestellte in § 53 StPO nicht aufgeführt sind.
- Verstoß (+), wenn Belehrung erfolgt und diese unrichtig ist bzw der unrichtige Hinweis ergeht, dass eine Entbindung nach § 53 Abs. 2 erfolgt ist; Beruhen (+), wenn der Zeuge daraufhin aussagt und die Angaben des Zeugen in die Urteilsbegründung mit einfließen.

Richter, Beamte und andere Personen des öffentlichen Dienstes, § 54 StPO

Bei Verstoß keine Beschwer des Angeklagten, weil reine Ordnungsvorschrift

Angaben zur Sache, § 69

§ 69 Abs. 1 S. 1 kann bei Verstoß in der Hauptverhandlung nur gerügt werden, wenn gleichzeitig gegen § 244 Abs. 2 StPO verstoßen wurde.

Belehrung gemäß § 55 Abs. 2 StPO bei Auskunftsverweigerungsrecht

- § 55 StPO gibt dem Zeugen grds. nur das Recht, die Auskunft auf einzelne Fragen zu verweigern; ausnahmsweise umfassende Verweigerung möglich, wenn gesamte Aussage mit eigenem strafbaren Verhalten in so engem Zusammenhang steht, dass nichts übrig bleibt, was er ohne die Gefahr der Verfolgung aussagen könnte („Teilstücke in einem mosaikartig zusammengesetzten Beweisgebäude")
- Zeuge bereits rechtskräftig verurteilt, Auskunftsverweigerungsrecht nur dann (+), wenn sich die Befragung auf andere Taten im verfahrensrechtlichen Sinn des § 264 StPO richtet und wenn der Zeuge bei wahrheitsgemäßer Antwort zumindest Ermittlungsansätze gegen sich liefern müsste.
- Belehrungspflicht gem. § 55 Abs. 2 StPO
- Verstoß (+), wenn Belehrung unterbleibt, aber keine Beschwer des Angeklagten, weil § 55 StPO dem Schutz des Zeugen dient
- Verstoß gegen § 244 Abs. 2 StPO (+), wenn über nicht bestehendes Auskunftsverweigerungsrecht belehrt wird und Zeuge daraufhin Angaben verweigert; Beanstandung durch Verteidigung in Hauptverhandlung erforderlich

Entscheidung über Vereidigung § 59 StPO

- Nichtvereidigung ist Regelfall, § 59 Abs. 1 StPO
- Entscheidung durch den Vorsitzenden im Rahmen der Sachleitung; aber: Anrufung des Gerichts nach § 238 Abs. 2 StPO erforderlich, um Rüge zu erhalten
- hM: Entscheidung über die Vereidigung ist als wesentliche Förmlichkeit in das Hauptverhandlungsprotokoll aufzunehmen
- Unterlässt der Vorsitzende allerdings eine Entscheidung über die Vereidigung, so kann dies nach hM auch ohne Anrufung des Gerichts gerügt werden
- Bei Verstoß gegen Vereidigungsverbot (§ 60 StPO) ist Beruhen (+), wenn das Gericht dem Zeugen glaubte und seine Aussage für die Entscheidung von Bedeutung war; Beruhen (-), wenn das Gericht dem Zeugen trotz Vereidigung nicht glaubt oder die

Aussage des Zeugen für die Entscheidung des Gerichts keine Rolle spielt; kein Herbeiführen einer Gerichtsentscheidung nach § 238 Abs. 2 StPO erforderlich

■ Vereidigungsverbot irrtümlich angenommen, Verstoß (+); Beruhen (-), wenn das Urteil ergibt, dass die Aussage im Fall der Beeidigung nicht anders gewürdigt worden wäre; für Rüge muss Entscheidung des Gerichts herbeigeführt werden, da sonst Rügepräklusion gemäß § 238 Abs. 2 StPO.

■ Bei Angehörigen iSd § 52 StPO ist Belehrung über Eidesverweigerungsrecht nach § 61 2. Hs StPO erforderlich; Beruhen (-), wenn mit Sicherheit davon auszugehen ist, dass der Zeuge auch nach Belehrung über sein Eidesverweigerungsrecht den Eid geleistet hätte

Entlassung, § 248 StPO

Verstoß möglich, indem Entscheidung über Entlassung getroffen wird, obwohl Verfahrensbeteiligte nicht einverstanden sind; diese müssen gegen die Entscheidung das Gericht anrufen, um die Rüge zu erhalten; Beruhen (+), wenn weitere Befragung der Beweisperson unterbunden wird, was mit der Rüge im Einzelnen vorzutragen ist

Urkundsbeweis

Dreh- und Angelpunkt eines möglichen Verfahrensfehlers: § 250 StPO

■ Beruht der Beweis einer Tatsache auf der Wahrnehmung einer Person, so ist diese in der Hauptverhandlung zu vernehmen. Der unmittelbare Eindruck ist gegenüber einer Niederschrift über deren Wahrnehmung vorrangig. Es gilt der **Unmittelbarkeitsgrundsatz.**

■ Abgrenzung zu „**Vorhalt**", dieser ist bloßer Vernehmungsbehelf, verwertet darf nur das werden, was der Zeuge auf den Vorhalt hin aussagt.

■ Unmittelbarkeitsgrundsatz gilt nur für **Wahrnehmungen von Zeugen und Sachverständigen.**

Ausnahmen von § 250 StPO, in denen eine Verlesung möglich ist:

■ **§ 249 Abs. 1 S. 2 StPO:** Niederschriften über Wahrnehmungen, die in einem Urteil mitgeteilt werden sowie richterliche Augenscheinsprotokolle

■ **§ 251 StPO:** Vernehmungsniederschriften in Ausnahmefällen bei nichtrichterlichen (§ 251 Abs. 1) und richterlichen Protokollen (§ 251 Abs. 2)

Problem 1: Vernehmung muss ordnungsgemäß sein

Problem 2: Gerichtsbeschluss erforderlich, § 251 Abs. 4 StPO (aber: Beruhen auf fehlendem Beschluss kann ausgeschlossen sein)

Achtung -> Rückausnahme: § 252 StPO. Die Ausnahme gilt nicht, wenn Zeuge Zeugnis mit Recht verweigert (einziges verbleibendes Beweismittel: richterliche Vernehmungsperson als Zeuge)

■ **Vorhalt nach § 253 StPO:** Nur zulässig zur Gedächtnisstütze (Abs. 1) oder zum Aufdecken von Widersprüchen (Abs. 2)

■ **Problem:** Abgrenzung zu einfachem Vorhalt als Vernehmungsbehelf beachten!

■ **§ 254 Abs. 1 und Abs. 2:** richterliche Vernehmungsniederschriften über ein Geständnis des Beschuldigten, § 254 Abs. 1 StPO; oder über der Einlassung in der Hauptverhandlung widersprechender Angaben, § 254 Abs. 2 StPO

■ **§ 256 StPO:** Erklärungen von Behörden, Sachverständigen oder Ärzten in bestimmten Ausnahmefällen (genau lesen!)

■ **Zusätzlich (nicht gesetzlich geregelt):** Schriftliche Erklärungen, die der Angeklagte im anhängigen Verfahren zu der gegen ihn erhobenen Beschuldigung abgibt

Zurückweisung von Beweisanträgen

■ **Definition Beweisantrag:** Ein Beweisantrag ist das ernsthafte, unbedingte oder an eine Bedingung geknüpfte Verlangen eines Prozessbeteiligten, über eine die Schuld- oder Rechtsfolgenfrage betreffende Behauptung (Beweistatsache) durch bestimmte, nach der StPO zulässige Beweismittel Beweis zu erheben

■ Abgrenzung zu **Beweisermittlungsantrag:** Von einem Beweisermittlungsantrag ist auszugehen, wenn der Antragsteller keinen Beweisantrag stellen will oder kann, etwa weil ihm tatsächliche Anknüpfungspunkte für eine bestimmte Tatsachenbehauptung oder die Konnexität fehlen. Beispiele: Behauptung ins Blaue hinein, Negativtatsachen

■ Beweisermittlungsantrag ist nur im Rahmen der Aufklärungspflicht nach § 244 Abs. 2 StPO zu berücksichtigen

■ **Hilfsbeweisantrag** muss grundsätzlich erst in den Urteilsgründen beschieden werden

■ Beweisantrag kann nur durch Beschluss gemäß § 244 Abs. 6 StPO aus den in §§ 244 Abs. 3 und 4, 245 Abs. 2 StPO genannten Gründen abgelehnt werden

Problem 1: Keine Ablehnung mit der Begründung, das Gegenteil der Beweistatsache sei schon erwiesen oder die Beweiserhebung verspreche keinen Erfolg (Verbot der Beweisantizipation).

Problem 2: Das Auswechseln von Ablehnungsgründen im Revisionsverfahren ist grundsätzlich unzulässig.

Ausnahmen:

– Tatrichter hat Beweistatsache als wahr unterstellt

– Hilfsbeweisanträge, die mit anderer Begründung im Urteil rechtsfehlerfrei hätten abgelehnt werden können (muss sich aber aus Urteil ergeben)

Ablehnungsgründe für Beweisanträge:

■ **Unzulässigkeit der Beweiserhebung, § 244 Abs. 3 S. 1 StPO**

– nicht zugelassene Beweismittel

– Antrag über Thema, das nicht Gegenstand einer Beweisaufnahme sein kann

– insbesondere Beweismittelverbote

■ **Offenkundigkeit der Beweisbehauptung, § 244 Abs. 3 S. 2 StPO**

– Beweistatsache oder ihr Gegenteil muss allgemein- oder gerichtskundig sein

■ **Bedeutungslosigkeit der Beweisbehauptung, § 244 Abs. 3 S. 2 StPO**

– wenn zwischen Indiztatsachen und dem Gegenstand der Urteilsfindung keinerlei Sachzusammenhang besteht

– Beweisbehauptung über Indiztatsachen ist auch bedeutungslos, wenn sie trotz eines solchen Zusammenhanges selbst im Falle ihres Erwiesenseins die Entscheidung nicht beeinflussen könnte, weil die unter Beweis gestellten Tatsachen nur mögliche, nicht zwingende Schlüsse zulassen und das Gericht den möglichen Schluss nicht ziehen will, weil es ihn im Hinblick auf die gesamte Beweislage für falsch hält

■ **Erwiesenheit der Beweisbehauptung, § 244 Abs. 3 S. 2 StPO**

– hält das Gericht die Beweisbehauptung bereits für erwiesen, braucht kein weiterer Beweis erhoben zu werden

- **Wahrunterstellung, § 244 Abs. 3 S. 2 StPO**
  - behandelt das Gericht die Beweistatsache so als wäre sie wahr, ist Beweiserhebung überflüssig.
  - nur bei entlastenden Tatsachen möglich
- **Völlige Ungeeignetheit des Beweismittels, § 244 Abs. 3 S. 2 StPO**
  - Gelingen des Beweises durch das Beweismittel erscheint von vornherein ausgeschlossen, Beweisergebnis lässt sich also nach sicherer Lebenserfahrung nicht erzielen
- **Unerreichbarkeit des Beweismittels, § 244 Abs. 3 S. 2 StPO**
  - Beweismittel ist unerreichbar, wenn alle Bemühungen des Gerichts zu dessen Beibringung erfolglos gewesen sind und keine begründeten Aussichten bestehen, es in absehbarer Zeit herbeizuschaffen
  - Maß der erforderlichen Nachforschungen richtet sich immer nach der Bedeutung des Beweismittels für die Wahrheitsfindung, der Schwere des Tatvorwurfs, dem Wert des Beweismittels und auch dem Grundsatz der Verfahrensbeschleunigung
  - **Problem:** Benennung von Verdeckten Ermittlern, Informanten und V-Männern als Zeugen in der Hauptverhandlung
- **Prozessverschleppungsabsicht, § 244 Abs. 3 S. 2 StPO**
  - objektive Voraussetzungen: Die verlangte Beweiserhebung kann nichts Sachdienliches zu Gunsten des Antragstellers erbringen und sie muss geeignet sein, den Abschluss des Verfahrens wesentlich hinauszuzögern.
  - subjektive Voraussetzung: Der Antragsteller muss sich der Nutzlosigkeit der Beweiserhebung bewusst sein und mit dem Antrag ausschließlich die Verzögerung des Verfahrensabschlusses bezwecken.
- **Eigene Sachkunde des Gerichts bei Sachverständigenbeweis, § 244 Abs. 4 S. 1 StPO**
  - gesetzliche Ausnahmen in §§ 80a, 81, 246a StPO und § 73 JGG
- **Bei Augenschein und Auslandszeugen: zur Wahrheitsfindung nicht erforderlich, § 244 Abs. 5 StPO**
  - Ob die Ladung und Vernehmung eines Auslandszeugen geboten ist, kann nur unter Berücksichtigung der jeweiligen Besonderheiten des Einzelfalles beurteilt werden.
- **Ablehnungsgründe bezüglich der Vernehmung eines weiteren Sachverständigen, nachdem bereits ein Sachverständiger gehört wurde, gemäß § 244 Abs. 4 StPO**
  - Der Antrag auf Einholung eines weiteren Gutachtens darf danach mit der Begründung abgelehnt werden, das Gegenteil der behaupteten Tatsache sei durch das frühere Gutachten bereits bewiesen.
  - Ausnahmen gemäß § 244 Abs. 4 S. 2 StPO:
    Sachkunde des früheren Gutachters zweifelhaft
    Früheres Gutachten geht von unzutreffenden tatsächlichen Voraussetzungen aus
    Früheres Gutachten enthält Widersprüche
    Neuer Sachverständiger verfügt über im Vergleich zu dem früheren Gutachter überlegene Forschungsmittel
- **Für präsente Beweismittel gilt § 245 StPO**

Sachrüge

Folgende Punkte sind bei der Sachrüge zu beachten:

a) **Fehler bei der Sachverhaltsdarstellung, § 267 StPO**
   - Form und Aufbau des Urteils
   - persönliche Verhältnisse
   - Sachverhalt der Tat

b) **Fehler bei der Beweiswürdigung, § 261 StPO**

c) **Fehler beim Schuldspruch**

d) **Fehler im Strafmaß**
   - Strafrahmen
   - Strafzumessungserwägungen
   - Gesamtstrafenbildung
   - Strafaussetzung zur Bewährung
   - Nebenstrafen u.a.

Grundsätze der Sachrüge:

- Fehler des Tatgerichts, die sich erst und ausschließlich im Urteil zeigen.
- ausschließlich der Inhalt des Urteils und (selten) Abbildungen, auf die im Urteil nach § 267 Abs. 1 S. 3 StPO verwiesen worden ist, sind maßgebliche Prüfungsgrundlagen
- Beruhen ergibt sich ohne weiteres aus dem Urteil selbst.

Fehler bei der Sachverhaltsdarstellung, § 267 StPO

Merkmale des maßgeblichen Straftatbestandes durchgehen und prüfen, ob diese in der Sachverhaltsdarstellung für die Subsumtion hinreichend „unterfüttert" sind.

Fehler bei Form und Aufbau des Urteils

- Unklare und unübersichtliche Feststellungen
- Fehlende Beweisgründe oder fehlende Beweiswürdigung
- Fehlende oder widersprüchliche Feststellungen über die persönlichen Verhältnisse des Angeklagten
- Fehlende Verständlichkeit des Urteils „aus sich heraus", z.B. Verweisungen und Bezugnahmen auf ein anderes Urteil oder Teile der Ermittlungsakte
  Ausn.: § 267 Abs. 1 S. 3 StPO und § 267 Abs. 4 S. 1 StPO (abgekürztes Urteil bei Rechtsmittelverzicht)
- besondere formelle Voraussetzungen beim freisprechenden Urteil, § 267 Abs. 5 StPO

Fehler bei der Beweiswürdigung, § 261 StPO

- in der Revision nur eingeschränkte Prüfung auf rechtliche Fehler möglich, keine eigene Beweiswürdigung quasi als Ersatz
- aber (BGH): Schuldspruch muss auf einer tragfähigen Beweisgrundlage aufbauen, die die objektiv hohe Wahrscheinlichkeit der Richtigkeit des Beweisergebnisses ergibt

- Rechtsfehlerhaft ist die Beweiswürdigung, wenn sie in sich widersprüchlich, lückenhaft oder unklar ist oder gegen Denkgesetze (z.B. Rechenfehler, Zirkelschlüsse) und Erfahrungssätze (z.B. fahruntüchtig bei 1,1 Promille BAK) verstößt oder wenn der Tatrichter (bei einem Freispruch) überspannte Anforderungen an die für eine Verurteilung erforderliche Gewissheit stellt

Fehler beim Schuldspruch

- regelmäßig Schwerpunkt einer Revisionsklausur
- Entscheidende Frage: Tragen die im Urteil niedergelegten Feststellungen den Schuldspruch des Tatrichters?
- Urteilsgründe sind Sachverhalt für ein Gutachten über die Strafbarkeit des Angeklagten

Fehler im Strafmaß

Eine Verletzung des Gesetzes nach § 337 Abs. 1 StPO und somit ein Eingriff des Revisionsgerichts ist nur möglich, wenn:

- die Zumessungserwägungen in sich fehlerhaft sind oder
- das Tatgericht gegen rechtlich anerkannte Strafzwecke verstößt oder
- die verhängte Strafe sich nach oben oder nach unten von ihrer Bestimmung löst, ein gerechter Schuldausgleich zu sein.

Fehler bei der Bestimmung des Strafrahmens

Prüfungsreihenfolge:

(1)   Strafrahmen bestimmen aus dem maßgeblichen Straftatbestand

(2)   besonders schwerer Fall?

(3)   minder schwerer Fall?

     (a)   allein aufgrund der allgemeinen Milderungsgründe?

     (b)   aufgrund der allgemeinen Milderungsgründe gemeinsam mit etwaigen vertypten Milderungsgründen?

(4)   wenn (3) (b) (-), dann isolierte Bewertung des vertypten Milderungsgrundes

Fehler bei den Einzelakten der Strafzumessung im eigentlichen Sinne gemäß § 46 StGB

- Verstoß gegen Denkgesetze oder Erfahrungssätze
- Strafzumessungserwägungen widersprüchlich oder lückenhaft
- Verstoß gegen § 46 Abs. 3 StGB (Tatbestandsmerkmale als Strafschärfung)
- Verstoß gegen das Doppelverwertungsverbot des § 50 StGB
- Leugnen der Tatbegehung oder Fehlen von Strafmilderungsgründen strafschärfend berücksichtigt
- Verhängung einer Freiheitsstrafe unter 6 Monaten, § 47 StGB
- Verstoß gegen § 56 StGB
- Fehler im Rahmen einer Gesamtstrafenbildung, §§ 53, 54, 55 StGB

Anhang 2: Definitionen

Amtsaufklärungspflicht, § 244 Abs. 2 StPO: Das Gericht ist verpflichtet, die Beweisaufnahme auf alle Tatsachen und alle tauglichen und erlaubten Beweismittel zu erstrecken, die für die Entscheidung von Bedeutung sind – vgl Rn 359

Augenschein: jede sinnliche Wahrnehmung durch Sehen, Hören, Riechen, Schmecken oder Fühlen, soweit sie nicht einer der vorgenannten Strengbeweismittelarten unterfällt – vgl Rn 358

Befundtatsachen: Tatsachen, die der Sachverständige lediglich aufgrund seiner besonderen Sachkunde erkennen kann und die die Grundlage des zu erstattenden Gutachtens bilden – vgl Rn 357

Beschlagnahme: Befindet sich ein Gegenstand, der als Beweismittel von Bedeutung ist, im Gewahrsam einer Person, die ihn nicht freiwillig herausgibt, so bedarf es einer förmlichen Beschlagnahme nach § 94 Abs. 2 StPO – vgl Rn 526

Besorgnis der Befangenheit: Die Besorgnis der Befangenheit ist dann gerechtfertigt, wenn der Ablehnende bei verständiger Würdigung des ihm bekannten Sachverhalts Grund zu der Annahme hat, dass der abgelehnte Richter ihm gegenüber eine innere Haltung eingenommen hat, die seine Unparteilichkeit und Unvoreingenommenheit störend beeinflussen kann – vgl Rn 194

Beweisantrag: Ein Beweisantrag ist das ernsthafte, unbedingte oder an eine Bedingung geknüpfte Verlangen eines Prozessbeteiligten, über eine die Schuld- oder Rechtsfolgenfrage betreffende Behauptung (Beweistatsache) durch bestimmte, nach der StPO zulässige Beweismittel Beweis zu erheben – vgl Rn 367

Beweisermittlungsantrag: Von einem Beweisermittlungsantrag ist auszugehen, wenn der Antragsteller keinen Beweisantrag stellen will oder kann, etwa weil ihm tatsächliche Anknüpfungspunkte für eine bestimmte Tatsachenbehauptung oder die Konnexität fehlen – vgl Rn 371

Eröffnungsbeschluss: das Zwischenverfahren nach den §§ 199 ff StPO wird abgeschlossen und das Hauptverfahren eröffnet – vgl Rn 106

Freibeweisverfahren: gilt für alle Beweiserhebungen außerhalb der Hauptverhandlung sowie in und während der Hauptverhandlung für die Feststellung von Prozessvoraussetzungen und für die Klärung prozessualer Fragen – vgl Rn 286

Hinreichender Tatverdacht: bei vorläufiger Tatbewertung besteht eine hinreichende Verurteilungswahrscheinlichkeit – vgl Rn 106

Informant: eine nicht dem Polizeidienst angehörende Person, der im Einzelfall Vertraulichkeit zugesichert worden ist. Gesetzlich nicht ausdrücklich geregelt, Zulässigkeit und etwaige verfahrensrechtliche Folgen ergeben sich aus den allgemeinen Regeln (§§ 161 Abs. 1 Satz 1, 163 Abs. 1 StPO) – vgl Rn 549

Informationsfunktion der Anklage: Unterrichtung des Angeschuldigten über den gegen ihn erhobenen Vorwurf – vgl Rn 101

Öffentlichkeitsgrundsatz bedeutet, dass sich jeder ohne besondere Schwierigkeiten Kenntnis von Ort und Zeit der Verhandlung verschaffen kann und ihm im Rahmen der tatsächlichen Gegebenheiten der Zutritt eröffnet wird – vgl Rn 239

Revisionsgrund, absoluter: Der Kausalzusammenhang zwischen einer bestimmten Gesetzesverletzung und dem Urteil wird unwiderleglich vermutet. Sind in § 338 StPO aufgeführt – vgl Rn 155

Revisionsgrund, relativer: Das Urteil beruht bei diesen Fehlern auf der Gesetzesverletzung, wenn zwischen Verstoß und Urteil ein Kausalzusammenhang bestehen kann, d.h. die Möglichkeit, dass das Urteil ohne den Fehler anders ausgefallen wäre – vgl Rn 156

Rüge – Sachrüge: Sie bezieht sich auf die Verletzung des materiellen Strafrechts. Es genügt im Rahmen der Revisionsbegründung, wenn die Überprüfung des Urteils in sachlichrechtlicher Hinsicht begehrt wird – vgl Rn 563

Rüge – Verfahrensrüge: Sie bezieht sich auf die Verletzung einer Rechtsnorm über das Verfahren. Im Rahmen der Revisionsbegründung müssen die Tatsachen, die den Verfahrensfehler begründen, angegeben und belegt werden – vgl Rn 141

Sachliche Zuständigkeit: Verteilung der Strafsachen nach Art und Schwere unter den erstinstanzlichen, unterschiedlich besetzten Gerichten verschiedener Ordnung – vgl Rn 90

Sicherstellung: Ist ein Gegenstand, der als Beweismittel von Bedeutung ist, gewahrsamslos oder im Gewahrsam einer Person, die ihn freiwillig herausgibt, so erfolgt eine Sicherstellung, § 94 Abs. 1 StPO – vgl Rn 526

Sprungrevision: Revision gegen amtsgerichtliches Urteil zum OLG gemäß §§ 335 Abs. 1, 312 StPO – vgl Rn 5

Strafantrag: ausdrückliche oder durch Auslegung zu ermittelnde Erklärung des nach dem Gesetz zum Strafantrag Befugten, dass er die Strafverfolgung wünscht – vgl Rn 113

Strafanzeige: Mitteilung eines Sachverhalts, der nach Meinung des Anzeigenden Anlass für eine Strafverfolgung bietet. Sie enthält eine bloße Anregung zu prüfen, ob Anlass zur Einleitung eines Ermittlungsverfahrens besteht – vgl Rn 113

Strengbeweisverfahren: Tatsachen, die für die Schuld- oder Rechtsfolgenfrage von Bedeutung sind, sind nach den §§ 244 bis 256 StPO zu erheben – vgl Rn 286

Umgrenzungsfunktion der Anklage: Umschreibung der Tat in persönlicher und sachlicher Hinsicht – vgl Rn 101

Urkundenbeweis: Das Erfassen des gedanklichen Inhalts eines verlesbaren Schriftstücks durch Verlesen, § 249 Abs. 1 StPO – vgl Rn 308

Verdeckter Ermittler: Beamter des Polizeidienstes, der unter einer Legende ermittelt, § 110a Abs. 2 StPO. Der Einsatz von verdeckten Ermittlern und die diesbezüglichen Besonderheiten ergeben sich aus den §§ 110a ff StPO – vgl Rn 548

Verständigung: Verständigungen sind Vereinbarungen, die die Verfahrensbeteiligten im Verlaufe eines Strafverfahrens treffen und sich hierbei entweder über die Art und Weise der Verfahrensgestaltung oder über das Verfahrensergebnis einigen – vgl Rn 475 f

V-Mann: Informant, der eine längere Zeit mit der Strafverfolgungsbehörde zusammenarbeitet und dessen Identität grundsätzlich geheim gehalten wird. Gesetzlich nicht ausdrücklich geregelt, Zulässigkeit und etwaige verfahrensrechtliche Folgen ergeben sich aus den allgemeinen Regeln (§§ 161 Abs. 1 Satz 1, 163 Abs. 1 StPO) – vgl Rn 550

Zusatztatsachen: Tatsachen, die der Sachverständige während seiner Tätigkeit feststellt, ohne dass es hierfür besonderer Sachkunde bedarf, wie bspw Angaben zum Tathergang durch die zu untersuchende Person. Diese Tatsachen sind nicht Bestandteil des Gutachtens. Der Sachverständige muss dazu als Zeuge vernommen werden – vgl Rn 357

Stichwortverzeichnis

Die Zahlen verweisen auf die Randnummern.

- Abgrenzung zu Vorhalt 314, 332
- schriftliche Erklärungen des Angeklagten 342
- Vernehmungsniederschriften 322 ff
- Verwertungsverbot 343 ff
Urteil
- Abstimmung 465 ff
- Beratung 465 ff
- Fehler im 563 ff
- Verkündung 468
Urteilsgründe
- Fehlen 252
- Fristüberschreitung 253 ff

Verbot der Mehrfachverfolgung 122 f
Verdeckter Ermittler 407 ff, 548, 551 ff
Vereidigung von Zeugen, *siehe Zeugenvernehmung*
Verfahrensdauer
- überlange 126 f
- Vollstreckungslösung 127
Verfahrenshindernisse, *siehe von Amts wegen zu berücksichtigende Verfahrensvoraussetzungen*
Verfahrensrüge 139 ff
Verjährung 121
Verlust von Revisionsgründen 157 ff, 183, 199, 249 ff
Vernehmung des Angeklagten
- persönliche Verhältnisse 278
- zur Sache 280 f
Vernehmung des Beschuldigten 499 ff
- informatorische Befragung 499
- Sanktionsschere 508
- verbotene Vernehmungsmethoden 507
- Vernehmungsbegriff 499
Verständigung im Strafverfahren 475 ff
- Ausschluss des Rechtsmittelverzichts 484
- fehlgeschlagene Absprache 485 ff
- Konflikt mit Aufklärungspflicht 365, 482
- unzulässige Absprachen 481

- Verfahren 483 ff
- zulässige Inhalte 480
Verteidigung
- Abwesenheit, siehe dort
- unzulässige Beschränkung 258 ff
Verteidigerkonsultationsrecht 505
Verweisung 94
Verwirkung des Revisionsgrundes 142, 165 ff, 231, 251, 263
Verzicht auf Verfahrensvorschriften 142, 163 ff
V-Mann 407 ff, 550 ff
Von Amts wegen zu berücksichtigende Verfahrensvoraussetzungen 89 ff

Widerspruch gemäß § 257 StPO 162, 429 ff
Wiedereinsetzung in den vorigen Stand 70 ff
- Begründetheit 75 f
- Zulässigkeit 72 f
Wiener Übereinkommen über konsularische Beziehungen 509
Willkürschranke 179

Zeugenvernehmung 287 ff
- Angaben zur Sache 296
- Auskunftsverweigerungsrecht 298 f
- Belehrung 288
- Entlassung 307
- Vereidigung 301 f
- Zeugnisverweigerungsrechte 290 f
Zeugnisverweigerungsrechte 290 f
Zusatztatsachen 357
Zuständigkeit 198
- funktionelle 161, 199 ff
- Jugendgerichte 203
- örtliche 160, 199 ff
- sachliche 90 ff
- Staatsanwaltschaft 232
Zuständigkeitsverschiebung 95
Zustellungen 54 f, 164